पूर्ण सफलता का

लुप्त ज्ञान

डॉ. वृन्दावन चन्द्र दास

प्रकाशक :

इन्विंसिबल पब्लिकेशन प्रा. लि.

प्रकाशक :

इन्विंसिबल पब्लिकेशन प्रा. लि.

201A, SAS टावर, सेक्टर–38, गुरुग्राम (हरियाणा) – 122003
फ़ोन : +91–124–4034247, +91 9599066061
वेबसाइट : www.invinciblepublishers.com

सेल्स ऑफिस : 4760-61/23, प्रताप स्ट्रीट, अंसारी रोड, दरियागंज, नई दिल्ली–110002
फ़ोन : +91–11–40198405
ई-मेल : invinciblepublishers@gmail.com

पुस्तक : **पूर्ण सफलता का लुप्त ज्ञान**

प्रथम हिन्दी संस्करण – 2023

ISBN : 978-93-58867-77-0

इस पुस्तक की विषयवस्तु के संबंध में जिज्ञासु पाठकगण निम्नलिखित पते पर संपर्क करने हेतु सादर आमंत्रित हैं :

गौरांग इंस्टिट्यूट फॉर वैदिक एजुकेशन – GIVE

वृंदावन-गोवर्धन-बरसाना रोड़, नीमगाँव,

श्री गोवर्धन, मथुरा (उत्तर प्रदेश)

ई-मेल: contact@givegita.com

Contact No.: 92-1053-1053/72100-82100

Printed at Pearl Print Services Pvt Ltd, Faridabad

समर्पण

हमारे सनातन आध्यात्मिक दीक्षा गुरु

कृष्णकृपामूर्ति

श्री श्रीमद् ए.सी. भक्तिवेदांत स्वामी ठाकुर श्रील प्रभुपाद

विषय-सूची

परिचय

यह ज्ञान आपके लिए है क्योंकि आप अपने जीवन के हर क्षेत्र एवं परिस्थिति में सफल होना चाहते हैं। टेंशन, डिप्रेशन से दूर रहना और अपने संबंधों में मधुरता चाहते हैं। यह ज्ञान आपके व्यक्तित्व का पूर्ण विकास करने में सहायक होगा, जिससे आप अपने जीवन के उद्देश्य को प्राप्त कर सकेंगे। आपकी तरह हर बुद्धिमान व्यक्ति यह जानना चाहेगा कि इस ज्ञान को अपने जीवन में कैसे अपनाया जाए? इस प्रश्न का उत्तर भी इसी ज्ञान से प्राप्त होगा। यह ज्ञान जाति विशेष, धर्म विशेष, संप्रदाय, क्षेत्र, राष्ट्र, लिंग विशेष तथा काल से परे है और सभी के लिए समान रूप से उपयोगी है।

आज सभी के, विशेष तौर पर युवाओं के मन में उठने वाले कुछ स्वाभाविक प्रश्न इस प्रकार हैं :–

1. जीवन में न चाहने के बाद भी बार–बार असफलताएँ या दुःख क्यों आते हैं?
2. ज्ञान जीवन में क्यों आवश्यक है?
3. सफल होने का वास्तविक अर्थ क्या है?
4. लक्ष्य एक है या अनेक?
5. मेरे जीवन में सभी सुविधाओं के बाद भी सुख क्यों नहीं है?
6. क्या धन कमाना ही सफलता का मापदंड है?
7. जीवन का वास्तविक लक्ष्य क्या है?
8. नियम क्यों हैं?
9. सफलता प्राप्त करने का क्या कोई रामबाण उपाय है?
10. टेंशन मुक्त कैसे हों?
11. क्रोध को कैसे नियंत्रित करें?
12. समय का सदुपयोग कैसे करें?
13. शांति का सरलतम सूत्र क्या है?
14. जीवन को सुव्यवस्थित कैसे करें?

15. क्या मृत्यु पर सब कुछ समाप्त हो जाता है?

16. अच्छों के साथ बुरा और बुरों के साथ अच्छा क्यों होता है?

17. मैं एक अच्छा व्यक्ति हूँ फिर भी मैं दुःख क्यों भोग रहा हूँ?

18. क्या भगवान् का अस्तित्व है?

19. अगर भगवान् हैं, तो दुनिया में इतना आपसी कलह, लड़ाई–झगड़े, युद्ध, अशांति, कोरोना जैसी महामारियाँ क्यों फैल रही हैं, लोग इतने दुखी क्यों हैं?

20. अगर भगवान् हैं तो दिखते क्यों नहीं?

21. क्या भाग्य होता है?

22. क्या पुनर्जन्म काल्पनिक है या इसका कोई वैज्ञानिक आधार है?

आपके जीवन में ऐसे और अनेक प्रश्न होंगे, जो आपके मन में कभी न कभी उठे होंगे; उनके उत्तर भी आप इन पुस्तकों की शृंखला में प्राप्त कर पाएँगे। यह पुस्तक, इन पुस्तकों की शृंखला का प्रथम भाग है और शेष भाग एक–एक करके उपलब्ध कराए जाएँगे।

इन पुस्तकों की शृंखला में प्रामाणिक सिद्धांतों (प्रश्नों के व्यावहारिक एवं वैज्ञानिक उत्तरों) को दो पात्रों के बीच हुए संवादों के माध्यम से बहुत ही सरलता से समझाया गया है, जिन्हें एक साधारण व्यक्ति भी आसानी से समझ सकता है। पहला पात्र एक युवा जिज्ञासु है, जिसके मन में इसी प्रकार के अनेक प्रश्न हैं, परंतु भारत भूमि पर रहने के कारण उसने इन प्रश्नों के विषय में कुछ बातें, कुछ धारणाएँ लोगों से सुनी हुई हैं। लेकिन उसे यह पता नहीं हैं कि इन प्रश्नों के सुने हुए उत्तर सही हैं या गलत। दूसरे पात्र उपदेशक हैं, जो जीवन के विज्ञान में निपुण हैं। जिस तरह भौतिक ज्ञान के विद्वान होते हैं, उसी प्रकार उपदेशक जीवन के विज्ञान के विद्वान हैं। वे एक सरल एवं अत्यंत बुद्धिमान व्यक्ति हैं। उन्होंने एक प्रामाणिक स्रोत से जीवन के विज्ञान की शिक्षा ग्रहण करके इसे अपने जीवन में लगाया है।

आपको हमारा परामर्श है कि इस पुस्तक का पूर्ण लाभ प्राप्त करने के लिए आप अपने आपको जिज्ञासु मानते हुए ऐसा समझें कि उपदेशक आपसे बातें कर रहे हैं।

यह पुस्तक किसी की कल्पना या किसी व्यक्ति विशेष द्वारा मनमाने ढंग

से उत्पन्न किया गया कोई नवीन दर्शनशास्त्र नहीं है। यह पुस्तक पूर्णतः प्रामाणिक सिद्धांतों पर आधारित है। यह कोई उपन्यास नहीं है, इसलिए कृपा करके इसे उपन्यास की तरह न पढ़ें। आपको इसे बहुत ध्यानपूर्वक एवं गंभीरता से पढ़ना होगा। इस ज्ञान को समझने का यह एक बहुत ही सुनहरा सुअवसर है, जो सामान्य तौर पर सभी को नहीं मिलता। इस अवसर को व्यर्थ न गँवाए। आप जितनी गंभीरता से इसे पढ़ेंगे, उतनी ही गहराई से इसे समझ पाएँगे और इसे अपने जीवन में अपनाकर निश्चित रूप से लाभान्वित होंगे।

इस पुस्तक को प्रस्तुत करते हुए मैं अपनी न्यूनताओं को स्वीकार करता हूँ और हो सकता है कि इसकी प्रस्तुति में हमसे कुछ व्याकरण संबंधी त्रुटियाँ रह गई हों। अनजाने में हुई किसी भी त्रुटि के लिए क्षमा चाहता हूँ।

सुखद पाठन की शुभकामनाओं के साथ, सदैव आपका हितैषी

डॉ. वृन्दावन चन्द्र दास (विवेक कौशिक)

पृष्ठभूमि

इस पुस्तक में जिज्ञासु और उपदेशक की भेंट को बड़े ही रोचक ढंग से प्रस्तुत किया गया है। एक सज्जन अपने ऑफिस से घर की ओर जा रहा था कि उसकी दृष्टि रोज़ाना की तरह फिर से उसी घर पर पड़ी, जो बाहर से एक संस्थान जैसा प्रतीत होता था। घर के बाहर एक बोर्ड लगा हुआ था, जिस पर लिखा था

"सुखी, सफल एवं टेंशन मुक्त होने का लुप्त ज्ञान – विशेषकर युवा वर्ग के लिए ।"

बोर्ड पर लिखी वह पंक्ति उस सज्जन को बड़ी आकर्षित करती थी। उसके मन में विचार आता था कि क्या सचमुच में ऐसा कोई ज्ञान है, जो जीवन को सुखी, सफल एवं टेंशनमुक्त कर सके। उसका युवा होना इस जिज्ञासा को और बढ़ा रहा था और उसकी यही जिज्ञासा उसे उस दिन उस संस्थान की ओर ले गई।

उसने संस्थान के दरवाज़े पर लगी घंटी बजाई। एक व्यक्ति ने दरवाज़ा खोला और उसे अंदर आने को कहा। संस्थान के द्वार के भीतर प्रवेश करने के साथ ही उसे सकारात्मक ऊर्जा महसूस होने लगी। अंदर एक छोटे–से हॉल में किताबों से भरी हुई कुछ अलमारियाँ और सामने की दीवार पर भगवान् श्री कृष्ण का कुरुक्षेत्र के युद्धस्थल में अर्जुन को भगवद्गीता का उपदेश देता हुआ विशाल चित्र लगा हुआ था। बगल के कमरे का दरवाज़ा खुला, जिसमें से धोती–कुर्ता पहने एवं माथे पर चंदन तिलक धारण किए हुए एक भक्त निकले और बड़ी विनम्रता से बोले, "नमस्कार ! मैं आपके लिए क्या कर सकता हूँ?"

सज्जन ने कहा, नमस्कार! मैं रोज़ यहाँ से निकलते हुए आपके संस्थान का बोर्ड पढ़ता हूँ, जिसे पढ़कर मुझे जिज्ञासा हुई और मैं इस विषय में अधिक जानकारी लेने के लिए यहाँ चला आया। भक्त ने कहा, "आने के लिए धन्यवाद, आपका स्वागत है।" जिज्ञासा तो बुद्धिमता की निशानी है। सज्जन ने भक्त से कहा कि वह बोर्ड पर लिखे हुए लुप्त ज्ञान को विस्तार से जानना चाहता है। भक्त ने उत्साह दिखाते हुए उससे कहा, "यह तो बहुत ही अच्छी बात है।"

चलिए, मैं आपको हमारे उपदेशक से मिलवाता हूँ। (अब हम सज्जन को जिज्ञासु के नाम से संबोधित करेंगे)

इस पर जिज्ञासु ने कहा, उनके पास जाने से पहले क्या आप उनके विषय में कुछ बता सकते हैं?

भक्त ने कहा– जी हाँ, उपदेशक श्री श्रीमद् ए.सी. भक्तिवेदांत स्वामी ठाकुर श्रील प्रभुपाद (जिन्होंने पूरे विश्व में श्रीमद्भगवद्गीता का प्रचार करके एक क्रांति ला दी) के शिष्य हैं और अनेक वर्षों से भगवद्गीता एवं अन्य वैदिक साहित्यों के ज्ञान का जन-जन तक प्रचार-प्रसार कर रहें हैं। 18 वर्ष की आयु से इनके दिल में एक आग थी कि ये समाज का कुछ भला करें। जब इन्होंने श्रीमद्भगवद्गीता पढ़ी, तो इन्होंने यह निष्कर्ष निकाला कि यदि समाज को सुखी, सफल एवं टेंशनमुक्त बनाना है तो श्रीमद्भगवद्गीता के ज्ञान को जीवन में लगाना ही एकमात्र उपाय है। इन्होंने लाखों व्यक्तियों को इस पथ की ओर अग्रसर किया है। इनके जीवन का केवल एक ही लक्ष्य है कि भारतवर्ष का हर व्यक्ति श्रीमद्भगवद्गीता को एक बार अवश्य समझे।

जिज्ञासु ने कहा कि आपके उपदेशक का व्यक्तित्व तो बहुत ही रोचक है। कृपया अब क्या आप मुझे उनसे मिलवा सकते हैं?

इस बात पर भक्त उन्हें पास वाले कमरे में लेकर गए, जहाँ उपदेशक बैठे थे। उपदेशक की उम्र लगभग 67 साल थी, उन्हें देखकर जिज्ञासु ने नमस्कार किया।

उपदेशक : नमस्कार !

पहला दिन

1

जीवन का प्रारंभिक ज्ञान

1.1 सुनने की तीन विधियाँ

जिज्ञासु : मैंने बाहर आपके बोर्ड पर पढ़ा कि आप जीवन में सुखी, सफल एवं टेंशनमुक्त होने का लुप्त ज्ञान बताते हैं।

उपदेशक : जी हाँ, आपने सही पढ़ा है।

जिज्ञासु : क्या आप इस बारे में विस्तार से बताएँगे?

उपदेशक : जी हाँ, बिल्कुल। हमारी संस्था का यही उद्देश्य है कि आप जैसे जिज्ञासुओं को वह विज्ञान प्रदान किया जाए, जिससे वे अपने जीवन को सुखी, टेंशनमुक्त एवं पूर्ण सफल बना सकें। किंतु पहले मैं आपका परिचय जानना चाहूँगा।

जिज्ञासु : मेरा नाम विनीत है। मैंने इंजीनियरिंग (Engineering) और एमबीए (MBA) किया है और एक बहुराष्ट्रीय कंपनी में नौकरी करता हूँ।

उपदेशक : परिचय देने के लिए धन्यवाद। प्रारंभ करने से पूर्व मैं यह जानना चाहूँगा कि हम आपको जो ज्ञान देने जा रहे हैं, आप उसे किस प्रकार से सुनेंगे।

जिज्ञासु : किस प्रकार से सुनेंगे! इसका क्या अर्थ है? क्या ज्ञान को भी अलग–अलग प्रकार से सुना जा सकता है?

उपदेशक : जी हाँ, ज्ञान को तीन प्रकार से सुना जा सकता है–

पहला संदेश के रूप में,

दूसरा उपदेश के रूप में,

और तीसरा आदेश के रूप में।

जिज्ञासु : क्या आप इस विषय पर और प्रकाश डालेंगे?

उपदेशक : अवश्य। जब आप किसी ज्ञान को संदेश के रूप में सुनते हैं तो उसे अधिक महत्त्व नहीं देते हैं, क्योंकि आप उसे केवल जानने के लिए ही लेते हैं न कि जीवन में उतारने के लिए। उदाहरण के लिए आप प्रतिदिन रेलवे प्लेटफ़ार्म पर घूमने के लिए जाते हैं और वहाँ आप ट्रेन के

आने–जाने की घोषणाएँ सुनते हैं, लेकिन आपको जाना कहीं भी नहीं है। बस आप केवल सूचनाएँ सुनते हैं और वापस घर आ जाते हैं। यह संदेश के रूप में सुनना है।

उपदेश के रूप में सुनने का अर्थ हैं कि वह व्यक्ति उस ज्ञान को लेने के बारे में गंभीर है।

जिज्ञासु : यह कैसे पता लगता है कि व्यक्ति गंभीर है?

उपदेशक : आपने अच्छा प्रश्न किया। व्यक्ति गंभीर है, इसका इससे पता चलता है कि वह उस विषय के बारे में प्रश्न करता है। उसकी सोच यह होती है कि यदि उसके प्रश्नों के उत्तर प्राप्त हो जाएँगे तो वह उस ज्ञान को जीवन में लगाएगा।

जिज्ञासु : कृपया और समझाएँगे।

उपदेशक : अवश्य। जैसे छात्र कक्षा में ज्ञान लेने जाता है और यदि पहले दिन उसे कक्षा में कुछ समझ में नहीं आता है, तो वह पहले ही दिन उस ज्ञान को अस्वीकार नहीं करता, बल्कि वह समझने की कोशिश करता है, वो भी पूरी गंभीरता के साथ। गंभीरता का अर्थ है कि यदि विद्यार्थी को प्रश्नों के उत्तर मिल जाते हैं, तो वह उस ज्ञान को अपने जीवन में लगाएगा। मैं आपसे भी यह अनुरोध करूँगा कि आप भी इस विज्ञान को गंभीरतापूर्वक समझने का प्रयास करें। जब आप ज्ञान को उपदेश के रूप में सुनते हैं, तो आप ज्ञान के प्रति गंभीर होते हैं और आप उसे अपने जीवन में इसलिए उतारना चाहते हैं, क्योंकि आप सोचते हैं कि वह आपके लिए हितकर है। अतः आप उसे गंभीरता से लेते हैं।

जिज्ञासु : और आदेश के रूप में सुनने का क्या अभिप्राय है?

उपदेशक : आदेश के रूप में सुनने का अर्थ है कि व्यक्ति ने उस ज्ञान को उपदेश के रूप में सुनकर अपने अधिकांश प्रश्नों के उत्तर प्राप्त कर लिए हैं और अब वह उस ज्ञान का अपने जीवन में पूर्ण रूप से अनुसरण (पालन) करने के लिए तैयार है। मैं इन तीनों को एक टेबल की सहायता से समझाता हूँ– (टेबल दिखाते हुए)

विधि → व्यक्ति ↓	**संदेश (सुना/पढ़ा)**	**उपदेश (गंभीर जिज्ञासा)**	**आदेश (क्रियान्वित करना)**	**लाभ**
व्यक्ति नं. 1	√			कुछ नहीं
व्यक्ति नं. 2	√	√		कुछ लाभ
व्यक्ति नं. 3	√	√	√	पूर्ण लाभ

इस टेबल में

व्यक्ति नं. 1 : व्यक्ति ने विषय को केवल सुना या पढ़ा एवं उसे सूचना के रूप में ही लिया। वह इस विषय के प्रति गंभीर नहीं था इसलिए उसके मन में कोई प्रश्न भी नहीं उठे। फलस्वरूप उसने उस ज्ञान को अपने जीवन में लगाया नहीं, जिसके कारण उसे कोई लाभ नहीं हुआ।

व्यक्ति नं. 2 : व्यक्ति विषय के प्रति गंभीर है इसलिए उसने इस विषय को सुना या पढ़ा। उसने इस विषय पर गंभीर जिज्ञासा की। फलस्वरूप उसे कुछ लाभ हुआ।

व्यक्ति नं. 3 : व्यक्ति ने विषय को गंभीरतापूर्वक सुनने या पढ़ने के बाद रूचि दिखाई तथा उसने इस विषय पर गंभीर जिज्ञासा की और संतुष्ट होने पर उसे जीवन में लगाने का पूर्ण निश्चय किया और आदेश मानते हुए उस पर अमल किया। फलस्वरूप उसे पूर्ण लाभ हुआ। क्या आपको यह सब समझ में आ रहा है?

जिज्ञासु : जी हाँ, क्या आप इन तीनों को और समझाएँगे?

उपदेशक : जी हाँ, अवश्य। संदेश को हम एक तरह से सूचना भी कह सकते हैं। व्यक्ति सर्वप्रथम ज्ञान को सूचना के रूप में ही लेता है। उसे इसका तब तक कोई लाभ नहीं होता जब तक वह इस सूचना के प्रति गंभीर नहीं होता। परंतु जब वह सूचना के प्रति गंभीर हो जाता है और गंभीर जिज्ञासा करता है, तो यही सूचना अर्थात् संदेश उपदेश के रूप में सुनना हो जाता है। जब उसे अपने प्रश्नों के उत्तर मिल जाते हैं, तो वह इसे अपने जीवन में लगाता है, यही आदेश के रूप में सुनना हो जाता है।

इन्हें हम एक उदाहरण से समझते हैं। मान लीजिए, एक व्यक्ति बाज़ार

में घूमने गया। वहाँ उसे एक मोबाइल फ़ोन के सेल्समैन ने रोककर अपनी कंपनी के मोबाइल फ़ोन के गुण बताने शुरू कर दिए और दूसरी कंपनियों के मोबाइल फ़ोनों से तुलना करके अपने मोबाइल फ़ोन को श्रेष्ठ बताया। इस व्यक्ति ने सेल्समैन से कोई प्रश्न नहीं किया, क्योंकि इस व्यक्ति को मोबाइल फ़ोन खरीदना ही नहीं था, तो उसके लिए ये समस्त सूचनाएँ संदेश के समान थी। परंतु एक सप्ताह बाद उसका मोबाइल फ़ोन खो गया, तो उसे एक नए मोबाइल फ़ोन की आवश्यकता पड़ी, जिसे खरीदने के लिए वह मोबाइल फ़ोन की दुकान पर गया। मोबाइल फ़ोन की दुकान पर उसको वही सेल्समैन मिला। इस बार उस व्यक्ति ने मोबाइल फ़ोन के बारे में बहुत सारे प्रश्न किए। इस प्रकार वह व्यक्ति उपदेश के रूप में ज्ञान ले रहा था। जब उसे अपने सभी प्रश्नों के उत्तर मिल जाते हैं तो वह सेल्समैन की बातों से संतुष्ट हो जाता है। वह सेल्समैन की बात को मानकर उस मोबाइल फ़ोन को खरीद लेता है। इस प्रकार उसने यह ज्ञान आदेश के रूप में लिया अर्थात् अपने जीवन में लगाया।

यहाँ आदेश को थोड़ा और समझाता हूँ आपको। जब आप उपदेश के रूप में किसी ज्ञान को लेते हैं, तो आप गंभीरता से उस पर प्रश्न करते हैं और जब आप प्रश्नों के उत्तरों से संतुष्ट हो जाते हैं, तो आप उस ज्ञान पर चलना चाहते हैं या अपने जीवन में लगाते हैं। इसी को आदेश कहते हैं।

अब आप बताइए कि आप सर्वप्रथम किस रूप में सुनना चाहेंगे?

जिज्ञासु : मैं इस विषय के प्रति गंभीर हूँ और अपने जीवन में उतारना चाहता हूँ। परंतु मन में कई प्रश्न हैं, कहने का तात्पर्य है कि मैं इस वार्ता को उपदेश के रूप में ग्रहण करना चाहूँगा।

उपदेशक : बहुत अच्छा! 'ज्ञान' को पहले उपदेश के रूप में ही सुनना चाहिए।

1.2 सुनने का अर्थ

उपदेशक : मैं आपसे यह जानना चाहूँगा कि आप "सुनने" का अर्थ क्या मानते हैं।

जिज्ञासु : सुनने का अभिप्राय सुनना ही है और क्या हो सकता है!

उपदेशक : आपका उत्तर पूर्ण नहीं है। सुनने के भी दो प्रकार होते हैं।

- एक होता है, ऊपरी तौर पर सुनना।
- दूसरा होता है, ध्यानपूर्वक सुनना।

सुनने का अर्थ है, "करना"। ध्यानपूर्वक सुनने का अर्थ है कि आप कुछ प्रतिक्रिया (रिएक्ट) करेंगे। अगर आपने सुना है, तो आप उस कार्य को करेंगे। अगर आपने सुना नहीं है, तो उस कार्य को नहीं करेंगे। इसे एक उदाहरण से समझिए। मान लीजिए, आपका एक नौकर है, जिसका नाम राजू है। आप उसे आवाज़ लगाते हैं, "राजू! एक गिलास पानी लेकर आओ।" राजू पानी लेकर नहीं आता है। आप फिर उसे कहते हैं, "राजू! एक गिलास पानी लेकर आओ।" राजू फिर से पानी का गिलास लेकर नहीं आता है। जब दो–तीन बार बोलने पर भी राजू पानी लेकर नहीं आता तो फिर आप क्या कहेंगे?

जिज्ञासु : राजू! तुमने सुना नहीं क्या?

उपदेशक : बिल्कुल सही कहा। इसका अर्थ यह हुआ कि यदि राजू ने सुना होता तो वह एक गिलास पानी लेकर आता। इससे यह स्पष्ट होता है कि सुनने का अर्थ है, 'करना'। यदि आपको कुछ कहा जाए तो आपके द्वारा सुनना तभी माना जाएगा, जब आप उस पर अमल करेंगे।

जिज्ञासु : परंतु यदि मैं करने की जगह ऐसा कहूँ, "मैं करने से पहले सोचूँगा और फिर हो सकता है, मैं करूँ या न करूँ।"

उपदेशक : बिल्कुल ठीक कहा आपने। सोचना भी क्या है, वह भी करना ही है, परंतु मन और बुद्धि द्वारा। एक होता है, अपनी इंद्रियों द्वारा कार्य करना। जैसे आँख का कार्य है– देखना। कान का कार्य है– सुनना। हाथ का कार्य है– पकड़ना या स्पर्श करना। पैर का कार्य है– चलना। हर

इंद्रिय का अपना कार्य है। दूसरा होता है, मन तथा बुद्धि से कार्य करना। मन का कार्य है– सोचना या विचार करना। इसीलिए हमें कम से कम विचार तो करना चाहिए, कम से कम मनन तो करना चाहिए। आज इंग्लैंड के वैज्ञानिकों ने बताया है कि जो हम सुनते हैं, अगर हम उस पर मनन कर लें तो हम उसे बहुत अधिक समय तक याद रख सकते हैं। इसीलिए हमें विद्यालय में अध्यापक अधिकतर कहा करते थे कि जो पढ़ाया है, उस पर घर जाकर एक बार विचार अवश्य करना। इसे संस्कृत में "मनन" कहते हैं। यह मूलभूत सिद्धांत है कि आप मनन करके उस पर कार्य करो। यह बहुत महत्त्वपूर्ण है। यदि आप केवल संदेश की तरह सुनते और उसे उपदेश के स्तर तक नहीं लेकर जाते हो, तो यह केवल समय की बर्बादी होगी और समय की बर्बादी से बढ़कर तो दूसरा कोई नुकसान है ही नहीं। समय दुनिया की सबसे कीमती वस्तु है।

जिज्ञासु : क्या समय पैसों से भी अधिक कीमती है?

उपदेशक : जी हाँ, समय पैसों से भी अधिक कीमती है। समय का जो क्षण चला गया, उसे आप करोड़ों-अरबों रुपये देकर भी वापस नहीं ला सकते हो। परंतु समय से आप पैसे कमा सकते हो। अब आप बताइए कि समय अधिक कीमती हुआ या पैसा?

जिज्ञासु : समय ही हुआ।

उपदेशक : इसीलिए कहा भी जाता है कि जो समय को बर्बाद करता है, समय उसको बर्बाद कर देता है। इसीलिए आप समय की गरिमा अर्थात् समय की महत्ता को समझो और समय का सदुपयोग करो।

जिज्ञासु : समय का सदुपयोग कैसे करें?

उपदेशक : यह आपको आगे समझाएँगे। अब पुनः चर्चा करते हैं, कार्य करने पर। जब आप सोचते हैं तो आप अपने मन एवं बुद्धि से सोचने और विश्लेषण करने का कार्य करते हैं। आपका परिणाम कुछ भी हो सकता है। जैसे आपने कहा कि सोचने के बाद करेंगे या नहीं। दोनों परिस्थितियों में आप कुछ न कुछ तो करते ही हैं। करने की अवस्था में तो आप करते ही हैं, परंतु नहीं करने की अवस्था में भी आप मन और बुद्धि से कार्य करते हैं। क्या यह बात समझ में आई?

जिज्ञासु : स्पष्ट रूप से।

1.3 सत्य– कड़वा या मीठा

उपदेशक : आप मेरे एक प्रश्न का उत्तर देने का प्रयास कीजिए। आप हमसे सत्य सुनना चाहते हैं या असत्य?

जिज्ञासु : यह भी कोई पूछने की बात है। हर व्यक्ति सत्य ही सुनना चाहता है। मैं भी आपसे सत्य ही सुनना चाहता हूँ।

उपदेशक : बहुत अच्छा। अब आप यह बताइए कि सत्य कड़वा होता है या मीठा?

जिज्ञासु : सत्य कड़वा होता है, यह तो एक बहुत ही पुराना प्रचलित कथन है।

उपदेशक : परंतु आपका यह कथन ही झूठा है, क्योंकि सत्य हर स्थिति में मीठा होता है।

जिज्ञासु : वह कैसे? यह तो आपने एक नयी बात कह दी।

उपदेशक : ध्यान से सुनिए। इसे मैं आपको एक उदाहरण से समझाता हूँ। एक व्यक्ति एक महीने से तेज़ बुखार से पीड़ित है। जब उस बीमार व्यक्ति को स्वादिष्ट भोजन खाने के लिए दिया जाता है, तो उस व्यक्ति की क्या प्रतिक्रिया होगी?

जिज्ञासु : वह इस स्वादिष्ट भोजन को स्वाद रहित और कड़वा कहकर नकार देगा।

उपदेशक : बिल्कुल सही कहा आपने। स्वादिष्ट भोजन भी उसे कड़वा लगता है। किंतु वही स्वादिष्ट भोजन जब किसी स्वस्थ व्यक्ति को खिलाया जाता है, तो उस व्यक्ति की क्या प्रतिक्रिया होगी?

जिज्ञासु : वह उसे बड़े चाव से खाएगा और कहेगा कि यह भोजन तो अति स्वादिष्ट है।

उपदेशक : बिल्कुल सही कहा आपने। इसका अर्थ यह हुआ कि गड़बड़ भोजन में नहीं, बल्कि उस बीमार व्यक्ति में है। इसी प्रकार जब हमें सत्य कड़वा लगता है, तो इसका अर्थ यह है कि गड़बड़ सत्य में नहीं है, बल्कि हम में है। सत्य तो हमेशा मीठा होता है। जब कोई हमें सत्य बताता है

और अगर वह सत्य हमारे मन को अच्छा नहीं लगता, तो वह हमें कड़वा लगता है। परंतु क्या वह सत्य कड़वा है?

जिज्ञासु : नहीं।

उपदेशक : आपने सही कहा। इसलिए हम कहते हैं कि "सत्य कड़वा लगता है, सत्य कड़वा होता नहीं।" सत्य हर समय मीठा होता है, और "झूठ मीठा लगता है, झूठ मीठा होता नहीं।" झूठ हर परिस्थिति में कड़वा होता है। क्या आपको यह महत्त्वपूर्ण तथ्य समझ में आया?

जिज्ञासु : बिल्कुल स्पष्ट हो गया। इस तरह से तो मैंने कभी सोचा ही नहीं था।

1.4 सफलता एवं लक्ष्य

उपदेशक : अब हम अगले विषय पर चर्चा करेंगे। अब आप मेरे एक प्रश्न का उत्तर दीजिए। आप जीवन में क्या चाहते हैं? सफलता या असफलता?

जिज्ञासु : हर व्यक्ति जीवन में सफलता चाहता है, कौन चाहेगा असफलता?

उपदेशक : बिल्कुल सही कहा आपने। हर व्यक्ति सफल होना चाहता है। आप भी उनमें से एक हैं। परंतु सफलता के पथ पर अग्रसर होने से पहले यह जानना अति आवश्यक है कि सफल होने का अभिप्राय क्या है। परंतु इस परिभाषा को समझने के लिए पहले आपको पात्र बनना पड़ेगा।

जिज्ञासु : तो उस पात्रता को मैं किस प्रकार प्राप्त कर सकता हूँ?

उपदेशक : इस पात्रता को प्राप्त करने के लिए आपको यह ज्ञान उपदेश के रूप में सुनना होगा और जब आप इस ज्ञान को उपदेश के रूप में सुनते हैं तो आप स्वतः ही इस पात्रता को प्राप्त कर लेते हैं। जैसा कि कुछ समय पूर्व ही आपने बताया था कि आप इस ज्ञान को उपदेश के रूप में सुनेंगे, इसलिए आप इसके पात्र हैं। क्या आपको यह स्पष्ट हुआ?

जिज्ञासु : जी हाँ।

उपदेशक : तो अब हम आगे बढ़ते हैं, आप मेरे एक प्रश्न का उत्तर दीजिए।

जिज्ञासु : जी पूछिए।

उपदेशक : आपका ''सफलता'' से क्या अभिप्राय है?

जिज्ञासु : सफलता का अर्थ है, अपनी इच्छा की पूर्ति या आप कह सकते हैं कि लक्ष्य की प्राप्ति।

उपदेशक : बहुत अच्छा। आपने सही कहा कि इच्छा की पूर्ति या लक्ष्य की प्राप्ति ही सफलता है। क्या आप बता सकते हैं कि आपका लक्ष्य क्या है?

जिज्ञासु : बहुत सारे हैं। जैसे– एक अच्छा घर, अच्छा बैंक बैलेंस, नाम इत्यादि।

उपदेशक : आप यह कहना चाहते हैं कि जीवन में लक्ष्य अनेक होते हैं। परंतु आपकी जानकारी के लिए मैं बताना चाहता हूँ कि आपका ही नहीं,

बल्कि प्रत्येक प्राणी का केवल एक ही लक्ष्य है।

जिज्ञासु : यह कैसे संभव है? विद्यार्थी के जीवन का लक्ष्य परीक्षा में अच्छे अंक प्राप्त करना होता है। पढ़ाई पूरी होने के बाद मनपसंद नौकरी एवं उच्च पद की प्राप्ति करना या लाभप्रद व्यापार करना उसका लक्ष्य बन जाता है। इसके बाद अच्छा घर बनाना एवं अच्छी गाड़ी खरीदना उसका लक्ष्य बन जाता है। फिर विवाह करना एवं अपने परिवार का पालन पोषण करना, बुढ़ापे में अच्छा स्वास्थ्य रखना इत्यादि उसके लक्ष्य बन जाते हैं। इनसे तो यही प्रतीत होता है कि लक्ष्य परिस्थितियों के अनुसार बदलते रहते हैं अर्थात् जीवन में अनेक लक्ष्य होते हैं।

उपदेशक : यह धारणा बिल्कुल गलत और आधारहीन है, क्योंकि ये सब लक्ष्य हैं ही नहीं। जीवन का लक्ष्य एक ही होता है और लक्ष्य किसी भी परिस्थिति में बदलता नहीं है। चलिए, आपके द्वारा बताए गए तथाकथित लक्ष्यों का विश्लेषण करके सत्य को जानने का प्रयास करते हैं:–

आपको परीक्षा में अच्छे अंकों से उत्तीर्ण होने पर क्या मिलेगा?

जिज्ञासु : अच्छा लगेगा।

उपदेशक : आपका अच्छा लगने से क्या अभिप्राय है?

जिज्ञासु : खुशी गिलेगी।

उपदेशक : बिल्कुल सही। खुशी अर्थात् सुख मिलेगा।

जिज्ञासु : जी हाँ, आपने बिल्कुल सही कहा।

उपदेशक : अब हम आपके अन्य लक्ष्यों का विश्लेषण करते हैं।

जिज्ञासु : जी हाँ।

उपदेशक : मनपसंद नौकरी प्राप्त होने पर आपको क्या मिलेगा?

जिज्ञासु : खुशी मिलेगी। सुख मिलेगा।

उपदेशक : धन प्राप्त होने पर आपको क्या मिलेगा?

जिज्ञासु : सुख मिलेगा।

उपदेशक : उच्च पद की प्राप्ति से आपको क्या मिलेगा?

जिज्ञासु : सुख मिलेगा।

उपदेशक : व्यापार में मनोवांछित लाभ प्राप्त करने से आपको क्या मिलेगा?

जिज्ञासु : सुख मिलेगा।

उपदेशक : कर्तव्यों का पालन करने से आपको क्या मिलेगा?

जिज्ञासु : सुख मिलेगा।

उपदेशक : इसी प्रकार एक कुत्ते को भी जब धूप में गर्मी लगती है, तो वह क्या करता है?

जिज्ञासु : वह छाया में खड़ा हो जाता है।

उपदेशक : वह छाया में क्यों जाता है?

जिज्ञासु : क्योंकि छाया में उसे गर्मी से राहत मिल जाती है, जिससे उसको सुख का अनुभव होता है।

उपदेशक : बिल्कुल सही। इसी प्रकार एक पौधे को छाया में लगा दीजिए, वह अपने आप ही धूप की ओर क्यों मुड़ने लगता है?

जिज्ञासु : क्योंकि छाया में उसका पूर्ण विकास नहीं हो पाता, जिसके फलस्वरूप वह धूप की ओर मुड़ जाता है और धूप में सुख का अनुभव करता है।

उपदेशक : बिल्कुल सही। अब आप यह बताइए कि उपर्युक्त दृष्टांतों में आपको क्या समानता लगती है?

जिज्ञासु : सुख की प्राप्ति।

उपदेशक : बिल्कुल सही। ऊपर सभी दृष्टांतों में लक्ष्य एक ही है– "सुख"। इस प्रकार यह सिद्ध होता है कि सभी का लक्ष्य केवल और केवल एक ही है– सुख प्राप्त करना। सारे जीव, चाहे पशु–पक्षी हों या पेड़–पौधे, बालक हों या बूढ़े, जनरल मैनेजर बनना चाहें या व्यापार में सफलता, गृहस्थ बनना चाहें या संन्यासी– सबका लक्ष्य केवल एक ही है, सुख की प्राप्ति। इसे मैं एक उदाहरण से समझाता हूँ– ''लक्ष्य'' शब्द को समझने में अंग्रेज़ी

शब्द गोल (GOAL) बड़ा सहायक है।

आपने फुटबॉल या हॉकी के खेल में देखा होगा कि एक पक्ष के लिए एक ही गोलपोस्ट या गोल होता है और एक पक्ष के सारे खिलाड़ी विपक्ष के गोल में बार–बार फुटबॉल या बॉल को दागने का प्रयास करते हैं।

गोल एक ही स्थान पर स्थित रहता है, इसमें कोई परिवर्तन नहीं होता। गोल (GOAL) की तरह लक्ष्य भी एक ही होता है, अनेक नहीं। क्या अब आपको समझ में आया कि हम सभी का लक्ष्य एक ही होता है?

जिज्ञासु : जी हाँ, समझ आया। हमारा ही नहीं, बल्कि सभी जीवों का लक्ष्य एक ही है और वह है, सुख की प्राप्ति।

उपदेशक : आपने इसे बहुत अच्छी तरह से समझा है। हमने सफलता के ऊपर जितनी भी चर्चा की है, उससे ये बातें स्पष्ट होती हैं–

1. **हर** व्यक्ति जीवन में सफल होना चाहता है।

2. **सफलता** का अर्थ है, लक्ष्य को प्राप्त करना।

3. **सभी** का केवल एक ही लक्ष्य है।

4. वह एक लक्ष्य है– सुख।

5. सफल वही है, जो सुखी है।

6. अतः सफलता = लक्ष्य की प्राप्ति = सुख।

7. असफलता = लक्ष्य की अप्राप्ति = सुखी न होना अर्थात् दुखी होना।

जिज्ञासु : मेरे मन में यह विचार उठ रहा है कि आप लक्ष्य या सफलता के विषय को इतना अधिक महत्त्व क्यों दे रहे हैं?

उपदेशक : क्योंकि अधिकतर व्यक्ति साधन और लक्ष्य में भेद नहीं कर पाते, जैसे कि आपने भी जितने लक्ष्य बताए वे सब लक्ष्य नहीं थे, वे साधन थे। इस भ्रम के कारण जीवन लक्ष्यहीन ही रह जाता है। लक्ष्यहीन व्यक्ति सफल कैसे हो सकता है? क्या आपको यह तथ्य समझ आया?

जिज्ञासु : जी हाँ, पूरी तरह समझ आया।

उपदेशक : अब से आप ध्यान रखिएगा, इसके पश्चात् जहाँ कहीं भी ''लक्ष्य'' या "सफलता" शब्द का प्रयोग होगा, उसका अर्थ "सुख" होगा। क्या आपको समझ में आया?

जिज्ञासु : जी हाँ, बहुत अच्छी तरह से समझ में आया। मैंने तो लक्ष्य के बारे में इस तरह कभी सोचा ही नहीं।

उपदेशक : आप अच्छी तरह से समझ रहे हैं, इसके लिए धन्यवाद।

1.5 जीवन में सुख और दुःख का मूल कारण

जिज्ञासु : मेरा एक प्रश्न है कि जीवन के लक्ष्य ''सुख'' को कैसे प्राप्त करें और कैसे सफल बनें?

उपदेशक : आपने अच्छा प्रश्न किया, हमारी चर्चा का अगला विषय यही है। हम आपको यह समझाएँगे कि जीवन के लक्ष्य "सुख" को कैसे प्राप्त करें, परंतु इससे पहले हम सुख एवं दुःख के मूल कारण पर चर्चा करेंगे। तो प्रारंभ करते हैं, असफलता या दुःख के मूल कारण से। आप से ही पूछते हैं– दुःख का मूल कारण क्या है?

जिज्ञासु : (विचार करने के बाद) आप ही समझाइए।

उपदेशक : बहुत अच्छा। आपने समय के महत्त्व को समझा। अब मैं आपको इसे कुछ उदाहरणों के द्वारा समझाता हूँ– मान लीजिए, आपने एक व्यक्ति के साथ साझेदारी में व्यापार किया। कुछ समय बाद उसने आपको धोखा दे दिया, जिससे आपको आर्थिक नुकसान हुआ, जो आपके व्यवसाय में असफलता या दुःख का कारण बना। अब बताइए, आपको दुःख या असफलता क्यों मिली?

जिज्ञासु : क्योंकि उसने धोखा दिया, इसलिए मुझे दुःख या असफलता मिली।

उपदेशक : परंतु यदि आपको ज्ञात होता कि वह व्यक्ति धोखेबाज़ है तो क्या आप उससे साझेदारी करते?

जिज्ञासु : जी नहीं।

उपदेशक : इसका अर्थ यह हुआ कि आप उस व्यक्ति के चरित्र से अनभिज्ञ थे। इसे एक और उदाहरण से समझिए। मान लीजिए, आपने बाहर खाना खाया और आपका पेट खराब हो गया, जिससे आपको दुःख हुआ। अब बताइए, इस दुःख का क्या कारण है?

जिज्ञासु : खाने का दूषित होना।

उपदेशक : जी हाँ, परंतु यदि आपको ज्ञात होता कि खाना दूषित है तो क्या आप उसे खाते?

जिज्ञासु : बिल्कुल नहीं।

उपदेशक : इसका अर्थ यह हुआ कि आपको इस बात का ज्ञान नहीं था कि खाना दूषित है और यही अज्ञानता आपके दुःख का कारण बनी।

जिज्ञासु : आपने सही कहा। क्या आप इसे किसी अन्य उदाहरण से समझा सकते हैं?

उपदेशक : जी हाँ। अच्छा बताइए, एक विद्यार्थी परीक्षा में अच्छे नंबर नहीं ला पाया, जिससे वह दुखी हुआ। बताइए ऐसा क्यों हुआ?

जिज्ञासु : क्योंकि वह प्रश्नों के सही उत्तर नहीं दे पाया।

उपदेशक : वह सही उत्तर क्यों नहीं दे पाया?

जिज्ञासु : क्योंकि उसको उत्तरों का ज्ञान नहीं था।

उपदेशक : आपने सही उत्तर दिया। वह उन प्रश्नों के उत्तरों के प्रति अनभिज्ञ था अर्थात् अज्ञानता के कारण उसे असफल होने का दुःख उठाना पड़ा।

इसे हम एक और उदाहरण से समझते हैं, आप बच्चे को बर्फ़ का एक खिलौना दीजिए। आप पाएंगे कि आरंभ में वह बच्चा खिलौना पाकर खुश होता है। परंतु कुछ समय बाद ही जब बर्फ़ का खिलौना पिघल जाता है, तब वह दुखी होकर ज़ोर–ज़ोर से रोने लगता है। अब आपको भी बर्फ़ का एक खिलौना दिया जाता है। किंतु जब यह खिलौना पिघल जाता है, तब आप उस बच्चे के समान दुखी होकर नहीं रोते। यह बात विचारणीय है कि ऐसा क्यों हुआ?

जिज्ञासु : उत्तर बिल्कुल स्पष्ट है, बच्चा बर्फ़ के गुण के बारे में कुछ भी नहीं जानता था।

उपदेशक : बिल्कुल सही कहा आपने। वास्तव में उसे बर्फ़ के पिघलने के विषय में कुछ भी ज्ञान नहीं है। यही अज्ञानता बच्चे के दुःख का कारण बन जाती है। किंतु आपको बर्फ़ के गुण के बारे में पूरा ज्ञान है। इस ज्ञान के कारण ही आप उस बच्चे की तरह दुखी नहीं होते।

इससे यह सिद्ध होता है कि सारे दुखों का मूल कारण अज्ञानता है। क्या आपको समझ में आया?

जिज्ञासु : जी हाँ, समझ में आया। परंतु कई लोगों की यह धारणा कि इच्छाएँ ही दुखों का कारण हैं, इसीलिए वे कहते कि कोई इच्छा ही न करो, दुःख होगा ही नहीं।

उपदेशक : सही कह रहे हैं आप। कई व्यक्तियों की यही धारणा है कि इच्छाएँ दुखों का कारण हैं, इच्छारहित होने पर सारे दुःख अपने आप ही समाप्त हो जाते हैं। परंतु लोगों की यह धारणा गलत है। ऐसे व्यक्ति यह नहीं जानते कि इच्छा नहीं करना भी एक इच्छा है। इसलिए हम इच्छारहित तो हो ही नहीं सकते। अज्ञानता के कारण हम गलत इच्छा करते हैं, जिसका फल हमेशा दुःखदायी होता है। इच्छा तो जीवन का लक्षण है। आपने चिकित्सक को यह कहते हुए अवश्य सुना होगा कि अगर इस रोगी में जीने की इच्छा पैदा हो जाए, तो इसकी जान बच सकती है।

जिज्ञासु : जी हाँ, मैंने ऐसा सुना है।

उपदेशक : इसी प्रकार भगवान् श्री कृष्ण ने भी अर्जुन को सारी भगवद्गीता सुनाने के बाद यह वचन कहे, 'यथेच्छसि तथा कुरु' अर्थात् इस प्रकार मैंने तुम्हें सर्वश्रेष्ठ ज्ञान बता दिया है, अब तुम्हारी जैसी इच्छा है, वैसा तुम करो। यहाँ बिल्कुल स्पष्ट है कि भगवान् श्री कृष्ण भी इच्छा करने के लिए मना नहीं कर रहे हैं। इन सबसे इस बात की पुष्टि होती है कि दुःख का मूल कारण इच्छा नहीं है, बल्कि गलत इच्छा दुःख का कारण है और व्यक्ति गलत इच्छा इसलिए करता है, क्योंकि वह यह नहीं जानता है कि कौन-सी इच्छा सुख देगी और कौन-सी इच्छा दुःख अर्थात् वह सही और गलत इच्छाओं में भेद नहीं कर पाता है। क्या आपको समझ में आया?

जिज्ञासु : जी हाँ, आपने ऊपर जितने भी उदाहरण दिए हैं, उससे तो यही प्रतीत हो रहा है कि हमारे सारे दुःखों का मूल कारण अज्ञानता ही है।

उपदेशक : हाँ बिल्कुल सही, हमारे सभी दुखों का मूल कारण अज्ञानता ही है। इसे हम इस तरह से भी कह सकते हैं कि हमारी समस्त असफलताओं का मूल कारण अज्ञानता है।

उपदेशक : अब हम अगले विषय पर चलते हैं कि सुख का मूल कारण क्या है?

जिज्ञासु : जी हाँ, बताइए।

उपदेशक : आप ही बताइए, ऊपर हमने सिद्ध किया था कि समस्त दुखों का मूल कारण अज्ञानता है, तो सुख का मूल कारण क्या होना चाहिए?

जिज्ञासु : यह तो बिल्कुल स्पष्ट है कि सुख का मूल कारण ज्ञान होना चाहिए।

उपदेशक : बिल्कुल सही कहा आपने। जैसा कि हम चर्चा कर चुके हैं कि दुःख का मूल कारण अज्ञानता है, उसी प्रकार सुख का मूल कारण ज्ञान है। जिस प्रकार अंधकार का मूल कारण रोशनी का न होना है और उजाले का मूल कारण रोशनी का होना है। दोनों ही स्थितियों में रोशनी ही मूल कारण है। इसी प्रकार सुख एवं दुःख का मूल कारण ज्ञान है। दुःख का कारण ज्ञान की अनुपस्थिति है और सुख का कारण ज्ञान की उपस्थिति है। निष्कर्ष यह है कि जिस प्रकार रोशनी अंधकार को दूर कर देती है, उसी प्रकार ज्ञान अज्ञानता को दूर कर देता है, जो कि सुख या सफलता का मूल कारण है।

जिज्ञासु : ज्ञान हमें कैसे सुख देता है?

उपदेशक : ज्ञान से हम जान सकते हैं कि हमारे लिए क्या अच्छा है और क्या बुरा है, क्या श्रेष्ठतम है और क्या निकृष्ट है, क्या सही है और क्या गलत, क्या इच्छा करनी चाहिए और क्या नहीं, क्या लाभकारी है और क्या हानिकारक है, क्या धन का सदुपयोग है और क्या दुरूपयोग, किससे आसक्ति करें और किससे नहीं? इत्यादि। अर्थात् सारी बातों की एक बात क्या सुख या सफलता देगा और क्या दुःख या असफलता देगा?

निष्कर्ष यह है कि ज्ञान हमें विवेक प्रदान करता है, जिससे हम जान सकें कि क्या हमें सुख देता है और क्या दुःख। हम वही कार्य करेंगे, जो हमें सुख देंगे और उन कार्यों से दूर रहेंगे जो हमें दुःख देंगे। समझ में आया?

जिज्ञासु : जी हाँ, बिल्कुल।

1.6 क्या सुख और मज़ा एक ही हैं

जिज्ञासु : मेरा एक प्रश्न है, अधिकतर लोग अज्ञानी हैं फिर भी वे सुखी क्यों हैं?

उपदेशक : (मुस्कुराते हुए) सुखी नहीं हैं, वे दुखों की कमी को सुख मान रहे हैं।

जिज्ञासु : इससे आपका क्या अभिप्राय है? कृपया अच्छी तरह समझाइए।

उपदेशक : हमारे गुरु महाराज कृष्णकृपामूर्ति ए. सी. भक्तिवेदांत स्वामी ठाकुर श्रील प्रभुपाद कहते हैं कि आज के मनुष्य ने सुख का अनुभव ही नहीं किया है। आज का मनुष्य जिसे सुख समझता है, वह सुख है ही नहीं, अपितु वह तो केवल दुःखों की कमी है। चलिए इस तथ्य को समझते हैं। क्या आप इस बात को मानते हैं कि लक्ष्य की प्राप्ति अर्थात् इच्छा पूरी होने पर सुख का अनुभव होता है और इच्छा पूरी नहीं होने पर दुःख का अनुभव होता है?

जिज्ञासु : जी हाँ।

उपदेशक : अब हम इसे एक उदाहरण से समझते हैं। मान लीजिए, एक व्यक्ति है, जिसकी 100 इच्छाएँ हैं। जब उसकी एक इच्छा पूरी हो जाती है, तो वह अपने आपको सुखी समझने लगता है। किंतु अभी भी उसकी 99 इच्छाएँ पूरी नहीं हुई हैं। जैसा कि आपको अभी यह बताया था कि इच्छा पूरी नहीं होने पर दुःख होता है। अतः यह कहना बिल्कुल सही होगा कि वास्तव में वह व्यक्ति अभी भी दुःखी है, क्योंकि उसकी 99 इच्छाएँ अभी भी पूरी नहीं हुई हैं। वह व्यक्ति दुःख की कमी को सुख समझ रहा है। उसकी 100 इच्छाएँ (समस्याएँ, दुःख) थीं, आज एक दुःख कम हो गया, परंतु 99 दुःख अभी भी हैं। आप सोचिए, क्या ऐसा व्यक्ति "पूर्ण सुख" में अर्थात् "आनंद" में या समस्त दुखों से रहित है?

जिज्ञासु : जी नहीं।

उपदेशक : हमारे गुरु महाराज श्रील प्रभुपाद ने पूर्ण सुख (आनंद) एवं दुःख की कमी के अंतर को एक सरल उदाहरण से समझाया है– एक व्यक्ति को 105 डिग्री फारेनहाइट (105 ^{0}F) बुखार था। वह अस्पताल में भर्ती था। श्रील प्रभुपाद उस व्यक्ति से मिलने गए। श्रील प्रभुपाद ने उसके स्वास्थ्य के बारे

में पूछा तो उसने उत्तर दिया कि बहुत तेज़ बुखार है, शरीर में दर्द है, आँखें जल रही हैं, मैं बहुत दुखी हूँ। एक दिन बाद श्रील प्रभुपाद दुबारा उसके स्वास्थ्य के बारे में जानने के लिए अस्पताल गए। आज भी वह पहले की तरह ही बिस्तर पर लेटा हुआ था। चिकित्सक की जानकारी के अनुसार आज उसे 102 ^{0}F बुखार था। श्रील प्रभुपाद ने दुबारा उस व्यक्ति से उसके स्वास्थ्य के विषय में पूछा। उसने बड़ी सरलता के साथ उत्तर दिया, "आज मैं अच्छी स्थिति में हूँ।" क्या वह व्यक्ति अच्छी स्थिति में हैं?

जिज्ञासु : नहीं। वह तो अभी भी बीमार ही है।

उपदेशक : आप उस व्यक्ति के उत्तर पर थोड़ा विचार कीजिए। 102 ^{0}F का बुखार होने के बाद भी बीमार व्यक्ति स्वयं को अच्छी स्थिति में समझ रहा है। श्रील प्रभुपाद इसका सही अर्थ समझाते हुए कहते हैं कि वास्तव में उसकी स्थिति अच्छी नहीं है, परंतु वह कल की तुलना में आज अपनी स्थिति अच्छी अनुभव कर रहा है। कल तक वह व्यक्ति 105 ^{0}F के तेज़ बुखार से दुखी था, जबकि आज उसका बुखार घटकर 102 ^{0}F हो गया; इसलिए वह अपने आपको सुखी समझ रहा है। दोनों ही स्थितियों में वह बीमार है। अंतर केवल इतना-सा है कि आज उसका बुखार पहले की तुलना में कम है। इस प्रकार वह व्यक्ति बुखार की कमी अर्थात् दुःख की कमी को सुख समझ रहा है। अब आप यह बताइए कि एक व्यक्ति पूर्ण स्वस्थ कब कहलाता है?

जिज्ञासु : जब व्यक्ति के शरीर का ताप 98.4 ^{0}F होता है, केवल तभी वह पूर्ण स्वस्थ कहलाता है।

उपदेशक : इसी तरह जब व्यक्ति पूर्ण सुखी होगा, तब उसे किसी प्रकार का दुःख नहीं होगा। इसे एक और उदाहरण से समझते हैं –

मान लीजिए, एक पति-पत्नी हैं। पति घर आकर कहता है कि आज मैं फ़्लैट की EMI दे आया। उसकी पत्नी कहती है कि इसीलिए आप खुश नज़र आ रहे हैं। आगे फिर पत्नी कहती है, आज ही लड़के का फ़ोन आया था कि इंजीनियरिंग कॉलेज की फ़ीस भरनी है और कार की EMI, बिजली का बिल, दस दिन बाद आपके भतीजे की शादी में जाना है, उसके लिए उपहार देने के लिए भी पैसे चाहिए। तब उसके पति ने जवाब दिया कि मैं जानता हूँ। मैं तो ऐसे ही खुश हो रहा था, अभी तो बहुत सारे कार्य पूरे करने हैं। परंतु सोच रहा हूँ कि क्या जीवन में कभी पूर्ण सुखी भी हो

पाउँगा। अब आपको समझ में आया कि लोग जिसे सुख मानते हैं, वह तो केवल दुखों की कमी मात्र है।

जिज्ञासु : जी हाँ। परंतु इच्छा पूरी होने पर कुछ सुख तो मिलता ही है?

उपदेशक : आप जिसे सुख कह रहे हैं, वास्तव में सामान्य भाषा में उसे "मज़ा" कहते हैं, जिसे अंग्रेज़ी में प्लेज़र या एंजॉयमेंट कहते हैं। वह आनंद या सुख नहीं है। मज़ा आनंद या सुख का विकृत रूप है। मज़े और आनंद के बीच में क्या अंतर है, इसे आप इस टेबल से समझ सकते हैं– (टेबल दिखाते हुए)

मज़ा	आनंद
(1) आध्यात्मिक शब्दावली (डिक्शनरी) के अनुसार मज़े को भोग भी कहा जाता है।	आध्यात्मिक शब्दावली के अनुसार आनंद को योग कहा जाता है।
(2) बाहरी भौतिक तत्व को सुविधा कहते हैं, जिस पर व्यक्ति अपने मज़े के लिए निर्भर रहता है। बाहरी भौतिक तत्व; जैसे – टीवी, मोटर साइकिल, गाड़ी, इलेक्ट्रिसिटी, मोबाइल फ़ोन, फ़्रिज इत्यादि। ऐसी अनेक सुविधाएँ मिलने पर व्यक्ति को एक सुख का अनुभव होता है, इस सुख को मज़ा कहते हैं।	आध्यात्मिक ज्ञान से आध्यात्मिक सुविधा प्राप्त होती है, जो कि योग/आनंद की प्राप्ति में सहायक होती है।
(3) मज़ा वह सुख है, जिसका प्रारंभ और अंत होता है। जैसे – पार्टी का मज़ा, खाने का मज़ा, सिनेमा देखने का मज़ा इत्यादि।	आनंद का कभी अंत नहीं होता। आनंद एक बार प्राप्त होने के बाद हमेशा रहता है और बढ़ता रहता है।
(4) मज़े के लिए व्यक्ति (भोक्ता तत्व) को किसी न किसी बाहरी भौतिक तत्व (भोग्य तत्व) पर निर्भर होना पड़ता है। बाहरी तत्व के अभाव में मज़ा न प्राप्त होने पर अपार दुःख का अनुभव होता है। उदाहरण के लिए, एक व्यक्ति (भोक्ता तत्व) स्वादिष्ट भोजन (बाहरी भौतिक तत्व) करना चाहता है परंतु उसे ऐसा भोजन प्राप्त नहीं होने के कारण मज़ा नहीं मिलता और वह दुखी होता है।	आनंद के लिए व्यक्ति (भोक्ता तत्व) को किसी भी बाहरी भौतिक तत्व (भोग्य तत्व) पर निर्भर नहीं होना पड़ता।

(5) जब मज़े का अंत होता है, तब वह दुःख देकर जाता है। जितना अधिक मज़ा होता है, उतना ही अधिक दुःख उसके अंत होने पर होता है।	चूँकि आनंद का कभी अंत नहीं होता, इसलिए वह दुःख का कारण नहीं बनता।
(6) जब व्यक्ति मज़ा करता है, उस समय तो उसको अच्छा लगता है, परंतु आगे चलकर वह दुःखों का कारण बनता है। जैसे कि जब व्यक्ति ड्रग्स लेता है तो उसे बड़ा मज़ा आता है, परंतु बाद में उसे ड्रग्स की लत लग जाती है और वह जीवन भर दुखी रहता है और दूसरों को भी दुखी करता है। श्रील प्रभुपाद इस विषय पर चर्मरोग का उदाहरण देते हुए समझाते हैं कि जब किसी व्यक्ति को चर्मरोग हो जाता है तो उसे शुरू में खुजलाने में बड़ा मज़ा आता है, परंतु बाद में लगातार खुजलाने पर चर्म रोग बढ़कर घाव बन जाता है, जिससे उसे बहुत दुःख होता है।	जब व्यक्ति आध्यात्मिक ज्ञान का अभ्यास करता है तो उसे प्रारंभ से ही आनंद की अनुभूति होती है और यह अनुभूति बढ़ती ही रहती है।
(7) मज़ा बाहरी एवं सतही (Superficial) होता है और जितने भी बाहरी एवं भोग्य तत्व हैं, वे अस्थाई और परिवर्तनशील होते हैं, जिसके कारण मज़ा भी अस्थाई और परिवर्तनशील होता है, इसीलिए आप सुख प्राप्त नहीं कर पाते।	आनंद आतंरिक एवं वास्तविक होता है और वह बाहरी एवं सतही (Superficial) तत्वों पर निर्भर नहीं होता है।
(8) मज़ा बाहरी परिस्थितियों या वस्तुओं पर निर्भर करता है। जैसेः- किसी व्यक्ति को खाने के लिए स्वादिष्ट व्यंजन दिए जाए। जब वह उन्हें खाना शुरू करता है तो उसे बहुत मज़ा आने लगता है, परंतु उसी बीच उसे यह सूचना प्राप्त होती है कि उसके पिता जी की मृत्यु हो गई है, जिनसे वह बहुत आसक्त था। तो वही व्यंजन जो उसे मज़ा दे रहे थे, वे उसे अब स्वाद रहित लगने लगते हैं। यदि देखा जाए तो व्यंजन वही हैं, परंतु बाहरी परिस्थिति बदल गई। इसीलिए उसे उन व्यंजनों से मज़ा नहीं मिल पा रहा है।	आनंद किन्हीं भी परिस्थितियों या वस्तुओं पर निर्भर नहीं करता है।

आशा है कि अब आपको आनंद और मज़े के विषय में कुछ समझ आया होगा।

जिज्ञासु : जी हाँ, बिल्कुल समझ में आया।

उपदेशक : क्या आपको आपके प्रश्न का उत्तर मिल गया?

जिज्ञासु : जी हाँ, अब मुझे यह समझ में आ गया है कि जिसे हम सुख समझते हैं वह सुख नहीं, अपितु केवल और केवल दुःखों की कमी है और वास्तविकता तो यह है कि जिसे हम सुख या आनंद समझते हैं, वह तो केवल मज़ा है।

उपदेशक : आपने बिल्कुल सही समझा।

1.7 पिछले 100-200 वर्षों में दुःख बढ़ने के कारण

उपदेशक : अब आगे बढ़ते हैं। आप मेरे कुछ प्रश्नों के उत्तर दीजिए।

जिज्ञासु : पूछिए।

उपदेशक : पिछले 100-200 वर्षों में ज्ञान बढ़ा है या कम हुआ है?

जिज्ञासु : निस्संदेह, ज्ञान तो बढ़ा है।

उपदेशक : बिल्कुल सही। अब बताइए पिछले 100-200 वर्षों में मानव समाज में टेंशन, अशांति, युद्ध, रिश्तों में कलह, छोटी-सी बात पर हिंसा, आत्महत्या इत्यादि जैसी घटनाएँ बढ़ी हैं या कम हुई हैं?

जिज्ञासु : बढ़ी हैं।

उपदेशक : ज्ञान के बढ़ने से सुख बढ़ना चाहिए या दुःख?

जिज्ञासु : जैसा कि आपने समझाया है और मैंने समझा है, ज्ञान तो सुख ही प्रदान करता है, अतः ज्ञान बढ़ने से तो सुख ही बढ़ना चाहिए।

उपदेशक : बिल्कुल सही कहा आपने। परंतु अब प्रश्न यह उठता है कि पिछले 100-200 वर्षों में जो ज्ञान बढ़ा है, उसने दुःख क्यों बढ़ाए हैं?

जिज्ञासु : आप ही समझाइए, मेरी समझ से तो बाहर है।

उपदेशक : इसके दो ही कारण हो सकते हैं–

एक कारण तो यह हो सकता है कि यह ज्ञान ही नहीं है, क्योंकि इस ज्ञान ने बिल्कुल विपरीत परिणाम दिए हैं। सुख के स्थान पर मानव समाज को टेंशन ही टेंशन (टेंशन) और दुःख ही दुःख दिए हैं।

जिज्ञासु : और दूसरा कारण।

उपदेशक : दूसरा कारण यह हो सकता है कि यह ज्ञान अपूर्ण है अर्थात् इस ज्ञान में किसी ज्ञान की कमी है, जिसके कारण यह ज्ञान सुख नहीं दे पा रहा है।

अब इन दोनों कारणों का विश्लेषण करते हैं।

पहला कारण- यह कहना कि यह ज्ञान नहीं है, सही नहीं होगा। क्योंकि इस ज्ञान के कारण मानव समाज को अनेक सुविधाएँ प्राप्त हुई हैं। आज हम गाड़ी, पंखे, बिजली इत्यादि का उपयोग करते हैं, जो कि इसी ज्ञान की देन है। आप बताइए क्या यह सोच सही है?

जिज्ञासु : जी हाँ। यह ज्ञान तो है।

उपदेशक : दूसरा कारण– अतः यह कहना सही होगा कि यह ज्ञान अपूर्ण है। यह ज्ञान तो है, परंतु यह अपने आप में सुख देने की क्षमता नहीं रखता। जैसा कि आपको पता होगा कि अपूर्ण ज्ञान हमेशा दुःखदायी होता है। उदाहरण के लिए, यदि कोई भूखा व्यक्ति आधी कच्ची और आधी पकी रोटी खाता है, तो आरंभ में उसकी भूख शान्त हो जाती है और सुख का अनुभव होता है। परंतु कुछ देर बाद उसके पेट में दर्द होने लगता है। वह दर्द उसके दुःख का कारण बनता है। इसका कारण यह है कि रोटी पूरी पकी हुई नहीं थी। क्या अब आपको समझ आया कि अपूर्णता दुःखदायी क्यों होती है?

जिज्ञासु : जी हाँ, समझ में आया।

उपदेशक : इसे एक और उदाहरण से समझते हैं। आपने यह कहावत तो सुनी होगी– "नीम हकीम खतरा-ए-जान" जिसका अर्थ है कि अधूरा ज्ञान रखने वाले डॉक्टर से इलाज कराना जीवन के लिए हानिकारक हो सकता है। एक व्यक्ति को सिर में बहुत तेज़ दर्द होता है। वह व्यक्ति एक अधूरा ज्ञान रखने वाले चिकित्सक के पास जाता है। वह चिकित्सक उसे दवा देता है। उस दवा को लेने के बाद उसका सिर का दर्द ठीक हो जाता है। किंतु थोड़े ही दिनों में उस व्यक्ति की मृत्यु हो जाती है। पोस्टमार्टम से पता लगता है कि उस व्यक्ति के सिर में एक गाँठ थी। यदि उस व्यक्ति ने पहले ही ऐसे चिकित्सक की सलाह ली होती, जिसे चिकित्सा का पूरा ज्ञान है तो उसका जीवन बच सकता था।

उपर्युक्त दोनों उदाहरणों से यह स्पष्ट होता है कि अपूर्णता दुःखदायी होती है और विशेषकर ज्ञान की अपूर्णता तो समस्त दुखों का कारण है। अब एक बार फिर दोहराता हूँ कि पिछले 100-200 साल में जो ज्ञान बढ़ा है, पहला विकल्प- वह ज्ञान नहीं है। दूसरा विकल्प- इस ज्ञान में किसी ज्ञान की कमी है अर्थात् यह अधूरा ज्ञान है। आपको पहले और दूसरे विकल्प में कौन-सा सही लगा?

जिज्ञासु : दूसरा विकल्प। परंतु यह अधूरा ज्ञान तो बहुत ही घातक सिद्ध हो रहा है।

उपदेशक : बिल्कुल सही समझा आपने। पिछले 100-200 वर्षों में विकसित यह अधूरा ज्ञान भी ऐसा ही है। आरंभ में यह ज्ञान क्षणिक सुख देता है, लेकिन अंततः दुखों का कारण बन जाता है। इस ज्ञान में वृद्धि के साथ ही दुःख भी लगातार बढ़ रहे हैं।

अतः एक बुद्धिमान व्यक्ति को शीघ्रातिशीघ्र तन्मयता के साथ उस ज्ञान को ढूँढना चाहिए, जो इस अधूरे ज्ञान को पूरा करे और समाज को सुख एवं शांति प्रदान करे। क्या अब आपको समझ में आया कि इस ज्ञान के बढ़ने पर भी दुःख क्यों बढ़े हैं।

जिज्ञासु : जी हाँ, समझ में आया। इस ज्ञान में किसी ज्ञान की कमी है। परंतु वो कौन-सा ज्ञान है, जो इस अधूरे ज्ञान को पूरा करेगा?

उपदेशक : अब हम उसी ज्ञान की चर्चा करेंगे, जो इस अधूरे ज्ञान को पूर्ण करेगा।

अब मैं आपसे कुछ प्रश्न पूछूँगा, आप उनके उत्तर देने का प्रयास करें। इससे आपको यह ज्ञात हो जाएगा कि वह कौन-सा ज्ञान है, जो लुप्त हो गया है। क्या आप उत्तर देंगे?

जिज्ञासु : जी हाँ, मैं पूरा प्रयास करूँगा।

उपदेशक : पहला प्रश्न : यदि कोई व्यक्ति अपना सारा समय या अधिकांश समय उन वस्तुओं के लिए लगाता है, जो कि कम महत्त्वपूर्ण हैं, तो वह व्यक्ति क्या है– ज्ञानी या अज्ञानी?

जिज्ञासु : अज्ञानी।

उपदेशक : दूसरा प्रश्न : अज्ञानी व्यक्ति सुखी होगा या दुखी?

जिज्ञासु : दुखी।

उपदेशक : तीसरा प्रश्न : जीवित शरीर और मृत शरीर में कौन-सा अधिक महत्त्वपूर्ण है?

जिज्ञासु : मृत शरीर।

उपदेशक : वह कैसे?

जिज्ञासु : हम मृत शरीर के अंगों का उपयोग जीवित शरीर के लिए कर सकते हैं। अगर जीवित शरीर में कोई अंग कार्य नहीं करता है और हम मृत शरीर का वह अंग उस जीवित शरीर में लगा देते हैं, तो जीवित शरीर पुनः उतना ही कार्यशील हो जाता है जितना वह अंग खराब होने से पहले कार्यशील था।

उपदेशक : अगर इन अंगों का मृत शरीर में उपयोग किया जाए तो क्या ये अंग कार्य करेंगे?

जिज्ञासु : नहीं।

उपदेशक : क्यों?

जिज्ञासु : मृत शरीर उन अंगों को आगे जीवन प्रदान नहीं कर सकता, जिससे कुछ समय पश्चात् ये अंग भी मृत हो जाएँगे।

उपदेशक : सही कहा आपने। जीवन के कारण ही मृत शरीर के अंग, शरीर में कार्यशील होते हैं और दूसरा हम जीवित शरीर को सही रखने के लिए मृत शरीर का भी उपयोग कर रहे हैं। इस स्थिति में भी जीवित शरीर ही तो अधिक महत्त्वपूर्ण हुआ। क्योंकि जो अधिक महत्त्वपूर्ण वस्तु होती है, उसके लिए कम महत्त्वपूर्ण वस्तु का उपयोग किया जा सकता है। परंतु कभी भी ऐसा नहीं होता है कि कम महत्त्वपूर्ण वस्तु के लिए उससे अधिक महत्त्वपूर्ण वस्तु का उपयोग किया जाता हो। अब आप बताइए कि जीवित शरीर अधिक महत्त्वपूर्ण हुआ या मृत शरीर?

जिज्ञासु : आपने सही कहा, जीवित शरीर ही अधिक महत्त्वपूर्ण हुआ।

उपदेशक : चौथा प्रश्न : जीवित और मृत शरीर में ऐसा क्या है, जो दोनों में विद्यमान है?

जिज्ञासु : शरीर। जीवित और मृत शरीर, दोनों में ही शरीर विद्यमान है।

उपदेशक : सही उत्तर दिया आपने।
पाँचवाँ प्रश्न : अब आप ये बताइए, जीवित शरीर में ऐसी क्या विशेषता है, जो उसे मृत शरीर से अधिक महत्त्वपूर्ण बनाती है?

जिज्ञासु : जीवित शरीर में जीवन होता है, जो कि उसे मृत शरीर से अधिक महत्त्वपूर्ण बनाता है।

उपदेशक : बिल्कुल सही कहा आपने।
छठा प्रश्न : अब आप मेरे एक और प्रश्न का उत्तर दीजिए। आज का मनुष्य अपना सारा समय जीवन को समझने में लगा रहा है या शरीर को समझने में?

जिज्ञासु : जीवन को समझने में।

उपदेशक : क्षमा करना, परंतु आपका उत्तर सही नहीं है। चलिए, इसे आपको समझाते हैं। बचपन से लेकर युवावस्था तक मनुष्य को स्कूल और कॉलेज में केवल इन विषयों का ज्ञान दिया जाता है–

1. भौतिक विज्ञान (Physics)
2. रसायन विज्ञान (Chemistry)
3. जीव विज्ञान (Biology)
4. गणित का ज्ञान (Maths)
5. कंप्यूटर (Computer) इत्यादि।

इनमें से कोई भी विषय जीवन के ज्ञान का नहीं है। भौतिक विज्ञान (Physics) नहीं बताता कि जीवन क्या है और न ही रसायन विज्ञान (Chemistry) बताता है कि जीवन क्या है। मेडिकल विज्ञान भी शरीर का ही ज्ञान है न कि जीवन का। इनमें से कोई भी ज्ञान नहीं बताता कि जीवन क्या है।

यह सारा ज्ञान केवल यही सिखाता है कि यह ब्रह्माण्ड और शरीर किस प्रकार चल रहे हैं। जीवन की तो कोई बात ही नहीं करता। गाड़ी बनाना या चलाना, हवाई जहाज़ बनाना या उड़ाना, मशीन बनाना या चलाना, दवाई बनाना या शरीर की बीमारियों का इलाज करना, कॉस्मेटिक बनाना या लगाना, क्या यह सभी जीवन के ज्ञान हैं?

जिज्ञासु : नहीं।

उपदेशक : बिल्कुल सही, आशा है अब आप समझ गए होंगे कि जो ज्ञान बढ़ा है, वह जीवन का नहीं अपितु शरीर का ज्ञान है।

जिज्ञासु : जी हाँ।

उपदेशक : सातवाँ प्रश्नः शरीर और जीवन में से कौन कम महत्त्वपूर्ण है?

जिज्ञासु : शरीर।

उपदेशक : आठवाँ प्रश्न : मैंने पहले आपसे पूछा था कि जो कम महत्त्वपूर्ण वस्तु पर अपना सारा समय या अधिक समय लगाता है, उसको क्या कहते हैं?

जिज्ञासु : अज्ञानी।

उपदेशक : बिल्कुल सही कहा आपने। इससे यह पता लगता है कि आज 99 प्रतिशत लोगों ने अपना सारा समय शरीर को समझने में लगाया है जो कि जीवन से कम महत्त्वपूर्ण है, तो आज लोग ज्ञानी हुए या अज्ञानी?

जिज्ञासु : अज्ञानी।

उपदेशक : नौवाँ प्रश्न : अज्ञानी व्यक्ति सुखी होता है या दुखी?

जिज्ञासु : दुखी।

उपदेशक : तभी तो आज सारा समाज दुखी है। इन प्रश्नोंत्तरों के माध्यम से यह स्पष्ट हो गया है कि आज के मानव समाज में व्याप्त टेंशन, दुखों व समस्त समस्याओं का कारण क्या है। आज समाज केवल शरीर का ज्ञान लेने में ही व्यस्त है और जीवन का ज्ञान लुप्त है। इसीलिए इतना ज्ञान बढ़ने पर भी दुःख ही बढ़े हैं। क्या अब आपको समझ में आया कि वह कौन-सा ज्ञान है जिसकी कमी है।

जिज्ञासु : जी हाँ, जीवन के ज्ञान की कमी है।

1.8 व्यक्तित्व पूर्ण कैसे करें

उपदेशक : पिछले 100–200 वर्षों में मानव समाज में टेंशन, अशांति, युद्ध, रिश्तों में कलह, छोटी–सी बात पर हिंसा, युवाओं में आत्महत्याएँ इत्यादि क्यों बढ़े हैं? इसको हम एक और तरीके से समझने का प्रयास करते हैं। क्या आपको पता है, व्यक्तित्व के कितने भाग हैं?

जिज्ञासु : नहीं, मुझे इसके बारे में पता नहीं है। मैंने तो केवल व्यक्तित्व विकास (Personality Development) के कोर्स होते देखे हैं, दो–तीन में तो मैंने भी भाग लिया है।

उपदेशक : (मुस्कराते हुए)...कोई बात नहीं, मैं आपको इसके बारे में बताता हूँ। व्यक्तित्व दो पहलुओं से मिलकर बनता है–

1) भौतिक पहलू

2) आध्यात्मिक पहलू

क्या आपको याद है, हमने पहले चर्चा की थी कि आज का मनुष्य अपना सारा समय किस ज्ञान को प्राप्त करने के लिए लगा रहा है?

जिज्ञासु : शरीर का ज्ञान।

उपदेशक : सही कहा आपने। परंतु इस शरीर के ज्ञान से केवल व्यक्तित्व के भौतिक पहलू का ही विकास होता है और हमारे व्यक्तित्व का दूसरा पहलू जो कि आध्यात्मिक या जीवन के ज्ञान का पहलू है, वह तो अविकसित ही रह गया। जिससे हमारे व्यक्तित्व का विकास अधूरा हुआ है। अगर किसी व्यक्ति को लकवा मार गया हो और उसका आधा शरीर काम करता हो और आधा शरीर काम नहीं करता हो, तो क्या ऐसा व्यक्ति ठीक से दौड़ सकता है?

जिज्ञासु : जी नहीं, वह दौड़ेगा तो क्या, वह ठीक से चल भी नहीं सकता।

उपदेशक : बिल्कुल सही कहा आपने। इसी प्रकार हमारे व्यक्तित्व के दूसरे पहलू का विकास न होने के कारण हमारे व्यक्तित्व को भी लकवा मार गया है। जिस कारण आज व्यक्ति ठीक से चल भी नहीं पा रहा है, वह तो केवल रेंग रहा है अर्थात् आज हर व्यक्ति टेंशन, अशांति, रिश्तों में कलह, छोटी–सी बात पर हिंसा, आत्महत्या इत्यादि समस्याओं से जूझ

रहा है। अब आप बताइए, क्या अधूरे व्यक्तित्व वाला व्यक्ति जीवन में कभी सफल हो सकता है?

जिज्ञासु : जी नहीं, कभी नहीं। क्योंकि व्यक्ति सफल तभी कहलाता है, जब उसके जीवन में आनंद हो और अधूरे व्यक्तित्व वाले व्यक्ति के जीवन में आनंद आ ही नहीं सकता है। क्योंकि अधूरे व्यक्तित्व में अधूरा ज्ञान है और अधूरा ज्ञान तो हमेशा दुःख ही देता है।

उपदेशक : बहुत अच्छा। इसीलिए हर व्यक्ति को अपने व्यक्तित्व के दोनों पहलुओं को पूरा करना चाहिए, जिससे वह जीवन में आनंद प्राप्त कर सके।

जिज्ञासु : परंतु आजकल तो व्यक्तित्व विकास के लिए बहुत से कोर्स कराए जाते हैं, जिससे व्यक्तित्व का विकास हो सके।

उपदेशक : इसको मैं मज़ाक में कॉस्मेटिक पर्सनलिटी कहता हूँ। मैं आपसे ही पूछता हूँ कि अगर कोई व्यक्ति चेहरे पर कॉस्मेटिक लगाता है, जिससे वह सुंदर नज़र आने लगता है। अब वह बरसात में चला जाता है, तो उसके मेकअप का क्या होगा?

जिज्ञासु : (मुस्कराते हुए)... उसके चेहरे का सारा का सारा मेकअप धुल जाएगा और उसके चेहरे की असलियत सामने आ जाएगी।

उपदेशक : सही कहा आपने। इसी प्रकार व्यक्तित्व विकास के कोर्स से एक बार को तो ऐसा लगता है कि हमारे व्यक्तित्व का विकास हुआ है। परंतु वास्तव में व्यक्तित्व का विकास नहीं हुआ है। क्योंकि जब इन व्यक्तियों के सामने विपरीत परिस्थितियाँ आती हैं, तो ये लोग टूटकर बिखर जाते हैं, और ये व्यक्ति टेंशन, अशांति, रिश्तों में कलह, छोटी–सी बात पर हिंसा, आत्महत्या इत्यादि से घिर जाते हैं। आज हम जिन लोगों को अच्छे व्यक्तित्व वाला मानते हैं, ऐसे ही लोग आत्महत्याएँ अधिक कर रहे हैं। अगर उनके व्यक्तित्व का विकास हुआ होता, तो क्या वे इस तरह का कदम उठाते?

जिज्ञासु : जी नहीं, जिनका व्यक्तित्व पूर्ण होगा, वो कैसे ऐसा कदम उठा सकते हैं।

उपदेशक : बिल्कुल सही कहा आपने। जो व्यक्ति आज लाखों रुपये

देकर व्यक्तित्व विकास करने का प्रयास करता है, वह विज्ञान हम आपको निःशुल्क ही दे रहे हैं, जिससे आपके व्यक्तित्व का पूर्ण विकास हो। क्या अब आपको यह विषय अच्छी तरह से समझ आया?

जिज्ञासु : जी हाँ, आपने बहुत ही अच्छी तरह से समझाया। कृपया इस लुप्त ज्ञान के विषय में और समझाइए।

1.9 ज्ञान के प्रयोजन

उपदेशक : ज्ञान शब्द की उत्पत्ति 'ज्ञ' धातु से हुई है, जिसका अर्थ होता है "जानना"। अगला प्रश्न आता है कि ज्ञान क्यों लें। ज्ञान को लेने से आपको क्या मिलेगा।

जिज्ञासु : विवेक।

उपदेशक : विवेक का अर्थ क्या है?

जिज्ञासु : भेद करने की शक्ति।

उपदेशक : भेद करने का अर्थ क्या है?

जिज्ञासु : क्या सही है और क्या गलत है।

उपदेशक : बिल्कुल सही कहा आपने। परंतु इसे हम एक अन्य प्रकार से भी समझ सकते हैं कि भेद करने का अर्थ है कि क्या स्थायी है और क्या अस्थायी है।

जिज्ञासु : परंतु क्या स्थायी है और क्या अस्थायी है, को क्यों जाने?

उपदेशक : जो स्थायी वस्तु होती है, वह व्यक्ति के साथ हमेशा रहती है। जबकि जो अस्थायी वस्तु होती है, वह समाप्त हो जाती है। जो भी व्यक्ति उस अस्थायी वस्तु से संबंध जोड़ता है और जब वह वस्तु समाप्त हो जाती है, तो वह दुखी हो जाता है। अब आप बताइए कि वह व्यक्ति दुखी क्यों हुआ?

जिज्ञासु : क्योंकि वह व्यक्ति अज्ञानी था। वह व्यक्ति यह नहीं जानता था कि यह वस्तु अस्थायी है और अस्थायी वस्तु का स्वभाव ही समाप्त होना है, तो वह वस्तु समाप्त होगी ही होगी। उसने उस अस्थायी वस्तु से संबंध जोड़ लिया, इसीलिए वह व्यक्ति दुखी हुआ।

उपदेशक : आपने बिल्कुल सटीक जवाब दिया है। अब पुनः आते हैं, आपने भेद करने का अर्थ बताया था कि क्या सही है और क्या गलत है। परंतु सही और गलत को क्यों जाने?

जिज्ञासु : क्योंकि हम सफल होना चाहते हैं।

उपदेशक : बिल्कुल सही। और हम सत्य या सही और असत्य या गलत को जानकर सही के रास्ते पर चल सकते हैं। वह सही सबके लिए अलग–अलग हो सकता है। जैसे व्यापारी के लिए लाभ, नौकरी करने वाले के लिए अच्छी नौकरी और अच्छी तनख्वाह इत्यादि। सब के सब व्यक्ति विवेक से भेद करने की शक्ति चाहते हैं। उदाहरण के लिए आपको किसी दूसरे शहर जाना है और आप यह सोचते हैं कि क्या फ़र्क पड़ता है, सड़क से ही तो जाना है, कोई भी सड़क ले लो। क्या आप इस तरह से अपने गंतव्य तक पहुँच जाएँगे?

जिज्ञासु : कभी नहीं।

उपदेशक : तो इसका अर्थ हुआ कि आपको विवेकी होना पड़ेगा। इसीलिए हम ज्ञान लेते हैं। ज्ञान के तीन प्रयोजन हैं। ज्ञान का पहला प्रयोजन है, वह हमें लक्ष्य या उद्देश्य बताता है। इसे हम एक उदाहरण से समझते हैं। अगर आपको दिल की बीमारी हो जाती है, तो आप कौन–से अस्पताल जाएँगे?

जिज्ञासु : जहाँ दिल की बीमारी का इलाज होता है।

उपदेशक : किडनी की दिक्कत होगी, तो आप कहाँ जाएँगे?

जिज्ञासु : जिस अस्पताल में किडनी का इलाज होता है।

उपदेशक : आप हड्डियों के अस्पताल में क्यों नहीं जाते हैं?

जिज्ञासु : क्योंकि वहाँ जाकर मैं किडनी का इलाज कैसे कराऊँगा। करा ही नहीं सकता।

उपदेशक : इसका अर्थ यह हुआ कि आपको यह ज्ञान है कि दिल की बीमारी का इलाज दिल के अस्पताल में ही किया जा सकता है, हड्डियों का इलाज हड्डियों के अस्पताल में ही किया जा सकता है और किडनी का इलाज किडनी के अस्पताल में ही किया जा सकता है अर्थात् आपको उद्देश्य पता है। इसप्रकार ज्ञान हमें उद्देश्य बताता है। बच्चा जब छोटा होता है, तो पेन का क्या उद्देश्य है, उसे पता नहीं होता है। परंतु जब उसे ज्ञान मिलता है, तो उसे पेन का उद्देश्य पता लगता है। ज्ञान हमें उद्देश्य बताता है। क्या आपको यह समझ में आया?

जिज्ञासु : आप हर बात को बहुत ही अच्छी तरह से समझाते हैं। आपने

ज्ञान का दूसरा प्रयोजन नहीं बताया।

उपदेशक : जी हाँ। ज्ञान का दूसरा प्रयोजन यह बताना है कि उस लक्ष्य या उद्देश्य को कैसे प्राप्त करें। जैसे कि इलाज के लिए अस्पताल कैसे पहुँचे। विद्यार्थी पेन का उपयोग कैसे करे अर्थात् कैसे लिखे। क्या यह आपको समझ में आया?

जिज्ञासु : जी हाँ। और ज्ञान का तीसरा प्रयोजन क्या है?

उपदेशक : ज्ञान का तीसरा प्रयोजन है कि उद्देश्य को प्राप्त करने के लिए जो साधन है, उनकी बनावट के बारे में विस्तृत जानकारी हासिल करना। ज्ञान के इन तीनों प्रयोजनों को हम गाड़ी के उदाहरण से समझते हैं–

1. यहाँ ज्ञान का पहला प्रयोजन है– गाड़ी का उद्देश्य जानना, जो कि है एक व्यक्ति या वस्तु को एक जगह से दूसरी जगह पहुँचाना।

2. यहाँ ज्ञान का दूसरा प्रयोजन है– गाड़ी को कैसे चलाना, कहाँ चलाना, ट्रैफ़िक के नियमों के अनुसार चलाना इत्यादि अर्थात् गाड़ी को नियमों के अनुसार चलाना, जिससे कि गाड़ी का उद्देश्य पूर्ण हो सके।

3. यहाँ ज्ञान का तीसरा प्रयोजन है– गाड़ी की बनावट बारे में जानना अर्थात् इंजन के बारे में जानना, टायर को बदलना, छोटे–मोटे पार्ट्स के बारे में जानना इत्यादि। अर्थात् गाड़ी के बारे में जानना, जिससे कि गाड़ी का रख–रखाव अच्छी तरीके से हो सके और गाड़ी का उद्देश्य पूर्ण हो सके।

आपको समझ में आया?

जिज्ञासु : जी हाँ।

1.10 दो प्रकार के ज्ञान

उपदेशक : अब आगे और ज्ञान के बारे में चर्चा करते हैं।

ज्ञान दो प्रकार के होते हैं–

1. जीवन या चेतना का ज्ञान
2. शरीर एवं जड़ का ज्ञान

जीवन या चेतना के ज्ञान को आध्यात्मिक विज्ञान कहते हैं और शरीर एवं जड़ के ज्ञान को भौतिक विज्ञान कहते हैं। जीवन के विज्ञान को इन नामों से भी संबोधित किया जाता है–

- आध्यात्मिक विज्ञान
- दिव्य विज्ञान
- चेतना का विज्ञान
- परा विद्या
- योग विद्या
- ब्रह्मज्ञान
- सनातन तत्वज्ञान
- विद्या

जड़ के ज्ञान को भी अनेक नामों से संबोधित किया जाता है–

- भौतिक विज्ञान
- जड़ का विज्ञान
- सुविधा का ज्ञान
- अपरा विद्या
- अविद्या
- शरीर का विज्ञान
- प्रकृति का विज्ञान

आज का मानव समाज शरीर और शरीर से जुड़ी वस्तुओं के ज्ञान को बढ़ाने के लिए ही प्रयासरत है। आज भौतिक विज्ञान के लिए अनेक विद्यालय, महाविद्यालय, विश्वविद्यालय, शिक्षण–संस्थान कार्यरत हैं, परंतु इनकी तुलना में आध्यात्मिक विज्ञान के अध्ययन के लिए न के बराबर संस्थान हैं। क्या आपको अभी तक बताया गया ज्ञान समझ में आया?

जिज्ञासु : जी हाँ, इतनी अच्छी तरह समझा रहे हैं आप, धन्यवाद।

उपदेशक : अब आगे बढ़ते हैं। पहला या बहुत महत्त्वपूर्ण प्रश्न यह नहीं है कि यह भौतिक जगत कैसे कार्य करता है। सबसे महत्त्वपूर्ण प्रश्न यह है कि यह भौतिक जगत बना क्यों है और इसके पीछे उद्देश्य क्या है। आध्यात्मिक विज्ञान जो कि हमें यह ज्ञात कराता है कि सृष्टि और शरीर की रचना का उद्देश्य क्या है और इस उद्देश्य को कैसे प्राप्त या पूरा किया जाए, परन्तु विडंबना देखिए इतना महत्त्वपूर्ण विज्ञान आज समाज में है ही नहीं। जब तक हम आध्यात्मिक विज्ञान के महत्त्व को नहीं समझते और जीवन के उद्देश्य को जानने का प्रयास नहीं करते, तब तक मानव समाज अशांति, युद्ध, पारस्परिक झगड़ों, टेंशन, आत्महत्या इत्यादि समस्याओं से दुखी रहेगा एवं इन सभी में लगातार वृद्धि होती रहेगी। यदि हम सुख प्राप्त करना चाहते हैं तो आध्यात्मिक विज्ञान को समझना हमारे लिए अति आवश्यक है।

जिज्ञासु : परंतु मैंने देखा हैं कि जिन व्यक्तियों के पास आध्यात्मिक विज्ञान होता है, उनको भी तो दुःख होता है।

उपदेशक : जो व्यक्ति आध्यात्मिक विज्ञान में स्थित होते हैं, उन्हें दुःख महसूस ही नहीं होते। उदाहरण के लिए, एक गड्ढे वाली सड़क है, आप उस सड़क पर एक ऑटो से जाएँगे तो आपकी पीठ की बहुत बुरी हालत हो जाएगी और उसी सड़क पर आप मर्सिडीज कार से जाएँगे तो आपको गड्ढों का पता भी नहीं लगेगा। सड़क बदली या वाहन?

जिज्ञासु : वाहन बदल गया।

उपदेशक : बिल्कुल सही। मर्सिडीज गाड़ी में सस्पेन्शन सिस्टम इतना बढ़िया होता है कि आपको गड्ढे महसूस ही नहीं होते। यदि आपको गड्ढे महसूस ही नहीं हो रहे हैं तो वे आपके लिए गड्ढे हैं ही नहीं। जो व्यक्ति आध्यात्मिक विज्ञान में स्थित होता है, उसे जीवन के गड्ढे (दुःख) अनुभव

ही नहीं होते और वह कभी परिस्थितियों से घबराता नहीं है। आज लोगों को जब तक सफलता मिलती रहती है, तब तक तो वे ठीक रहते हैं, परंतु जैसे ही विपरीत परिस्थितियाँ आती है तो लोग टूटकर बिखर जाते हैं।

हमारी संस्था गौरांग इंस्टिट्यूट फॉर वैदिक एजुकेशन (GIVE) इसी लुप्त आध्यात्मिक विज्ञान की कमी को पूरा करने में प्रयासरत है, जिससे कि आप सुख प्राप्त कर सकें।

1.11 सुख और सुविधा में अंतर

उपदेशक : भौतिक विज्ञान आपको सुविधा प्रदान करता है, सुख नहीं।

जिज्ञासु : आपकी बात से तो ऐसा लग रहा है कि सुख और सुविधा अलग–अलग हैं।

उपदेशक : बिल्कुल सही, यही सत्य है। सुख और सुविधा दोनों में अंतर है।

आजकल इन दो शब्दों "सुख और सुविधा" (Amenity) का बहुत अधिक प्रयोग होता है। अधिकतर लोग सुख–सुविधा को एक ही समझते हैं, किंतु ऐसा नहीं है। सुख और सुविधा दोनों के अलग–अलग अर्थ हैं। बाहरी भौतिक तत्व जो मज़ा देने में सहायक होते हैं, उन्हें भौतिक सुविधा कहते हैं। भौतिक विज्ञान या सुविधाएँ मज़ा देने में सहायक होती हैं, जबकि आध्यात्मिक विज्ञान आनंद/सुख देता है।

पिछले वर्षों में केवल सुविधाओं का विज्ञान बढ़ा है। सुविधाएँ केवल शरीर के लिए होती हैं। आज मानव समाज इस भ्रम में है कि सुविधाएँ उनको सुख प्रदान करेंगी। सुविधाओं से दुखों में कमी अवश्य होती है, परंतु सुख प्राप्त नहीं होता, केवल मज़ा मिलता है।

जिज्ञासु : क्या आप इसे उदाहरण से समझा सकते हैं?

उपदेशक : बिल्कुल, इसे हम एक उदाहरण से समझते हैं। मान लीजिए, एक फ़ैक्टरी का मालिक कुछ समय से गर्मी में कार्य कर रहा है और उसी समय उसके कार्यालय में आयकर विभाग की जाँच भी चल रही है, जिसके कारण वह टेंशन में है। वह गर्मी से निकलकर एक ए.सी. (वातानुकूलित) कमरे में जाता है, तो उसका गर्मी का दुःख तो दूर हो जाता है। किंतु उसकी फ़ैक्टरी में उसी समय आयकर विभाग की जाँच भी चल रही है, जिससे उसकी टेंशन ज्यों-की-त्यों बनी रहती है, अर्थात् सुख नहीं मिलता। इससे यह सिद्ध होता है कि सुविधाएँ केवल दुखों में कमी लाती हैं और मज़ा देती है, किंतु उनसे सुख नहीं मिलता। अब आप बताइए कि हम किसे सुख मानकर चल रहे हैं?

जिज्ञासु : सच्चाई तो यह है कि हम दुखों की कमी या मज़े को ही सुख मान बैठते हैं।

उपदेशक : सही समझा आपने। हमने दुखों की कमी या मज़े को ही सुख मान लिया है। इतनी सुविधाएँ बढ़ने पर भी सुख नहीं बढ़ा है, अपितु दुःख ही बढ़े हैं और हमारी सबसे बड़ी गलती यह है कि हम इन सुविधाओं को यह सोचकर बढ़ाते चले जा रहे हैं कि यही हमें सुख देंगी। परंतु ऐसा नहीं है। आज हम सभी ने उन लोगों को भी देखा है, जिनके पास सुविधाओं की कोई कमी नहीं है। फिर भी वे इतने दुखी व टेंशन में हैं, जितने कि वे व्यक्ति भी नहीं होंगे, जिनके पास कम सुविधाएँ हैं।

जिज्ञासु : क्या हमें इन सुविधाओं का उपयोग बंद कर देना चाहिए?

उपदेशक : नहीं ! आप यह न समझें कि हमें सुविधाओं का उपयोग नहीं करना चाहिए और न ही यह समझें कि हमारा तकनीकी (Technology) से कोई विरोध है। हम आपको भौतिक विज्ञान और भौतिक सुविधा छोड़ने के लिए नहीं कह रहे, हम केवल आपको आध्यात्मिक विज्ञान को जोड़ने के लिए कह रहे हैं। यह आध्यात्मिक विज्ञान ही आपको बताता है कि बाहरी भौतिक तत्व– जैसे कि टीवी, मोटरसाइकिल, गाड़ी, बिजली, मोबाइल फ़ोन, फ्रिज इत्यादि आपको किस प्रकार आनंद दे सकते हैं, किस प्रकार आपके भोग को योग में बदल सकते हैं, किस तरह मज़े को सुख में परिवर्तित कर सकते हैं। आपको यह प्रक्रिया पता नहीं है कि किस प्रकार जड़ वस्तुओं का उपयोग किया जाए कि वे दुःख का कारण न बनें। यह केवल आध्यात्मिक विज्ञान ही बताता है। मैं आपसे एक प्रश्न पूछना चाहता हूँ कि कौन-सा व्यक्ति सुखी होता है, जो स्वतंत्र है या जो परतंत्र है?

जिज्ञासु : जो स्वतंत्र है।

उपदेशक : परंतु सुविधाओं पर अधिक निर्भर होने से व्यक्ति स्वतंत्र होगा या परतंत्र।

जिज्ञासु : परतंत्र।

उपदेशक : आपने सही कहा। और आज हर व्यक्ति सुविधाओं को यह सोच कर बढ़ाता जा रहा है कि ये सुविधाएँ ही उन्हें स्वतंत्र करेगी अर्थात् सुख देंगी। हम सुविधाओं पर निर्भर होते जा रहे हैं और जब हमें वह सुविधा नहीं मिलती है तो हम दुखी हो जाते हैं। क्योंकि हमारा सुख सुविधाओं पर निर्भर होता है। जब हमें सुविधा मिल जाती है तो हम सुख का अनुभव करते हैं और जब सुविधा नहीं मिलती है तो हम दुखी हो जाते हैं। जैसे

आज हर व्यक्ति मोबाइल फ़ोन पर इतना अधिक निर्भर हो गया है कि वह कुछ समय भी मोबाइल फ़ोन से दूर नहीं रह सकता। और अगर उसका मोबाइल फ़ोन खो जाए या खराब हो जाए और उसे मोबाइल फ़ोन का डाटा दुबारा नहीं मिल पाए तो उसे ऐसा लगता है कि वह तो बर्बाद हो गया हो। क्या समाज में ऐसा नहीं हो रहा है?

जिज्ञासु : बिल्कुल ऐसा ही हो रहा है। ऐसा ही मेरे एक मित्र के साथ हुआ था। जब उसका मोबाइल फ़ोन खो गया था। वह आज भी कई बार यह कहकर दुखी हो जाता है कि उस मोबाइल फ़ोन के साथ मेरा यह डाटा चला गया।

उपदेशक : क्या आपको यह ''सुविधा का विषय'' भी समझ में आ गया?

जिज्ञासु : जी हाँ, समझ में आ गया। धन्यवाद।

उपदेशक : क्या आपको पता है कि तकनीकी (Technology) का विकास किन उद्देश्यों की पूर्ति के लिए हुआ था?

जिज्ञासु : जी हाँ।

उपदेशक : तो क्या आप बता सकते हैं?

जिज्ञासु : जी हाँ।

1. मानव जीवन को सरल बनाना।
2. समय बचाना।

उपदेशक : बिल्कुल सही। परंतु क्या आज मानव जीवन सरल है?

जिज्ञासु : बिल्कुल नहीं, बल्कि जीवन और जटिल हो गया है।

उपदेशक : क्या आज लोगों के पास समय है?

जिज्ञासु : समय! हर व्यक्ति यही कहता है कि "टाइम नहीं है।" कहाँ किसी के पास समय है, अपने परिवारवालों के लिए भी समय नहीं है।

उपदेशक : सही कहा आपने। आज तकनीकी (Technology) अपने उद्देश्य को पूरा करने में पूरी तरह से असफल रही है, क्योंकि जीवन न तो सरल है और न ही लोगों के पास समय है। ऐसा जीवन होने का कारण

यह है कि समाज ने जीवन के ज्ञान को अर्थात् आध्यात्मिक विज्ञान को पूर्णतया नकार दिया है। मैं फिर दोहरा रहा हूँ कि आप यह न समझें कि हमें सुविधाओं का उपयोग नहीं करना चाहिए और न ही यह समझें कि हमारा तकनीकी (Technology) से कोई विरोध है। हम आपको भौतिक विज्ञान और भौतिक सुविधा छोड़ने के लिए नहीं कह रहे, हम केवल आपको आध्यात्मिक विज्ञान को जोड़ने के लिए कह रहे हैं। हमें तकनीकी (Technology) का उपयोग जीवन के विज्ञान को समझने के लिए करना चाहिए। क्या आपको समझ में आया?

जिज्ञासु : जी हाँ, आपने सब कुछ बहुत अच्छी तरह से समझाया है।

1.12 मनुष्य और जानवर में अंतर

उपदेशक : अब हम यह जानेंगे कि जीवन के ज्ञान अर्थात् आध्यात्मिक विज्ञान को कौन प्राप्त कर सकता हैं अर्थात् किस योनि में जीवन के ज्ञान को लेने की योग्यता है। इसके लिए हमें मनुष्य योनि या मनुष्य जन्म की विशेषता जाननी होगी। किसी वस्तु के विशेष गुण उसकी निकटवर्ती वस्तु के गुणों से तुलना करने पर आसानी से समझे जा सकते हैं। इसी सिद्धांत को ध्यान में रखते हुए अनेक योनियों में से यदि आपको मनुष्य योनि के विशेष गुण समझने हैं, तो उसकी निकटतम योनि से तुलना करनी होगी।

हमारा आपसे एक प्रश्न है कि सारी योनियों में से मनुष्य के सबसे निकटतम योनि कौन–सी है?

जिज्ञासु : जानवर की।

उपदेशक : बिल्कुल सही। अब हम इन दोनों की तुलना करते हैं। आपसे हमारा अगला प्रश्न यह है कि मनुष्य और जानवर में क्या समानता है?

जिज्ञासु : आप ही बताइए।

उपदेशक : उत्तर बिल्कुल सरल है। आध्यात्मिक विज्ञान की एक पुस्तक हितोपदेश में कहा गया है–

"आहार निद्रा भय मैथुनम् च सामान्यमेतत् पशुभिर्नराणां"

आहार अर्थात् खाना, निद्रा अर्थात् सोना, भय अर्थात् बचाव करना व मैथुन अर्थात् बच्चे पैदा करना, ये चारों कार्य मनुष्य और पशु में समान हैं; अर्थात् खाना, सोना, बचाव करना और बच्चे पैदा करना। आज का मानव समाज इन्हीं चार कार्यों में लगा हुआ है। आप स्वयं ही विचार करके देखिए, क्या आज मनुष्य इन चार कार्यों के अतिरिक्त कोई पाँचवाँ कार्य कर रहा है?

जिज्ञासु : मनुष्य पढ़ता है, नौकरी करता है, व्यापार करता है। जैसे मैंने इंजीनियरिंग की, एमबीए (MBA) किया, परंतु पशु तो ये सब नहीं कर सकता।

उपदेशक : प्रत्येक मनुष्य, चाहे वह पढ़ रहा है, नौकरी कर रहा है, व्यापार कर रहा है, शादी कर रहा है या नई–नई खोज कर रहा है इत्यादि सारे

कार्य, इन चार कार्यों (खाना, सोना, बचाव एवं मैथुन) को पूर्ण करने के लिए ही कर रहा है। हमारे गुरु महाराज श्रील प्रभुपाद कहते हैं कि आज की तकनीकी (Technology) मनुष्यों को आलीशान जानवर बना रही है या यह भी कह सकते हैं कि आज का मनुष्य जानवरों का डीलक्स एडिशन है। आपको यह समझ में आया?

जिज्ञासु : जी हाँ। ऐसे तो मैंने पहले कभी सोचा ही नहीं।

उपदेशक : हमने भी जब पहली बार सुना था, तो हमें भी ऐसा ही लगा था। अब आपसे अगला प्रश्न है कि जानवरों और मनुष्यों में क्या कोई भेद है?

जिज्ञासु : जी हाँ। मनुष्य विकसित योनि है।

उपदेशक : आपने सही कहा। परंतु यह विकसित योनि अर्थात् मनुष्य वही चार चीज़ें प्राप्त करने में लगा हुआ है, जो कम विकसित योनि अर्थात् जानवर को भी प्राप्त हो जाती है।

इससे यह स्पष्ट होता है कि आज का मनुष्य अपनी विकसित योनि का सही उपयोग नहीं कर रहा है तथा जानवर के समान ही जीवन जी रहा है। आप ही बताइए ये तथ्य सही है या नहीं।

जिज्ञासु : आपने तो हमारी पूरी विचारधारा ही बदल दी है। आपने जो कहा है, उससे तो यह लग रहा है कि आज के मनुष्य और पशु में कोई भेद ही नहीं है।

उपदेशक : आगे सुनिए। यदि आप इस विषय के बारे में और अधिक सोचेंगे तो आप यह पाएँगे कि इन चार कार्यों में भी जानवर हमसे आगे हैं। इसको समझाने के लिए मैं अपने ही जीवन में घटित एक दृष्टांत को बताता हूँ। जब मैं मुंबई के एक होटल में कार्य करता था। वहाँ एक बहुत धनवान व्यक्ति डॉ. पटेल प्रतिदिन रेस्टोरेंट में आया करते थे। उस समय डॉ. पटेल का प्रतिदिन का बिल लगभग 1500 रुपये का बनता था। एक दिन उन्होंने सीधे होटल की रसोई में प्रवेश किया।

उन्होंने मुख्य रसोइये (जिसका वेतन उस समय 30,000 रुपये महीना था) को बुलाया और कहा, ''तुमने कल जो सब्ज़ी दी थी, वो बिल्कुल भी स्वादिष्ट नहीं थी।''

यह सुनकर मुख्य रसोइये ने पूछा, "सर! आपको पसंद नहीं आई"?

पटेल जी ने उत्तर दिया, "नहीं मेरे कुत्ते ने नहीं खाई।"

मुख्य रसोइये ने कहा, "सर, अगली बार ऐसी सब्ज़ी बनाऊँगा, जिसे आपका कुत्ता अवश्य खाएगा।"

पटेल जी के चले जाने के बाद मैंने रसोइये से कहा, "सर, यह भी तो हो सकता है कि इनके कुत्ते का पेट खराब हो। कुत्ते इस विषय में तो हमसे अधिक समझदार होते हैं। यदि उनका पेट खराब हो और उनके सामने उनका मनपसंद खाना हो, तो भी वे उसे नहीं खाते। मनुष्य तो ऐसी स्थिति में भी थोड़ा-बहुत खा ही लेता है, परंतु कुत्ता नहीं।"

इतना सुनते ही मुख्य रसोइये ने कहा, "अरे भाई! इसके कुत्ते के बारे में कुछ भी मत कहना।"

मैंने पूछा, "क्यों"?

उन्होंने प्रश्न किया, "जब पटेल जी आते हैं, तो रेस्टोरेंट में कहाँ बैठते हैं"?

मैंने कहा, "कोने वाली टेबल पर, जहाँ एयरकंडीशन सबसे कम है।"

रसोइये ने कहा, "बिल्कुल सही।" उसके बाद उन्होंने बताया, "पटेल जी को ऐसी बीमारी है, जिसके कारण वे तेज़ ए.सी. में नहीं बैठ सकते। पटेल जी अपने कुत्ते से इतना प्रेम करते हैं कि उनके कुत्ते के लिए ए.सी. गाड़ी है और स्वयं के लिए बिना ए.सी. की। यदि आप इनके कुत्ते का कमरा देख लेंगे, तो चकित रह जाएँगे। सम्पूर्ण भारत में बहुत कम लोग ऐसे भव्य कमरे में रहते होंगे और इतना ही नहीं, जब यह कुत्ता बीमार पड़ता है तो इलाज के लिए पेरिस भेजा जाता है।

यह सुनकर मैं आश्चर्यचकित रह गया और मन में यह विचार करने लगा कि आज हममें से कितने लोग इलाज के लिए पेरिस जा सकते हैं, परंतु यह कुत्ता जाता है। इस कुत्ते के लिए खाना पाँच सितारा होटल से आता है। इस कुत्ते का कमरा बहुत भव्य है, जिसमें वह आराम से सोता है। इस प्रकार इस कुत्ते का आहार, निद्रा और बचाव (स्वास्थ्य, रहन-सहन संबंधी इत्यादि) भारत में 95 प्रतिशत भारतीयों से श्रेयस्कर है।

यदि मनुष्य केवल इन्हीं चार विषयों की जिज्ञासा करता है, तो यह कुत्ता उनसे श्रेयस्कर भोग कर रहा है। आप ही बताइए क्या यह सही है?

जिज्ञासु : जी हाँ। आपकी बातें तर्कयुक्त हैं।

उपदेशक : अगर हम इस पर और विचार करेंगे तो हम पाएँगे कि जानवर इन चार कार्यों में भी हम मनुष्यों को मात देते हैं। उदाहरण के लिए हम कुत्ते जैसा सूँघ नहीं सकते, हाथी के बराबर खा नहीं सकते, गिद्ध के जैसे देख नहीं सकते इत्यादि।

मनुष्य को शादी के लिए, पैसे कमाने के लिए, खाने व बचाव करने के लिए संघर्ष करना पड़ता है, जबकि जानवर को इन चीज़ों के लिए इतना संघर्ष नहीं करना पड़ता। जानवर को शादी करने की कोई आवश्यकता नहीं होती। उसे खाने के लिए पैसे कमाने की भी कोई आवश्यकता नहीं होती। बचाव करने के लिए कुत्ते जैसे जानवर के पास पंजे होते हैं। इससे यह सिद्ध होता है कि जानवर हमें इन चारों कार्यों में भी मात देते हैं। अब प्रश्न उठता है कि वह क्या है, जिससे मनुष्य को जानवरों से श्रेष्ठ माना जाता है अर्थात् मनुष्यों और जानवरों में क्या भेद है?

जिज्ञासु : बहुत से भेद होते हैं। जैसे :–

1. जानवर बोल नहीं सकते अर्थात् उनकी कोई भाषा नहीं होती।
2. मनुष्य में बुद्धि होती है, जबकि जानवर में नहीं होती इत्यादि।

उपदेशक : चलिए, आपके द्वारा दिए गए उत्तरों पर विचार करते हैं। जानवर गूँगा नहीं होता है। जानवरों की भी अपनी भाषा होती है। अगर कोई व्यक्ति या आप किसी भाषा को नहीं समझ पा रहे हैं, तो इसका अर्थ यह नहीं है कि उस भाषा का प्रयोग करने वाले गूँगे हैं या वह भाषा, भाषा ही नहीं है। उदाहरण के लिए आपकी बातचीत किसी फ्रांस के व्यक्ति से होती है और आपको फ्रांस की भाषा नहीं आती। इसका अर्थ यह तो नहीं हो सकता कि वह फ्रांसीसी व्यक्ति गूँगा है या उसकी कोई भाषा ही नहीं है। अतः जानवरों की भी अपनी भाषा होती होगी, जो आपको और मुझे नहीं पता। परंतु हम उस भाषा को समझ नहीं पाते हैं।

इसी प्रकार यह कहना भी सही नहीं होगा कि जानवरों में बुद्धि नहीं होती है। उदाहरण के लिए अगर कुत्ते को प्रशिक्षण दिया जाए तो वह हाथ मिलाता है, बिल्ली दूध का ढक्कन हटाकर दूध पी जाती है, कॉकरोच लाइट जलते ही छुप जाता है, पक्षी कितने सुंदर घोंसले बना देते हैं इत्यादि। क्या यह बुद्धि की निशानी नहीं है?

जिज्ञासु : यह सब कार्य तो बुद्धि होने को ही प्रमाणित करते हैं।

उपदेशक : बिल्कुल सही कहा आपने। परंतु जानवरों में बुद्धि मनुष्यों की तुलना में कम होती हैं। अब बताइए यदि किसी व्यक्ति में अधिक बुद्धि है और वह अपनी इस बुद्धि का सही उपयोग नहीं करता है, तो उसकी इस अधिक बुद्धि का कोई लाभ है?

जिज्ञासु : जी नहीं।

उपदेशक : चलिए, इसे एक उदाहरण से समझते हैं। मान लीजिए, किसी चपरासी को एक कंपनी का जनरल मैनेजर बना दिया जाता है। अगले दिन वह सूट–बूट पहनकर आता है और हाथ में पानी की ट्रे लेकर सबको जलपान कराने लगता है। ऐसे चपरासी के जनरल मैनेजर बनने से क्या लाभ! आप ही बताइए ऐसे व्यक्ति से आप क्या कहेंगे?

जिज्ञासु : ऐसे व्यक्ति से मैं यही कहूँगा कि भैया! आप वापस चपरासी ही बन जाइए।

उपदेशक : (मुस्कराते हुए) सही कहा आपने। क्योंकि वह चपरासी के ही लायक है और इसे कहते हैं– बुद्धि का सही उपयोग नहीं करना। कई बार आप भी किसी व्यक्ति को उसके मूर्खतापूर्ण कार्यों के लिए गधा कह देते हैं, किंतु इसका अर्थ यह तो नहीं है कि आपके कहने से वह व्यक्ति गधा हो गया। वास्तव में वह अपनी बुद्धि से गधे वाले कार्य कर रहा है, इसलिए आप उसे गधा कह देते हैं। हैं न?

जिज्ञासु : जी हाँ।

उपदेशक : जानवर केवल चार कार्यों के लिए ही जिज्ञासा करता है और अपनी बुद्धि एवं विवेक इन चार कार्यों को पूर्ण करने के लिए ही लगाता है। यदि मनुष्य भी अपनी अधिक बुद्धि और विवेक इन्हीं चार कार्यों को पूर्ण करने के लिए लगाए, तो वह मनुष्य जानवर के स्तर पर माना जाएगा।

जिज्ञासु : परंतु फिर मनुष्य योनि को सबसे श्रेष्ठ योनि क्यों कहा जाता है?

उपदेशक : आध्यात्मिक विज्ञान इस प्रश्न का उत्तर देता हैं। आध्यात्मिक विज्ञान में आता है कि "अथातो ब्रह्म जिज्ञासा" अर्थात् मनुष्य को सत्य के बारे में जानने के लिए प्रश्न करने चाहिए। मनुष्य में अधिक बुद्धि होती है, जिससे कि वह सत्य को जान सकता है, जबकि पशु यह नहीं कर सकता।

मनुष्य और पशु में केवल यही अंतर है। मनुष्य आध्यात्मिक विज्ञान के विषय में जानकर उसका पालन कर सकता है, किंतु पशु नहीं। जो मनुष्य आध्यात्मिक या जीवन के विज्ञान के विषय में नहीं जानता, उसे पशु के समान ही समझना चाहिए। शास्त्रों ने पशु को एक और तरह से समझाया है।

जिज्ञासु : वह क्या है?

उपदेशक : धैर्य रखिए! बता रहा हूँ।

"पश्यति इति पशुः"

अर्थात् जो वस्तु या परिस्थिति को केवल ऊपरी तौर पर समझता है, वह पशु है। पशु में अल्पज्ञता होती है। वह न तो वस्तु या परिस्थिति या समस्या के मूल को समझता है और न ही वह समस्या का स्थायी समाधान ढूँढ़ता है। मूल कारण क्या है, इसे जानने की क्षमता अन्य योनियों में नहीं होती, यह क्षमता केवल मनुष्य योनि में होती है।

"मननात् इति मनुष्यः।"

अर्थात् जो मनन करता है, सोचता है, वही मनुष्य है। मनुष्य शब्द की उत्पत्ति "मन" शब्द से हुई है। मन का एक अर्थ है, "मर्म" अर्थात् "गहराई से जानना।" मन अंदरूनी होता है, अतः मनुष्य को गहराई से जानना या सोचना चाहिए।

जिज्ञासु : गहराई से जानने या सोचने का क्या अर्थ है?

उपदेशक : गहराई से सोचने का अर्थ है कि मूल को समझना और मूल कारण को समझने की शक्ति केवल मनुष्यों में है। अतः मनुष्य को अपनी विकसित बुद्धि का उपयोग आध्यात्मिक विज्ञान को क्रमबद्ध विधि से लेने के लिए करना चाहिए, क्योंकि मूल कारण केवल आध्यात्मिक विज्ञान ही बताता है। जानवर आध्यात्मिक विज्ञान नहीं ले सकते, इसे केवल मनुष्य ही ले सकते हैं और मनुष्य को इस आध्यात्मिक विज्ञान को क्रमबद्ध तरीके से प्राप्त करना चाहिए। क्या आपको यह समझ में आया?

जिज्ञासु : जी हाँ।

उपदेशक : आज हम यहीं विश्राम लेते हैं, आगे की चर्चा कल करेंगे। अभी तक हमने जो भी चर्चा की हैं, उस पर आप एक बार अवश्य मनन करना।

जिज्ञासु : जी हाँ, मैं इन सभी बातों पर अवश्य मनन करूँगा। आपने बहुत ही अच्छी तरह से हर विषय को समझाया है, इसके लिए आपका बहुत–बहुत धन्यवाद।

उपदेशक : ध्यान से सुनने के लिए, धन्यवाद।

दूसरा दिन

✧✧✧2✧✧✧

जीवन का विज्ञान

2.1 क्रमबद्ध विधि से ज्ञान लेना

जिज्ञासु अगले दिन संस्थान के अंदर दुबारा आते हैं और एक भक्त उन्हें उपदेशक के कक्ष में लेकर जाते हैं। जिज्ञासु उपदेशक को देखकर नमस्कार करते हैं।

उपदेशक : नमस्कार।

जिज्ञासु : नमस्कार।

उपदेशक : कैसे है आप?

जिज्ञासु : मैं ठीक हूँ।

उपदेशक : आज की चर्चा शुरू करें?

जिज्ञासु : जी हाँ।

उपदेशक : आज की चर्चा आरंभ करने से पूर्व मैं यह जानना चाहूँगा कि क्या आपने कल की चर्चा पर मनन किया?

जिज्ञासु : जी हाँ। कल की चर्चा तो बहुत रोमांचित करने वाली थी, उसके लिए बहुत धन्यवाद।

उपदेशक : धन्यवाद। कल की चर्चा के संदर्भ में आप कुछ पूछना चाहते हैं?

जिज्ञासु : जी नहीं।

उपदेशक : क्या आपको याद है कि कल हमने चर्चा कहाँ समाप्त की थी?

जिज्ञासु : जी हाँ। जानवर आध्यात्मिक विज्ञान नहीं ग्रहण कर सकते, इसे केवल मनुष्य ही प्राप्त कर सकते हैं और मनुष्य को इस आध्यात्मिक विज्ञान को क्रमबद्ध तरीके से प्राप्त करना चाहिए।

उपदेशक : बिल्कुल सही बताया आपने। आपकी स्मरण शक्ति बहुत अच्छी है।

जिज्ञासु : जी धन्यवाद। इसी चर्चा के संदर्भ में कल मेरा एक प्रश्न रह गया था और वह है, क्रमबद्ध विधि क्या है?

उपदेशक : क्रमबद्ध विधि को समझने के लिए आप मेरे एक प्रश्न का उत्तर

दीजिए। आपने पढ़ाई किस प्रकार की थी?

जिज्ञासु : किस प्रकार की थी! मैं कुछ समझा नहीं।

उपदेशक : अर्थात् आपने पहले किस कक्षा का ज्ञान लिया था, फिर उसके बाद किस कक्षा का ज्ञान लिया।

जिज्ञासु : जी हाँ, मैं समझा। पहले मैंने पहली कक्षा का ज्ञान लिया, फिर मैंने दूसरी कक्षा का, तीसरी कक्षा का, चौथी कक्षा का, इस तरह से मैंने स्कूल की शिक्षा पूरी की थी। फिर मैंने स्नातक (Graduation) किया।

उपदेशक : इसी को क्रमबद्ध विधि से ज्ञान प्राप्त करना कहते हैं। अगर कोई विद्यार्थी कभी आठवीं कक्षा का ज्ञान ले, कभी पहली कक्षा का, कभी चौथी कक्षा का और कभी स्नातक का, तो क्या वह इस ज्ञान को ग्रहण करके अपने जीवन में लगा पाएगा?

जिज्ञासु : वह कभी भी इस ज्ञान को जीवन में नहीं लगा सकता है, क्योंकि उसने इस ज्ञान को सही विधि से प्राप्त नहीं किया है।

उपदेशक : इस सही विधि को ही क्रमबद्ध विधि कहते हैं। समझ में आया आपको?

जिज्ञासु : जी हाँ।

उपदेशक : एक अन्य उदाहरण से इसे समझिए। एक व्यक्ति डॉक्टर बनने के लिए कभी पुस्तकों को पढ़कर, कभी किसी से भी सुनकर, कभी इंटरनेट से ज्ञान लेकर, कभी अख़बार से पढ़कर ज्ञान प्राप्त करता है तो क्या वह व्यक्ति जीवन में कभी डॉक्टर बन सकता है?

जिज्ञासु : नहीं, वह MBBS डॉक्टर तो नहीं बन पाएगा, परंतु वह नीम-हकीम ज़रूर बन जाएगा।

उपदेशक : (हँसते हुए) आपने सही कहा और नीम-हकीम तो खतरा पैदा करता है। परंतु आज अधिकतर लोग आध्यात्मिक विज्ञान को इसी तरह से लेते हैं। कोई भी व्यक्ति चिकित्सा की दो-तीन पुस्तकें पढ़कर चिकित्सक नहीं बन सकता। चिकित्सक बनने के लिए क्रमबद्ध रूप से ज्ञान प्राप्त करना अति आवश्यक है। उसके लिए उसे मेडिकल कॉलेज जाकर मेडिकल विज्ञान को क्रमबद्ध तरीके से प्राप्त करके डिग्री लेनी होगी,

तभी वह सफलतापूर्वक इस ज्ञान का उपयोग कर सकेगा। क्या आप इस बात से सहमत हैं?

जिज्ञासु : जी हाँ। कोई भी व्यक्ति इस तरह से ही किसी भी ज्ञान में सिद्धि (Perfection) प्राप्त कर सकता है और जीवन में उस ज्ञान का सफलतापूर्वक उपयोग कर सकता है, नहीं तो वह केवल नीम-हकीम की तरह ही बनकर रह जाएगा।

उपदेशक : बिल्कुल सही समझा आपने। परन्तु अध्यात्मिक विज्ञान को हम कभी टी.वी. सिरीयलों से, तो कभी इधर-उधर से पढ़कर या सुनकर प्राप्त करते हैं। लेकिन जीवन में ज्ञान का उपयोग करके सफल होना है, तो उसे क्रमबद्ध एवं सुव्यवस्थित ढंग से प्राप्त करना होगा। जब ज्ञान को इस विधि से लिया जाता है, तो उसे शिक्षा (एजुकेशन) कहते हैं।

इसी प्रकार आध्यात्मिक विज्ञान भी क्रमबद्ध एवं सुव्यवस्थित विधि से लेना चाहिए, तभी आप उसे जीवन में सफलतापर्वूक लगा सकते हैं। क्या अब आपको समझ में आया?

जिज्ञासु : जी हाँ। अब अच्छी तरह से समझ आ गया। धन्यवाद।

2.2 सत्य को जानने के प्रमाण

उपदेशक : अब मैं आपको आध्यात्मिक विज्ञान समझाना प्रारंभ करूँगा। परंतु आध्यात्मिक विज्ञान के बारे में जानकारी देने से पहले मैं आपको आध्यात्मिक विज्ञान या सत्य को जानने के प्रमाणों के विषय में कुछ बताना चाहूँगा।

जिज्ञासु : प्रमाण! ये क्या होते हैं?

उपदेशक : संस्कृत भाषा में वैध या प्रामाणिक (valid) ज्ञान या वास्तविक ज्ञान को "प्रमा" कहा गया है और वैध ज्ञान को प्राप्त करने के तरीकों को प्रमाण कहते हैं। प्रमाण आपको सत्य या वास्तविक ज्ञान का बोध कराते हैं।

जिज्ञासु : वैध ज्ञान का क्या अर्थ है?

उपदेशक : वैध ज्ञान का अर्थ है वास्तविक ज्ञान, जो सत्य है।

जिज्ञासु : और अवैध ज्ञान?

उपदेशक : जो असत्य है, गलत है।

जिज्ञासु : क्या आप इसे उदाहरण से समझा सकते हैं?

उपदेशक : जी हाँ। जैसे– चोरी करना, जेब काटना, धोखा देना इत्यादि। ये सब कलाएँ ज्ञान तो हैं, किंतु ये अवैध ज्ञान हैं।

जिज्ञासु : अच्छा।

उपदेशक : आध्यात्मिक विज्ञान के अनुसार वैध ज्ञान को सिद्ध करने के लिए मुख्यतया (Primary) तीन प्रकार के प्रमाण होते हैं। बाकी सब प्रमाण गौण (Secondary) प्रमाण होते हैं।

तीन मुख्य प्रमाण इस प्रकार हैं —

1. प्रत्यक्ष प्रमाण
2. अनुमान प्रमाण
3. शब्द प्रमाण

अब हम इन तीनों प्रमाणों पर चर्चा करते हैं।

1. प्रत्यक्ष प्रमाण- प्रत्यक्ष का अर्थ है, जो सामने है। जो देखा जा सकता है या जो अनुभव पाँच इंद्रियों द्वारा अनुभूत या बोध किया जा सकता है।

जिज्ञासु : इन्द्रियाँ क्या होती हैं?

उपदेशक : आँख, नाक, जिह्वा, कान एवं त्वचा। ये हमारी पाँच इन्द्रियाँ हैं।

जिज्ञासु : जी हाँ, मैंने इनके बारे में सुना है।

उपदेशक : आगे सुनिए, ये पाँच इन्द्रियाँ इन कार्यों को संपन्न करती हैं –

(i) आँखों से देखना

(ii) जिह्वा से चखना

(iii) नाक से सूंघना

(iv) कानों से सुनना

(v) त्वचा से स्पर्श करना

जैसे कई बार आपने सुना होगा कि उस व्यक्ति ने अपनी आँखों के सामने देखा था या सुना था। कई बार यह भी बोलते हुए आपने सुना होगा कि मेरे सामने उसने ऐसा कहा था और मैंने प्रत्यक्ष सुना था। मैंने प्रत्यक्ष चखा था। इसी प्रकार यह भी बोलते हैं कि मैंने उस चीज़ को स्पर्श किया था, वह खुरदरा था। ये सब प्रत्यक्ष प्रमाण कहलाते हैं। परंतु आध्यात्मिक विज्ञान के अनुसार मनुष्य में चार प्रकार की कमियाँ होती हैं, जिसके कारण प्रत्यक्ष प्रमाण से लिया गया ज्ञान अपूर्ण माना जाता है।

जिज्ञासु : यह चार प्रकार की कमियाँ कौन सी हैं?

उपदेशक : ध्यानपूर्वक सुनिए–

(i) इन्द्रियों की क्षमता सीमित होती है।

(ii) मनुष्य में गलती करने की प्रवृत्ति होती है।

(iii) भ्रमित होने की प्रवृत्ति है।

(iv) धोखा देने और धोखा खाने की प्रवृत्ति है।

जिज्ञासु : कृपया इनको विस्तार से बताइए।

उपदेशक : अवश्य, सुनिए।

(i) इंद्रियों की क्षमता सीमित होती है– मनुष्य की इंद्रियों की क्षमता सीमित होने के कारण उनके द्वारा लिया गया प्रमाण अपूर्ण होता है। उदाहरण के लिए–

(अ) हमारी आँखें बहुत दूर की या एकदम निकट की वस्तु को देखने में असमर्थ हैं। इसी प्रकार सूर्य हमें एक थाली जितना छोटा दिखाई देता है, परंतु वास्तव में वह उससे हज़ारों गुना अधिक बड़ा होता है। आँखें बहुत छोटी चीज़ों को भी नहीं देख पाती; जैसे– वायरस, बैक्टीरिया इत्यादि। इसी प्रकार इस दीवार के उस पार क्या रखा है या क्या हो रहा है, वह भी हम नहीं देख सकते। अतः हमारी आँखों की देखने की सीमा सीमित है।

(ब) कान की भी सुनने की अपनी सीमा है। यदि कोई 5 कि.मी. दूर से आपका नाम लेता है, तो आपके कान उसे सुन नहीं पाते हैं क्योंकि बोलने एवं सुनने वाले, दोनों की ही इंद्रियाँ अपूर्ण एवं सीमित होती हैं। कान 20HZ (20 हर्ट्ज) से कम और 20KHZ (20 किलो हर्ट्ज) से अधिक मात्रा की ध्वनि नहीं सुन सकते, परंतु ध्वनि तो है। अतः हमारे कानों की सुनने की सीमा सीमित है।

इसी तरह हमारी अन्य इंद्रियाँ भी अपूर्ण हैं। यदि अपूर्ण इंद्रियाँ किसी पूर्ण वस्तु को भी जानना चाहती हैं, तो इंद्रियों की अपूर्णता के कारण व्यक्ति उस पूर्ण वस्तु को भी, पूर्णता से जान नहीं पाता। अब आप बताइए कि इन इंद्रियों की सहायता से प्राप्त ज्ञान पूर्ण होता है या अपूर्ण?

जिज्ञासु : अपूर्ण इंद्रियों की सहायता से प्राप्त ज्ञान भी अपूर्ण ही होता है।

उपदेशक : बिल्कुल सही। अब हम दूसरी कमी पर चर्चा करते हैं।

(ii) मनुष्य में गलती करने की प्रवृत्ति होती है– एक कहावत है, "गलती करना तो मनुष्य का स्वभाव है।" अंग्रेज़ी में "To error is human"। प्रत्येक मनुष्य गलती करता है, चाहे वह कितना ही बुद्धिमान क्यों न हो।

उदाहरण – जब वैज्ञानिक कोई गलती करते हैं, तो उनकी यह भूल उन करोड़ों लोगों को प्रभावित करती है, जो उन पर विश्वास करके उनकी बात मानते हैं।

वैज्ञानिकों के अनुसार यूरोप में बूबोनिक प्लेग के फैलने का कारण बिल्लियाँ थीं। प्लेग फैलने के कारण सरकार ने तुरंत पूरे देश की बिल्लियों को पकड़कर मारने का आदेश दिया। कुछ दिन पश्चात् वैज्ञानिकों को अपनी इस बड़ी गलती का एहसास हुआ कि इसका कारण तो बिल्लियाँ नहीं, अपितु चूहे हैं। किंतु तब तक बहुत देर हो चुकी थी। वैज्ञानिकों का पहला कथन गलत सिद्ध हुआ। चूहे हज़ारों की संख्या में बढ़ते जा रहे थे क्योंकि बिल्लियाँ मारी जा चुकी थी। आप तो जानते ही हैं कि हममें गलतियाँ करने की प्रवृत्ति है, तो ऐसे में क्या हम अपने आपको प्रामाणिक ज्ञान का प्रमाण मान सकते हैं?

जिज्ञासु : बिल्कुल नहीं।

उपदेशक : अब हम तीसरी कमी पर चर्चा करते हैं।

(iii) **भ्रमित होने की प्रवृत्ति-** मनुष्य भ्रमित रहता है। हमारे गुरु महाराज श्रील प्रभुपाद मृगमरीचिका (Mirage) का उदाहरण दिया करते थे। जब कोई व्यक्ति रेगिस्तान से गुज़रता है, तो उसे मृगमरीचिका के कारण रेगिस्तान में भी पानी दिखाई देता है। परंतु वास्तव में वहाँ पानी नहीं होता। इस प्रकार भ्रम में पड़े हुए किसी व्यक्ति के द्वारा लिया गया ज्ञान अपूर्ण ही होता है। इसी प्रकार एक पानी के गिलास में पेंसिल डाल दी जाए, तो वह टेढ़ी नज़र आती है, परंतु क्या पेंसिल टेढ़ी है?

जिज्ञासु : नहीं, पेंसिल टेढ़ी नहीं है। यह हमारा भ्रम है।

उपदेशक : अब हम चौथी कमी पर चर्चा करते हैं।

(iv) **धोखा देने और धोखा खाने की प्रवृत्ति-** प्रत्येक व्यक्ति धोखा देता है एवं धोखा खाता है। भौतिकता में हर व्यक्ति दूसरे को धोखा देकर लाभ अर्जित करता है। आज भौतिक लोगों द्वारा जितने विज्ञापन दिए जा रहे हैं, उनमें से अधिकतर धोखा दे रहे हैं और यह सब जानते हुए भी लोग धोखा खाए जा रहे हैं। सबसे अधिक बिक्री आज कॉस्मेटिक्स (Cosmetics) में गोरा होने की क्रीम की है। कॉस्मेटिक कंपनियाँ यह बताकर धोखा देती हैं कि उनकी क्रीम लगाने के बाद व्यक्ति गोरे व सुंदर हो जाएँगे, परंतु वास्तविकता तो यह है कि इन्हें लगाने के बाद आज तक कोई भी व्यक्ति सुंदर व गोरा नहीं हुआ। व्यक्तित्व की सुंदरता बढ़ाने की कोई कॉस्मेटिक नहीं है, परंतु जो शरीर प्रति क्षण ढलता है, उसे सुंदर रखने का प्रयास

करने वाली कंपनियाँ बहुत हैं। ऐसी कंपनियाँ लोगों को धोखा देती हैं और इसका कारण एक ही है कि लोग धोखा खाने को तैयार हैं। धोखा देने और धोखा खाने के संदर्भ में, मैं आपको कुछ उदाहरणों से समझाता हूँ -

एक दिन एक सिगरेट का विज्ञापन पढ़ा, जिसमें लिखा था– "COOL" (कूल)। उसे पढ़कर हम मन ही मन यह सोचने लगे कि सिगरेट में एक तरफ़ धुआँ निकलता है और दूसरी तरफ़ आग लगी होती है, तो यह सिगरेट COOL कैसे हो सकती है!

जिज्ञासु : यह तो सरासर धोखा है।

उपदेशक : इसी प्रकार सिगरेट पर स्पष्ट शब्दों में लिखा होता है कि यह स्वास्थ्य के लिए हानिकारक है, फिर भी लोग उसका प्रयोग करते हैं। जानते हुए भी अपने आप को धोखा देते हैं। यह भौतिक संसार धोखा देने वालों और धोखा खाने वालों का है। सभी माता–पिता अपने बच्चों को यह बतलाकर धोखा देते हैं कि बेटा, यदि तुम भौतिक ज्ञान लोगे, तो खूब पैसा कमाओगे और सुखी हो जाओगे। किंतु क्या कभी ऐसा हुआ है? क्या आपने अपने जीवन में कभी ऐसा देखा है?

जिज्ञासु : नहीं।

उपदेशक : आज हम देखते भी हैं कि संसार में बहुत सारे व्यक्ति धनवान हैं, परंतु क्या वे सुखी हैं? इतना धन होने के बाद भी वे टेंशन में जीवन जीते हैं। माता–पिता स्वयं तो कभी पैसों से सुखी रह नहीं पाए, परंतु अपने बच्चों को इस रास्ते पर चलने के लिए प्रेरित करते हैं। जो उन्होंने जीवन भर कमाया है, वही तो वे आगे अपने बच्चों को दे सकते हैं। जो धरोहर में होगा, वही तो वसीयत में देंगे। यह तो स्पष्ट धोखा है। पैसा सुख नहीं दे सकता, क्योंकि पैसे का कार्य सुविधाएँ देना है, न कि सुख। सुविधाओं से सुख नहीं मिलता, केवल दुखों में कमी होती है और मज़ा मिलता है। जब माता–पिता या शिक्षक वर्ग को ही नहीं पता कि सफलता या सुख कैसे प्राप्त किया जाता है, तो वे अपने बच्चों या शिष्यों को कैसे सफल या सुखी बना सकते हैं। ये माता-पिता भी अपने माता–पिता से धोखे के शिकार हुए, बाद में इन्होंने अपने बच्चों के साथ धोखा किया। पहले उनको यह तो बताओ कि सत्य क्या है! आप सभी क्यों उनको सपनों की दुनिया में डाल रहे हैं! इसी तरह एक व्यक्ति था, जो दुनिया को बाल बढ़ाने का तेल बेचता था, परंतु वह स्वयं गंजा था। क्या यह धोखा नहीं है?

जिज्ञासु : यह तो सरासर धोखा है।

उपदेशक : लोग बे-रोक-टोक धोखेबाज़ी कर रहे हैं। इसी प्रकार एक व्यापारी अपने ग्राहक से कहता है, "मुझे इस वस्तु को बेचने से कोई फ़ायदा नहीं हो रहा है।" जबकि व्यापारी तो केवल लाभ के लिए ही व्यापार करता है। इसका अर्थ यह है कि वह व्यापारी झूठ बोलकर ग्राहकों को धोखा दे रहा है। आप के चारों ओर धोखा ही धोखा है।

जिज्ञासु : परंतु एक व्यापारी अपने ग्राहकों को लाभ बता देगा तो वह व्यापार कैसे कर पाएगा?

उपदेशक : बिल्कुल सही कहा आपने। इस स्थिति में व्यापारी को अपना लाभ ग्राहक को बताने की आवश्यकता नहीं है। व्यापारी को ग्राहक को यह बताना चाहिए कि मैं आपको जो यह वस्तु या उत्पाद दे रहा हूँ, इससे मैं आपसे बहुत कम लाभ अर्जित कर रहा हूँ और व्यापारी को यह भी करना चाहिए कि उसे ग्राहक को वही वस्तु या उत्पाद देना चाहिए, जो उसने ग्राहक को बताया है। हाँ, एक बात और, ग्राहक को भी व्यापारी से यह नहीं पूछना चाहिए कि आप इस वस्तु से कितना लाभ कमा रहे हैं। क्या यह बात आपको समझ में आई?

जिज्ञासु : बिल्कुल समझ में आई, धन्यवाद।

उपदेशक : उपर्युक्त उदाहरणों से यह स्पष्ट है कि मनुष्य में धोखा देने एवं धोखा खाने की प्रवृत्ति पाई जाती है, जिसके कारण प्रत्यक्ष ज्ञान प्राप्त करने में भी मनुष्य धोखे का शिकार हो जाता है।

अतः इन चार कमियों को ध्यान में रखते हुए प्रत्यक्ष प्रगाण को पूर्ण प्रमाण नहीं मान सकते। इससे यह सिद्ध होता है कि प्रत्यक्ष प्रमाण वैध ज्ञान देने में पूरी तरह से सक्षम नहीं है। क्या आपको समझ में आया?

जिज्ञासु : जी हाँ।

उपदेशक : दूसरा प्रमाण है- अनुमान प्रमाण

2. अनुमान प्रमाण– अनुमान प्रमाण का अर्थ है, वैध ज्ञान को प्राप्त करने के लिए अंदाज़ा अर्थात् तर्क लगाना। इस प्रमाण को भी अपूर्ण बताया गया है, क्योंकि मनुष्य अपनी इंद्रियों से सूचना एकत्रित करता है और अंदाजा लगाता है। चूँकि सभी इंद्रियाँ अपूर्ण हैं, अतः उनके द्वारा एकत्रित किया

गया ज्ञान भी अपूर्ण होता है। अतः इन सूचनाओं पर आधारित अनुमान भी स्वाभाविक रूप से अपूर्ण ही होगा।

उदाहरण – डार्विन का सिद्धांत, जिसके अनुसार मानव बंदरों की विकसित प्रजाति हो सकती है, यह अनुमान प्रमाण का एक उत्कृष्ट उदाहरण है। डार्विन ने संसार में जीवन की उत्पत्ति से संबंधित कारण जानने का बहुत प्रयास किया, किंतु जब वह अपने समस्त प्रयासों में असफल हो गया, तब उसने काल्पनिक अनुमान का सहारा लिया। इस बात को उसने अपनी पुस्तक "ओरिजिन ऑफ स्पीशीज" की भूमिका में भी स्वीकार किया है। आज आधुनिक विज्ञान ने डार्विन के इस सिद्धांत को पूर्णतः अस्वीकार कर दिया है। अनुमान प्रमाण की असफलता का यह एक सर्वोत्तम उदाहरण है।

इससे यह सिद्ध होता है कि अनुमान प्रमाण भी वैध ज्ञान देने में पूरी तरह से सक्षम नहीं है। आपको यह बात समझ में आई?

जिज्ञासु : जी हाँ।

उपदेशक : अब हम आते हैं, अगले प्रमाण पर।

3. शब्द प्रमाण– आध्यात्मिक विज्ञान के अनुसार शब्द प्रमाण ही सबसे श्रेष्ठ प्रमाण है। यह तीनों प्रमाणों में से वैध ज्ञान लेने के लिए पूर्ण प्रामाणिक है, बाकी दो तो सहायक हैं, क्योंकि शब्द प्रमाण, प्रामाणिक अधिकारी से आता है। शब्द प्रमाण को "शब्द ब्रह्म" अर्थात् "सत्य शब्द" भी कहते हैं। इसे स्वतः प्रमाण भी कहते हैं, क्योंकि इसको सिद्ध करने के लिए किसी और प्रमाण की आवश्यकता नहीं है। यह अपने आप में स्वतः प्रामाणित और स्वयं प्रकाशित है। वैध ज्ञान प्राप्त करने हेतु शब्द प्रमाण ही सर्वश्रेष्ठ प्रमाण है।

शब्द प्रमाण प्रामाणिक अधिकारी से आता है, इसे एक सरल उदाहरण से समझते हैं–

एक पिता अपने पुत्र से कहता है कि इस जगत में प्रत्येक व्यक्ति की मृत्यु निश्चित है, परंतु पुत्र इस बात को नहीं मानता। पुत्र अपने पिता को जवाब देता है, "मैं नहीं मानता कि सबकी मृत्यु होती है और तब तक नहीं मानूँगा, जब तक संसार के सारे लोग मेरे सामने नहीं मरते।" अब आप ही बताइए कि क्या यह संभव है?

जिज्ञासु : इस संसार के सभी लोगों की मृत्यु को अपनी आँखों के सामने

देखना किसी के लिए भी संभव नहीं है, तो इस बच्चे के बारे में क्या कहा जाए!

उपदेशक : इस पुत्र को मृत्यु के बारे में ज्ञान प्राप्त करने के लिए अपने अधिकारी पिता की बात को मानने के अलावा दूसरा कोई विकल्प नहीं है। यदि वह अधिकारी पिता की बात नहीं मानेगा, तो जीवन भर अज्ञानता में रहेगा। अधिकारी पिता ने जो प्रामाणिक बात कही, यही शब्द प्रमाण का उदाहरण है।

जिज्ञासु : क्या आप शब्द प्रमाण का और विश्लेषण करेंगे।

उपदेशक : अवश्य। हर वैध ज्ञान लेने के लिए इस प्रक्रिया का पालन करना पड़ता है, जो है– प्रामाणिक अधिकारी (शिक्षक/प्रोफ़ेसर/प्रवक्ता/गुरु) के पास जाकर प्रामाणिक पुस्तकों से ज्ञान लेना। इसे एक अन्य उदाहरण से समझिए- एक पिता अपने बच्चे को ज़हरीले साँप की फ़ोटो दिखाते हुए कहता है, ''बेटा! यह कोबरा साँप है, इसके पास मत जाना, नहीं तो यह तुम्हें काट लेगा और तुम्हारी मृत्यु हो जाएगी।'' वह बच्चा अपने पिता की बात मान लेता है। यद्यपि उसने कभी किसी को साँप के काटने से मरते हुए नहीं देखा। इस उदाहरण में पिता अधिकारी है। उसके पिता ने भी कभी किसी को साँप के काटने से मरते हुए नहीं देखा, परंतु उन्होंने यह ज्ञान अपने पिता रुपी शिक्षक अधिकारियों से प्राप्त किया था और इसी प्रकार उनके दादा ने भी किसी को सांप के काटने से मरते हुए नहीं देखा। उनके दादा ने यह ज्ञान अपने पिता तुल्य अधिकारियों से लिया था। इसे कहते हैं, शब्द प्रमाण द्वारा वैध ज्ञान प्राप्त करने की विधि। इस उदाहरण में प्रत्यक्ष प्रमाण एवं अनुमान प्रमाण न होने पर भी शब्द प्रमाण से ही ज्ञान लिया गया है। क्या अब आपको प्रमाण समझ मे आए?

जिज्ञासु : जी हाँ।

2.3 ज्ञान प्राप्त करने की दो विधियाँ

उपदेशक : अब इस चर्चा को आगे बढ़ाते हैं। ज्ञान दो प्रकार की विधियों से प्राप्त किया जा सकता है।

जिज्ञासु : ये दो विधियाँ कौन-सी हैं?

उपदेशक : इन दो विधियों को आरोह पंथ एवं अवरोह पंथ के नाम से जाना जाता हैं।

1. आरोह पंथ :-

- आरोह शब्द का अर्थ है, नीचे से ऊपर जाना।
- आरोह पंथ की विशेषताएँ (Characteristics) हैं–

1. किसी प्रामाणिक अधिकारी को न मानना।
2. आरोह पंथ के अंतर्गत व्यक्ति अपनी इंद्रियों से या अनुमान लगाकर सत्य को जानने का प्रयास करता है।
3. आरोह पंथ में व्यक्ति अपने प्रयासों से सत्य को जान नहीं पाता।

जिज्ञासु : ऐसा क्यों?

उपदेशक : क्योंकि उसके सत्य को जानने के माध्यमों अर्थात् इंद्रियों की क्षमता सीमित है, जिसकी चर्चा हम पहले ही कर चुके हैं, और सबकी बुद्धि एवं समझ की भी एक सीमा है। क्या यह आपके समझ में आया?

जिज्ञासु : जी हाँ।

2. अवरोह पंथ :-

उपदेशक : अवरोह शब्द का अर्थ है, ऊपर से नीचे आना।

अब हम अवरोह पंथ की विशेषताएँ (characteristics) बताते हैं–

1. प्रामाणिक अधिकारी को मानना– हम अपने जीवन में भी ऐसा ही करते हैं। जब हम विद्यालय जाते हैं, तब अपने शिक्षक अर्थात् प्रामाणिक अधिकारी की शिक्षाओं को मानते हैं, न कि यह कहते हैं कि आप गलत हैं।

2. अवरोह पंथ के अंतर्गत व्यक्ति सत्य को प्रामाणिक अधिकारी से जानने

का प्रयास करता है। अवरोह पंथ के अंतर्गत व्यक्ति प्रामाणिक अधिकारी से अपनी जिज्ञासाओं का समाधान प्राप्त करता है जिससे कि वह आसानी से सत्य को जान पाता है।

3. सत्य, जो कि इंद्रियों की सीमा से परे है, उसको जानने की यही एकमात्र विधि है।

जिज्ञासु : मुझे तो ऐसा लग रहा है कि अवरोह पंथ को मानना अंधविश्वास है।

उपदेशक : हाँ, ऐसा लगना स्वाभाविक है, किंतु यह अंधविश्वास नहीं है। इसको एक सरल उदाहरण से समझ सकते हैं– यदि मोबाइल फ़ोन किसी ऐसे व्यक्ति के हाथ में चला जाए, जिसने पहली बार मोबाइल फ़ोन को देखा हो, तो उसके मन में यह प्रश्न उठेगा कि यह वस्तु क्या है और इसका क्या उपयोग है? उसकी शंका का समाधान वही कर पाएगा जिसने मोबाइल फ़ोन का आविष्कार किया हो या जिसको मोबाइल फ़ोन के विषय में पर्याप्त ज्ञान हो। क्या यह विश्वास अंधविश्वास है?

जिज्ञासु : यह विश्वास अंधविश्वास नहीं है बल्कि यह सही विश्वास है।

उपदेशक : बिल्कुल सही। परंतु आपको यह जानकर हैरानी होगी कि आपका जीवन अंधविश्वास से ही प्रारंभ हुआ है।

जिज्ञासु : वह कैसे?

उपदेशक : आध्यात्मिक विज्ञान बताता है कि यदि माँ अपने पुत्र को उसके पिता के बारे में नहीं बताए, तो जीवन भर पुत्र अपने पिता के बारे में नहीं जान सकता। डी.एन.ए टेस्ट भी कितने पुरुषों का करवा सकेंगे और आप ही बताइए कि माँ के सिवाय पुत्र या पुत्री को पिता के बारे में और कौन बता सकता है। क्या यह अंधविश्वास है?

जिज्ञासु : नहीं, यह अंधविश्वास नहीं है। आप सत्य बोल रहे हैं। माँ के सिवाय और कोई नहीं बता सकता।

उपदेशक : इसे और स्पष्ट करता हूँ। यदि व्यक्ति अपने आप से पिता को जानने की कोशिश करे तो जीवन भर पिता को नहीं जान पाएगा। इस उदाहरण में माँ अधिकारी है। पिता के विषय में माँ से ज्ञान आता है। इसे ही अवरोह पंथ कहा गया है। यह बड़ा ही महत्त्वपूर्ण विषय है, क्या आप इसे पूरी तरह समझ गए?

जिज्ञासु : हाँ जी, मुझे पूरी तरह से समझ आ गया।

उपदेशक : आपको याद होगा, हमने सत्य को जानने के लिए तीन प्रमाणों की चर्चा की थी।

जिज्ञासु : हाँ, ये तीन प्रमाण हैं- प्रत्यक्ष, अनुमान और शब्द प्रमाण।

उपदेशक : बहुत अच्छा। आप अच्छी तरह से सुन रहे हैं। धन्यवाद। आरोह पंथ के अंतर्गत प्रत्यक्ष और अनुमान प्रमाण आते हैं और अवरोह पंथ के अंतर्गत शब्द प्रमाण आता है। समझ में आया आपको?

जिज्ञासु : जी हाँ, अच्छी तरह से।

2.4 क्या जिज्ञासा करें

उपदेशक : अब हम अगले विषय पर चर्चा करते हैं।

क्या आप जानते हैं कि मनुष्य को क्या जिज्ञासा करनी चाहिए?

जिज्ञासु : जी हाँ। हर व्यक्ति को जिज्ञासा करनी चाहिए कि वह कैसे सफल हो सकता है या कैसे सुखी हो सकता है, आध्यात्मिक विज्ञान क्या है और इसे जानकर कैसे अपना व्यक्तित्व पूर्ण कर सकता है।

उपदेशक : आपने सही उत्तर दिया, अब मैं इस विषय पर और गहराई से विश्लेषण करूँगा। सबसे पहले मनुष्य को यह जिज्ञासा करनी चाहिए कि वास्तविक दुःख क्या है? जीवन में दुःख बार–बार क्यों आते हैं और इनका स्थायी हल क्या है? जब तक मनुष्य यह जिज्ञासा नहीं करता, तब तक वह मनुष्य कहलाने योग्य नहीं है। अब मैं आपको इनके अतिरिक्त उन जिज्ञासाओं के विषय में बता रहा हूँ, जिनका उत्तर हर मनुष्य को अवश्य जानना चाहिए। कृपया आप इन जिज्ञासाओं के उत्तर देने का प्रयास करें।

2.4.1 क्या हर वस्तु का कोई रचयिता है

जिज्ञासा 1 : क्या इस सृष्टि और शरीर का कोई रचयिता है?

जिज्ञासु : मुझे पता नहीं। कुछ मानते हैं कि सृष्टि की रचना करने वाला कोई है और कुछ नहीं मानते। मैं भ्रमित हूँ, कृपया आप ही बताइए कि वास्तविकता क्या है?

उपदेशक : चलिए, आपका भ्रम दूर करते हैं। आपके पास मोबाइल फ़ोन है?

जिज्ञासु : जी हाँ। (मोबाइल फ़ोन दिखाते हुए)

उपदेशक : क्या आप इस कथन से सहमत हैं कि "मोबाइल फ़ोन को किसी ने नहीं बनाया"?

जिज्ञासु : मैं इस कथन से सहमत नहीं हूँ।

उपदेशक : इसका अर्थ हुआ कि इस मोबाइल फ़ोन को बनाने वाला अवश्य ही कोई व्यक्ति है।

जिज्ञासु : जी हाँ।

उपदेशक : क्या आप इस कथन को मानते हैं कि जिसने मोबाइल फ़ोन को बनाया, वह बुद्धिमान नहीं था?

जिज्ञासु : जी नहीं, मैं इस कथन को भी नहीं मानता। मोबाइल फ़ोन को बनाने वाला तो बुद्धिमान ही रहा होगा, तभी तो उसने मोबाइल फ़ोन बनाया।

उपदेशक : और यदि कोई यह मानता है कि मोबाइल फ़ोन को बनाने वाला कोई बुद्धिमान व्यक्ति नहीं था, तो आप उसको बुद्धिमान मानेंगे या मूर्ख।

जिज्ञासु : वह निश्चित रूप से मूर्ख है।

उपदेशक : आप बड़े बुद्धिमान हैं। आपने तीनों प्रश्नों के उत्तर सही दिए। एक बार फिर से मैं इन उत्तरों को दोहरा रहा हूँ। मोबाइल फ़ोन बनाने के लिए बुद्धि चाहिए और बुद्धि एक व्यक्ति में होती है। अतः मोबाइल फ़ोन की रचना करने वाला एक बुद्धिमान व्यक्ति है, क्या आप इससे सहमत हैं?

जिज्ञासु : बिल्कुल, पूरी तरह।

उपदेशक : इसी प्रकार आपने वायुयान को कभी न कभी उड़ते हुए अवश्य देखा होगा। वायुयान को देखकर इस विचार का आना सहज है कि इस वायुयान को बनाने वाला कोई तो अवश्य ही होगा और वह अत्यंत ही बुद्धिमान होगा, जिसके कारण यह वायुयान हवा में उड़ रहा है। परंतु कभी आपने एक कदम आगे विचार किया कि उस व्यक्ति की बुद्धि क्या होगी, जिसने इस पृथ्वी को अंतरिक्ष में उड़ा रखा है। यह प्रश्न सुनकर अधिकतर व्यक्ति सोच में पड़ जाते हैं। वास्तव में सारा जगत, सारे वैध वैज्ञानिक उस बुद्धिमान व्यक्ति की खोज में ही लगे हुए हैं, परंतु अधिकतर वैज्ञानिक रास्ता भटक जाते हैं। एक प्रसिद्ध वैज्ञानिक आइंस्टीन ने कहा था कि "वह निकला तो सत्य को ढूँढने था, परंतु बीच में ही रास्ता भटक गया।" क्या यह तथ्य आपको समझ में आ रहा है?

जिज्ञासु : थोड़ा–थोड़ा समझ में आ रहा है।

उपदेशक : आगे सुनिए। जिस प्रकार मोबाइल का कोई रचयिता है, उसी प्रकार बुद्धिमत्ता से रचित हर वस्तु का रचयिता होना अनिवार्य है। इसी प्रकार विशाल सृष्टि एवं अद्भुत शरीर का रचयिता भी अवश्य होना चाहिए। अपने शरीर का ही उदाहरण लेते हैं– आप कैमरे से फ़ोटो लेते

हैं, परंतु कभी आपने यह सोचा कि ये आँखें कितने अद्भुत् कैमरे हैं। 3D कैमरे के आविष्कारक को इस अद्भुत यंत्र के आविष्कार के लिए सम्मानित किया गया था, किंतु क्या आपने एक कदम आगे सोचा कि मानव के पास तो सृष्टि के आरंभ से ही 3D कैमरा है।

जिज्ञासु : यह कथन समझ में नहीं आया! 3D कैमरे का अविष्कार सन् 1969 में हुआ है और आप कह रहे हैं कि मानव के पास तो सृष्टि के आरंभ से ही 3D कैमरा है। यह तो असंभव है।

उपदेशक : आपकी ये दो आँखें, क्या ये 3D कैमरे नहीं हैं। ये मनुष्यों को अनंत काल से 3D वीडियो दिखा रही हैं।

जिज्ञासु : मैंने तो कभी इस तरह से सोचा ही नहीं। आप तो मेरा हर वस्तु को देखने का नज़रिया ही बदलते जा रहे हैं।

उपदेशक : मैं नहीं बदल रहा हूँ, यह आध्यात्मिक विज्ञान के कारण बदल रहा है। आँखें 3D कैमरे से भी अधिक महत्त्वपूर्ण हैं। यदि आँखें देख ही न पाएँ, तो 3D कैमरे से खींची हुई फ़ोटो भी आपके लिए निरर्थक है। इसका अर्थ यह हुआ कि 3D आँखों का रचयिता, 3D कैमरे के रचयिता से अधिक महत्त्वपूर्ण है। क्या आप इस कथन से सहमत हैं?

जिज्ञासु : आपके इस कथन को चुनौती देना कठिन है।

उपदेशक : अब मैं आपसे अनुरोध करूँगा कि आप इस विषय पर विचार करें कि आपके शरीर में आँखों की तरह ही कई ऐसे अद्भुत अंग हैं, जो पूर्ण सामजंस्य के साथ कार्य करते हैं। आपकी जीभ भी आश्चर्यजनक है। जीभ पर अनेक प्रकार के स्वाद चखने के लिए विभिन्न स्थानों पर स्वाद–कणिकाएँ हैं। इसी प्रकार से आप देखिए, पृथ्वी सूर्य के चारों ओर घूमती है और अपने अक्ष (Axis) में भी घूमती है। सौर मडंल में इतने ग्रह अपनी-अपनी जगह पर नियत कक्षा (Orbit) में समय पर घूम रहे हैं। एक हज़ार वर्ष बाद सूर्योदय किस समय होगा, इसकी गणना आज भी की जा सकती है। इस बात से यह सिद्ध होता है कि इस सृष्टि का निर्माण एक बुद्धिमान व्यक्ति ने किया है। सृष्टि और शरीर तो इस प्रकार की बुद्धिमत्तापूर्ण रचनाओं से ओत–प्रोत हैं। क्या अब आप इस बात पर सहमत हैं कि कोई न कोई तो बुद्धिमान व्यक्ति होगा, जिसने इस सृष्टि और शरीर की रचना की है?

जिज्ञासु : आपके अकाट्य तर्क मुझे यह सोचने पर विवश तो कर रहे हैं कि कोई रचयिता तो अवश्य है।

उपदेशक : चलिए, आपने विचार करना तो आरंभ किया कि कोई रचयिता है। मैं आपसे अनुरोध करूँगा कि अभी तो आप इस बात को सैद्धांतिक रूप से स्वीकार कर लें कि सृष्टि का एक बुद्धिमान रचयिता है। आगे हम इस पर विस्तार से चर्चा करेंगे।

जिज्ञासु : ठीक है। मैं सैद्धांतिक रूप से स्वीकार करता हूँ कि इस सृष्टि का कोई रचयिता है और वह बुद्धिमान है।

उपदेशक : धन्यवाद, अब मैं आपसे दूसरी जिज्ञासा करता हूँ।

2.4.2 मनुष्य जीवन तथा सृष्टि की रचना का उद्देश्य

जिज्ञासा 2– क्या इस मनुष्य जीवन तथा सृष्टि की रचना का कोई उद्देश्य है?

जिज्ञासु : यह एक विचारणीय प्रश्न है, कृपया आप अपने तरीके से ही इसे समझाइए।

उपदेशक : चलिए, इसे समझते हैं। परंतु इससे पहले एक प्रश्न का उत्तर दीजिए– जिस बुद्धिमान व्यक्ति ने मोबाइल फ़ोन की रचना की थी, उसका इस रचना के पीछे कोई उद्देश्य नहीं था। क्या आप इस कथन से सहमत हैं?

जिज्ञासु : मैं इस कथन को बिल्कुल नहीं मानता।

उपदेशक : क्यों?

जिज्ञासु : क्योंकि कोई भी बुद्धिमान व्यक्ति किसी भी वस्तु की रचना बिना उद्देश्य के क्यों करेगा! उसके पीछे कोई न कोई उद्देश्य अवश्य ही होता है।

उपदेशक : वाह! अति उत्तम। हर बुद्धिमान व्यक्ति जब भी कोई रचना करता है, उसके पीछे कोई न कोई उद्देश्य अवश्य होता है। इसी तरह इस मनुष्य जीवन तथा सृष्टि की रचना के पीछे भी कोई न कोई उद्देश्य अवश्य है। यदि हम रचयिता के उद्देश्य को नहीं जानते तो हम उसकी रचना को अपने हित के लिए उपयोग नहीं कर पाएँगे। फलस्वरूप हम असफल हो जाएँगे और हमारा अहित होगा।

जिज्ञासु : यह बात मुझे कुछ समझ में आ रही है कि इस सृष्टि की रचना किसी रचयिता ने किसी उद्देश्य के लिए की है, परंतु कृपया यह बताइए कि इस उद्देश्य को न जानने से हमें असफलता कैसे प्राप्त होगी और हमारा अहित क्यों होगा?

उपदेशक : बहुत अच्छा प्रश्न है। मैं आपको एक सरल उदाहरण देकर समझाता हूँ–

कुछ समय पूर्व समाचार पत्र में एक समाचार आया था कि एक व्यक्ति को एक हैंड ग्रेनेड बम मिला। वह उस हैंड ग्रेनेड बम के बारे में कुछ नहीं जानता था। उसने उस बम को हाथ में लेकर चारों तरफ़ से देखना शुरू

किया। उसे समझ नहीं आ रहा था कि ये क्या है? और किसलिए है? उसको इस बम के ऊपर एक पिन दिखी। उसने बिना जाने समझे उस पिन को खींचकर बाहर निकाल दिया। क्या आप अनुमान लगा सकते हैं कि इसके बाद क्या हुआ होगा?

जिज्ञासु : जी हाँ। मैं जब कॉलेज में था, उस दौरान मैंने NCC का सी सर्टिफिकेट ("C" Certificate) किया था, जिसमें हमें हैंड ग्रेनेड के बारे में भी बताया गया था। जैसे ही उस व्यक्ति ने वो पिन निकाला होगा, कुछ ही क्षणों में वह बम हाथ में फटा होगा और उसके चीथड़े उड़ गए होंगे अर्थात् वह मर गया होगा।

उपदेशक : आपने बहुत अच्छी तरह समझाया। यही हुआ। अब आप बताइए उसकी मृत्यु का मूल कारण क्या था? ग्रेनेड या ग्रेनेड का उद्देश्य नहीं जानना?

जिज्ञासु : यह तो स्पष्ट है।

उपदेशक : क्या स्पष्ट है?

जिज्ञासु : ग्रेनेड का उद्देश्य नहीं जानना।

उपदेशक : आपने बिल्कुल सही कहा। यह दुर्घटना इसलिए हुई, क्योंकि उस व्यक्ति को ग्रेनेड बम का उद्देश्य पता नहीं था। अब आपको समझ में आया कि उद्देश्य न जानने के कारण मृत्यु जैसा बड़ा अहित भी हो सकता है। अब आप ही बताइए इससे बड़ा अहित या नुकसान हो सकता है कोई?

जिज्ञासु : जी नहीं।

उपदेशक : इसी प्रकार यदि कोई व्यक्ति मनुष्य जीवन तथा सृष्टि की रचना के पीछे का उद्देश्य नहीं जानता, तो वह सही समय पर उस उद्देश्य का उपयोग नहीं कर सकेगा, जिसके कारण वह असफल होगा और उसका अहित होगा।

क्या आप इन कथनों से सहमत हैं?

जिज्ञासु : हाँ, यह तर्कसंगत है।

उपदेशक : इसको एक और उदाहरण से समझ सकते हैं। आप एक बच्चे

को ब्लेड (Blade) दे दीजिए, जिसे यह मालूम नहीं हो कि ब्लेड क्या होता है तो वह ब्लेड से क्या करेगा?

जिज्ञासु : उसे ब्लेड का सही उपयोग नहीं मालूम, इसलिए वह उसका सही उपयोग करने की जगह बाकी सब कुछ करेगा। जैसे कि स्वयं को काटकर नुकसान पहुँचाएगा, दूसरे व्यक्तियों को भी और वस्तुओं को भी।

उपदेशक : आपने सही कहा। बच्चा उद्देश्य न जानने के कारण अपने आपको भी दुःख देता है और दूसरों को भी। यहाँ बच्चे से हमारा तात्पर्य ऐसे व्यक्ति से है, जो उस वस्तु के उद्देश्य को नहीं जानता। समझ में आ रहा है आपको?

जिज्ञासु : जी हाँ।

उपदेशक : बहुत अच्छा। अब आप अपने बारे में ध्यान से विचार करके देखिए। कहीं आप तो ऐसा नहीं कर रहे हैं। जिस उद्देश्य के लिए आपको बनाया गया है, क्या आप उस उद्देश्य को पूरा कर रहे हैं या कहीं उस बालक के समान ही उद्देश्य को पूरा करने के अलावा और सब कुछ कर रहे हैं?

जिज्ञासु : मैंने कभी इस तरह से विचार ही नहीं किया।

उपदेशक : वास्तव में अधिकतर लोगों की स्थिति भी उस बालक के समान ही है, क्योंकि वह बालक भी ब्लेड को बनाने का उद्देश्य नहीं जानता था और आज अधिकतर व्यक्ति भी इस मनुष्य जीवन तथा सृष्टि की रचना का उद्देश्य नहीं जानते, क्या आपने कभी इस मनुष्य जीवन तथा सृष्टि की रचना के उद्देश्य को जानने के लिए प्रयास किया है?

जिज्ञासु : नहीं, कभी नहीं किया।

उपदेशक : वह बच्चा ब्लेड बनाने का उद्देश्य नहीं जानता है अर्थात् वह बच्चा अज्ञानी है। इसी प्रकार आज अधिकतर व्यक्ति भी इस मनुष्य जीवन तथा सृष्टि की रचना का उद्देश्य नहीं जानते, इसीलिए वे भी अज्ञानी ही हुए। क्या आप भी जीवन भर बच्चा ही रहना चाहते हैं? क्या आप भी जीवन भर अज्ञानी ही रहना चाहते हैं?

जिज्ञासु : नहीं, क्योंकि अज्ञानता तो दुःख देती है, और हम तो सुख, सफलता प्राप्त करना चाहते हैं।

उपदेशक : बहुत अच्छा। आप हर बात को गहराई से समझ रहे हैं। भारतवर्ष में यह एक और गलत धारणा है कि सफ़ेद बालों वाला व्यक्ति अर्थात् बुजुर्ग व्यक्ति बड़ा ज्ञानी होता है। वास्तव में ज्ञान तभी होता है, जब आप उद्देश्य को जान जाते हैं और उसे पूरा करते हैं। यदि आप उद्देश्य को ही नहीं जानते तो आप बच्चे थे, बच्चे हो और जीवन भर बच्चे ही रह जाओगे और बच्चे ही मर जाओगे अर्थात् अज्ञानी ही मर जाओगे। इसे एक उदाहरण से समझिए। एक 30 साल का व्यक्ति है, जिसने मेडिकल की पढ़ाई कर रखी है और वह मरीज़ों का इलाज कर रहा है। उसके दादा जी की उम्र 85 साल है और उन्होंने 12वीं कक्षा तक पढ़ाई की है। अब आपसे एक प्रश्न करता हूँ कि उम्र में कौन बड़ा है?

जिज्ञासु : दादा जी।

उपदेशक : तो क्या दादा जी को मरीज़ों का इलाज करना चाहिए?

जिज्ञासु : बिल्कुल नहीं।

उपदेशक : परंतु अधिकतर बुजुर्ग कहते हैं कि उनके बाल धूप में सफेद थोड़ी हुए हैं अर्थात् वे ज्ञानी हैं।

जिज्ञासु : केवल उम्र होने से थोड़ी कोई ज्ञानी हो जाता है।

उपदेशक : आपने ठीक कहा। परंतु हम यह नहीं कह रहे कि बुजुर्ग बिल्कुल ज्ञानी नहीं होते। हमारा कहना यह है कि वे हर ज्ञान को नहीं जानते। उन्हें वही ज्ञान होगा, जिसे उन्होंने अर्जित किया है। क्या आपको यह तथ्य समझ में आया?

जिज्ञासु : जी हाँ। बुजुर्ग ज्ञानी होते हैं, परंतु अपने क्षेत्र में।

उपदेशक : बिल्कुल सही कहा आपने। इस प्रकार ज्ञानी होने का उम्र से कोई संबंध नहीं है। यदि आप इस मनुष्य जीवन तथा सृष्टि की रचना के उद्देश्य को नहीं जानते, तो आप अभी भी उस अज्ञानी बच्चे के समान ही हैं। जीवन भर बच्चा रहना कोई अच्छी बात नहीं है, यह तो एक प्रकार की बीमारी है। यदि बच्चा उम्र में बड़ा हो जाए, परंतु उसकी बुद्धि विकसित ही न हो अर्थात् उसे वस्तुओं के उद्देश्य का कोई ज्ञान न हो, तो उसे मंदबुद्धि कहा जाता है। क्या आप भी जीवन भर मंदबुद्धि ही रहना चाहते हैं?

जिज्ञासु : नहीं, नहीं, मैं तो क्या कोई भी व्यक्ति जीवन भर मंदबुद्धि नहीं

रहना चाहेगा। सब ज्ञानी बनकर सफल होना चाहते हैं।

उपदेशक : ठीक समझा आपने। अगर आप जीवन भर मंदबुद्धि नहीं रहना चाहते हैं, तो आपको इस मनुष्य जीवन तथा सृष्टि की रचना के उद्देश्य को जानने और उस उद्देश्य को पूरा करने के लिए पूरा प्रयास करना होगा।

ज़रा, आप भी सोचिए, मनन कीजिए। कहीं आपके जीवन में भी दुःख और टेंशन इसलिए तो नहीं है, क्योंकि आप भी उस बालक के समान ही उद्देश्य से अनभिज्ञ है। क्योंकि आप इस मनुष्य जीवन तथा सृष्टि की रचना का उद्देश्य नहीं जानते हैं। आपको पता ही नहीं है कि इस मनुष्य जीवन तथा सृष्टि की रचना के साथ क्या करना चाहिए।

जिज्ञासु : आपकी बातों से तो ऐसा ही प्रतीत हो रहा है कि जीवन में भी दुःख, टेंशन, असफलताए इत्यादि इसलिए हैं, क्योंकि हम मनुष्य जीवन तथा सृष्टि की रचना के उद्देश्य से अनभिज्ञ हैं।

इसे एक और उदाहरण से समझते हैं कि उद्देश्य को जानना क्यों अनिवार्य है। एक 30 फुट की दीवार है, एक व्यक्ति सोचता है कि इस पर कैसे चढ़ा जाए। उसके दिमाग में यह विचार आता है कि इस दीवार पर सीढ़ी से चढ़ा जा सकता है। वह लकड़ी लेकर आता है, उसे काटता है, कीलों से लकड़ी को जोड़कर सीढ़ी बना लेता है। उस सीढ़ी को वह उस दीवार पर लगाता है, जिस पर वह चढ़ना चाहता है। अंततः वह उस सीढ़ी की सहायता से उस दीवार के ऊपर चढ़ जाता है। चढ़ने के बाद सोचता है कि मैं यहाँ क्यों चढ़ा? इससे क्या पता लगता है?

जिज्ञासु : उसे उद्देश्य का ज्ञान नहीं था।

उपदेशक : बिल्कुल सही कहा आपने। उद्देश्य का ज्ञान न होने के कारण उसका सारा परिश्रम व्यर्थ हो गया। इस उदाहरण में उस व्यक्ति ने दीवार पर चढ़ने तक अपने प्रत्येक कदम पर परिश्रम किया और उसे मज़ा भी आया। अंत में ऊपर पहुँचने के बाद वह सोचने लगा कि मैं इस दीवार पर क्यों चढ़ा! इसी तरह हम भी अपने जीवन में अनेक सीढ़ियाँ बनाते रहते हैं, परंतु हमें यह नहीं पता कि उस सीढ़ी पर क्यों चढ़ना है? यही सब व्यक्तियों के साथ होता है। पूरा जीवन तो पार कर लेते हैं, परंतु अंत में सोचते हैं कि मैंने जीवन भर जो कुछ भी किया, इन सबको मैं कर किसलिए रहा था। इस उदाहरण से हमें यह शिक्षा मिलती है कि सर्वप्रथम

मनुष्य को जीवन का उद्देश्य जानना चाहिए और इसके उपरांत उद्देश्य की पूर्ति के लिए जीवन जीना चाहिए, न कि जीवन जीने के पश्चात् यह सोचना चाहिए कि मैं जीवन जी ही क्यों रहा था? क्या अब आपको समझ आया कि उद्देश्य को जानना कितना आवश्यक है?

जिज्ञासु : जी हाँ, उद्देश्य को जाने बिना, कोई भी कार्य करना बेकार है।

उपदेशक : बिल्कुल सत्य कहा। अब हम एक और उदाहरण से समझते है कि उद्देश्य को न जानना कितना खतरनाक हो सकता है। कुछ वर्ष पहले यह सूचना समाचार–पत्र में आई थी कि जापान में उच्च बौद्धिक स्तर (High IQ) के छात्र आत्महत्या कर रहे थे। जब आत्महत्या करने वाले एक छात्र के मित्र से पूछा गया कि उसके मित्र ने आत्महत्या क्यों की? तब उसने अपने मित्र के विचार बताए। उसका मित्र सोचता था, "अभी मैं पढ़ाई करने के लिए और परीक्षा में अच्छे अंक (Marks) लाने के लिए परिश्रम कर रहा हूँ। फिर कहीं जॉब करूँगा या व्यवसाय करूँगा। कभी सफल होऊँगा, कभी असफल होऊँगा। कभी मज़ा करूँगा, तो कभी दुखी होऊँगा। शादी करूँगा, बच्चे पैदा करूँगा, बूढ़ा हो जाऊँगा, परेशान होऊँगा, फिर अंत में मर जाऊँगा। इसका अर्थ यह हुआ कि अंत में सब कुछ खत्म हो जाएगा।

जब मैंने जन्म लिया था अर्थात् शुरुआत की थी, तब भी कुछ नहीं था और जब मरूँगा अर्थात् अंत में, तब भी मेरे पास कुछ नहीं रहेगा। अतः मैं आज ही सब कुछ खत्म कर लेता हूँ, क्योंकि यही तो अंतिम परिणाम है।" यह सोचकर उसने आत्महत्या कर ली। इससे यह पता चलता है कि उस छात्र को यह नहीं पता था कि जीवन का उद्देश्य क्या है? क्या आपको पता चला कि उद्देश्य को न जानना कितना खरतनाक है?

जिज्ञासु : जी हाँ, जीवन का उद्देश्य न ज्ञात होने के कारण उन्होंने आत्महत्या जैसा कदम उठा लिया। अतः जीवन के उद्देश्य को जानना अति आवश्यक है।

उपदेशक : इसे और स्पष्ट करने के लिए एक और उदाहरण से समझते हैं। एक विद्यार्थी की परीक्षा का दिन था और वह विद्यार्थी परीक्षा देने जाने को तैयार हो रहा था, तभी उसके पिता जी ने उससे पूछा– "क्या तुमने अपने बैग में पेंसिल बॉक्स, आई कार्ड रख लिए?"

विद्यार्थी : जी पिता जी।

पिता जी : क्या तुमने अपने जूते साफ कर लिए?

विद्यार्थी : जी पिता जी।

पिता जी : क्या तुमने धुले हुए व प्रेस किए हुए कपड़े पहने हैं?

विद्यार्थी : जी पिता जी।

पिता जी : क्या तुमने खाना खा लिया?

विद्यार्थी : जी पिता जी। यह तो मैं रोज़ ही करता हूँ।

पिता जी : क्या तुमने परीक्षा की तैयारी कर ली?

विद्यार्थी : नहीं पिता जी।

अब आप ही बताइए, विद्यार्थी ने परीक्षा की तैयारी के अलावा जो भी तैयारी की थी, उसका कुछ लाभ हुआ?

जिज्ञासु : जी नहीं, सब व्यर्थ था।

उपदेशक : विद्यार्थी ने परीक्षा को छोड़कर बाकी जो सारी तैयारी की थी, वो सब व्यर्थ हो गई। किंतु अगर वह परीक्षा की भी तैयारी कर लेता तो ये सारे कार्य भी सार्थक हो जाते। क्योंकि विद्यार्थी का मुख्य कार्य है, परीक्षा की तैयारी करना। बाकी सब कार्य गौण व सहायक (Secondary, Supportive) हैं। क्या ये आपको समझ में आया?

जिज्ञासु : जी हाँ।

उपदेशक : कहीं ऐसा तो नहीं कि आज अधिकतर व्यक्ति इस विद्यार्थी की तरह ही मुख्य उद्देश्य को छोड़कर गौण व सहायक कार्य को पूर्ण करने में लगे हैं। मृत्यु के समय हमारी भी परीक्षा होती है। उस समय हमसे पूछा जाता है कि आपने जीवन भर क्या–क्या किया? अगर यही प्रश्न आपसे पूछा जाए, तो आप क्या उत्तर देंगे?

जिज्ञासु : मैंने अपने जीवन में एक अच्छी कंपनी में कार्य किया, बहुत पैसे कमाए, बहुत अच्छी कार खरीदी, बच्चों को अच्छी शिक्षा दिलवाई, बच्चों की शादी करवाई, आलीशान घर बनाया, समाज में नाम कमाया इत्यादि।

उपदेशक : और क्या किया?

जिज्ञासु : और क्या किया? मतलब ! इतना सब कुछ तो किया है मैंने। और क्या करता?

उपदेशक : आप भी उस विद्यार्थी की तरह ही मुख्य उद्देश्य को छोड़कर गौण व सहायक कार्य को पूर्ण करने में लगे रहे, इसलिए ये सब व्यर्थ हो गए। किंतु अगर आप मुख्य उद्देश्य की भी तैयारी कर लेते तो ये सारे कार्य भी सार्थक हो जाते। क्या यह सही नहीं है?

जिज्ञासु : पता नहीं, क्योंकि आप समाज के जिन कार्यों को गौण कह रहे हैं उन कार्यों को तो आम लोग मुख्य कार्य कहते हैं।

उपदेशक : लोगों की यह समझ इसलिए है, क्योंकि उन्हें जीवन के उद्देश्य के बारे में नहीं पता है। इसलिए वे गौण कार्यों को ही मुख्य मानकर अपना पूरा जीवन उसी में लगा देते हैं। ये उसी विद्यार्थी की तरह है, जो अपनी परीक्षा की तैयारी के अलावा सब कुछ कुशलतापूर्वक पूर्ण करता रहा। अब आप बताइए कि आप इस दूसरी जिज्ञासा के उत्तर से क्या समझे?

जिज्ञासु : मैं यह समझा कि उद्देश्य को जानना आवश्यक ही नहीं, अति आवश्यक है और आज हालत यह है कि 99% व्यक्ति उद्देश्यहीन जीवन जी रहे हैं, उनमें से एक मैं भी हूँ।

उपदेशक : आपने सही कहा। परंतु आप अधिक समय तक उन 99% में नहीं रहेंगे। आपको जीवन और सृष्टि का उद्देश्य जानकर सफलता और आनंद की प्राप्ति होगी।

अब अगली जिज्ञासा पर आते हैं। ध्यानपूर्वक सुनिए।

2.4.3 अन्य जिज्ञासाएँ

जिज्ञासा 3: जीवित शरीर और मृत शरीर में क्या अंतर है? सरल भाषा में बताइए।

जिज्ञासु : एक में जीवन है, एक में नहीं। इसका उत्तर तो आप पहले ही बता चुके हैं।

उपदेशक : आपकी स्मरण शक्ति बहुत अच्छी है। अगली जिज्ञासा।

जिज्ञासा 4: शरीर में चेतना या जीवन का कारण क्या है?

जिज्ञासु : जीवन का कारण ! मैं आपकी बात समझ नहीं पाया।

उपदेशक : चलिए, मैं आपको समझाता हूँ। आध्यात्मिक विज्ञान के अनुसार आत्मा जीवन का कारण है। अभी आप इस बात को आध्यात्मिक विज्ञान का मूल सिद्धांत मानकर स्वीकार कर लीजिए।

"जिस प्रकार सूर्य एक जगह स्थित होकर अपनी किरण रूपी शक्ति से सारे ब्रह्माण्ड को प्रकाशित करता है, उसी प्रकार शरीर में एक जगह स्थित आत्मा पूरे शरीर को अपनी चेतना (जीवन) रूपी शक्ति से प्रकाशित करती है। इसका अर्थ यह हुआ कि आत्मा ही जीवन या चेतना का कारण है। क्या आपको यह सिद्धांत समझ में आया?

जिज्ञासु : आज पहली बार सुना कि जीवन का स्रोत क्या है। क्या आप इस शब्द आत्मा पर विवेचना करेंगे?

उपदेशक : हाँ, अवश्य करेंगे परंतु अभी नहीं। थोड़ा धैर्य रखिए। आपको सब समझाएंगे। अब पाँचवीं जिज्ञासा लेते हैं।

जिज्ञासा 5 – क्या यह चेतना किसी बैटरी के करंट के समान है। जिस प्रकार जब बैटरी समाप्त हो जाती है, तो करंट भी समाप्त हो जाता है। क्या उसी प्रकार शरीर के समाप्त होने पर चेतना भी समाप्त हो जाती है अर्थात् मृत्यु होने पर इस जीवन (चेतना) का भी अंत हो जाता है या शरीर में कोई ऐसी वस्तु है, जिसके निकलने पर चेतना भी साथ चली जाती है? आप क्या सोचते हैं?

जिज्ञासु : चेतना का अंत हो जाता है और उसी को तो मृत्यु कहते हैं।

उपदेशक : नहीं, आध्यात्मिक विज्ञान के अनुसार चेतना (जीवन) आत्मा का लक्षण है और मृत्यु के बाद आत्मा इस शरीर को छोड़कर दूसरा नया शरीर धारण कर लेती है। इसका अर्थ यह हुआ कि आत्मा कभी नहीं मरती और चेतना या जीवन जो आत्मा की शक्ति है, उसका भी कभी अंत नहीं होता। अगर किसी वस्तु की कोई शक्ति है और वह वस्तु कभी नष्ट नहीं होती हो तो यह स्वाभाविक है कि उसकी शक्ति भी नष्ट नहीं होगी। इसी जीवन के सिद्धांत पर पुनर्जन्म का सिद्धांत आधारित है और चूँकि आप भारतवर्ष में रहते हैं, इसलिए पुनर्जन्म के बारे में आपने कभी न कभी तो सुना ही होगा?

जिज्ञासु : जी हाँ, सुना है, परंतु मैंने इस पर कभी गहराई से विचार नहीं किया।

उपदेशक : कोई बात नहीं, अभी आप सैद्धांतिक रूप से इस बात को मान लें कि पुनर्जन्म होता है। इस पर हम आगे विस्तार से चर्चा करेंगे।

जिज्ञासु : ठीक है। अगली जिज्ञासा क्या है?

उपदेशक : बताता हूँ?

जिज्ञासा 6: क्या आपका अर्थात् आत्मा का सृष्टि और शरीर के रचयिता के साथ कोई संबंध है?

जिज्ञासु : इसका उत्तर तो मुझे नहीं पता, कृपया आप ही बताइए।

उपदेशक : यह तो स्वाभाविक है कि रचना का रचयिता के साथ संबंध होता ही है।

जिज्ञासु : कृपया और प्रकाश डालिए।

उपदेशक : ठीक है। इसे एक और दृष्टिकोण से समझते हैं। रचयिता का अपनी रचना से कोई न कोई संबंध अवश्य होता है। जैसे– आपके माता–पिता ने आपको जन्म दिया, इसलिए उनके साथ आपका संबंध होना स्वाभाविक है, परंतु वे गौण रचयिता हैं।

एक और उदाहरण से समझिए– आप एक घर बनवाते हैं, तो आपका उस घर के साथ संबंध होता ही है। इसी प्रकार से सृष्टि और आत्मा का भी रचयिता के साथ संबंध होना अनिवार्य है।

जिज्ञासु : किंतु शरीर तो हमारे माता–पिता ने दिया है, तो वे गौण रचयिता कैसे हैं?

उपदेशक : शरीर जिन तत्वों से बना है, उनकी रचना माता–पिता ने नहीं की। आपकी समझ के लिए मैं कुछ तत्वों का नाम बताता हूँ; जैसे– कार्बन, कैल्शियम, पानी, पोटैशियम, फास्फोरस, आयोडीन इत्यादि। ऐसे अनेक तत्वों के मिश्रण से माँ के गर्भ में बच्चे के शरीर का निर्माण होता है। लेकिन इन तत्वों का निर्माण माता–पिता ने नहीं किया है। जैसे कि आपने टेलर को कपड़ा दिया और टेलर ने कपड़ा सिल दिया। आप यह बताइए यहाँ मुख्य कौन हुआ और गौण कौन हुआ?

जिज्ञासु : यहाँ मैं मुख्य हुआ और टेलर गौण हुआ।

उपदेशक : बिल्कुल सही कहा आपने। इसी प्रकार माता–पिता गौण रचयिता कहलाते हैं। इन तत्वों का उत्पत्तिकर्ता मुख्य रचयिता कहलाता है, माता–पिता नहीं।

क्या अब आपको यह समझ में आया कि आपका प्रमुख एवं प्रथम संबंध मुख्य रचयिता से है।

जिज्ञासु : जी हाँ, पूरी तरह से समझ में आया। यह तो अद्‌भुत ज्ञान है। मैंने कभी भी रचयिता के विषय में इस प्रकार से नहीं सोचा। कृपया आगे बताइए।

उपदेशक : अवश्य।

जिज्ञासा 7 – यदि संबंध है तो उसे कैसे निभाया जाए?

जिज्ञासु : कृपया आप ही बताइए।

उपदेशक : जी हाँ, इस प्रश्न का उत्तर आगे की चर्चा में देंगे। यह आध्यात्मिक विज्ञान का गूढ़ ज्ञान है। इसलिए हम इसका उत्तर तब देंगे, जब आपको आध्यात्मिक विज्ञान के सिद्धांत थोड़े और स्पष्ट हो जाएँगे।

जिज्ञासु : आप मुझसे बेहतर जानते हैं। आपको जब उचित लगे तब आप समझा दीजिएगा।

उपदेशक : बहुत अच्छा, आपमें एक अच्छे शिष्य बनने के गुण हैं।

जिज्ञासु : धन्यवाद, आप अच्छी तरह से समझा रहे हैं।

उपदेशक : आगे सुनिए। इन सभी जिज्ञासाओं के महत्त्व को समझाने के लिए फिर एक बार दुहराते हैं। मनुष्य; मनुष्य कहने योग्य तभी बनता है, जब वह ऊपर दी गई जिज्ञासाएँ करता है और उनका उत्तर प्राप्त कर उनको जीवन में लगाता है। अन्यथा उसकी और पशु की मनोवृत्ति में कोई भेद नहीं होता अर्थात् वह "द्विपद पशु"- दो पैरों वाला पशु कहलाता है। हम जीवन भर इन प्रश्नों अर्थात् जिज्ञासाओं के उत्तर प्राप्त करने के अलावा अन्य सारे प्रश्नों के उत्तर प्राप्त करने में लगे रहते हैं। आध्यात्मिक विज्ञान बताता है कि मृत्यु के समय हमारी परीक्षा होती है। बड़ा अजीब है कि भौतिक विज्ञान की परीक्षाओं में हमें परीक्षा की दिनांक पहले से पता होती है और पाठ्यक्रम भी पूरा पता होता है, परंतु प्रश्नों के बारे में कुछ पता नहीं होता। लेकिन अध्यात्म में इसका उल्टा होता है। आध्यात्मिक परीक्षा में हमें प्रश्न एवं उत्तर दोनों ही पता होते हैं, परंतु परीक्षा अर्थात् मृत्यु की दिनांक के बारे में कुछ भी पता नहीं होता। परीक्षा या मृत्यु किसी भी समय हो सकती है। इससे आप क्या समझे?

जिज्ञासु : इसका अर्थ यह हुआ कि हर क्षण आपको मृत्यु रूपी परीक्षा के लिए तैयार रहना होगा।

उपदेशक : बिल्कुल ठीक कहा आपने। आप यह बहाना नहीं बना सकते कि बुढ़ापे में परीक्षा अर्थात् मृत्यु की तैयारी करेंगे। आप क्या सोचते है, क्या मृत्यु बुढ़ापे में ही आती है?

जिज्ञासु : मृत्यु तो किसी भी उम्र में आ सकती है, जवानी में भी आ जाती है, समाज में बहुत को आई भी है।

उपदेशक : बिल्कुल सही। इसीलिए हर समय तैयार रहना होगा। अभी तक आपको मैंने संक्षिप्त रूप में आध्यात्मिक विज्ञान को समझाया है। अब मैं आपको बताऊंगा कि आध्यात्मिक विज्ञान को कहाँ से लिया जाए।

जिज्ञासु : हाँ जी, मैं यह जानने के लिए बहुत उत्सुक हूँ कि आध्यात्मिक विज्ञान को कहाँ से लिया जाना चाहिए?

उपदेशक : बहुत अच्छा। आगे चलने से पहले मैं आपको बताना चाहूँगा कि किसी भी ज्ञान को सफलतापूर्वक ग्रहण करने के लिए तीन तत्वों का होना अनिवार्य है–

1. प्रामाणिक शिष्य (Student) : जो कि गंभीरतापूर्वक ज्ञान लेने एवं स्वयं के जीवन में उस ज्ञान को लगाने के लिए इच्छुक हो।

2. प्रामाणिक ज्ञान की पुस्तकें।

3. प्रामाणिक शिक्षक : जो प्रामाणिक ज्ञान को समझाएँ।

आपको समझ में तो आ रहा है?

जिज्ञासु : अभी तक तो सब समझ में आ रहा है।

✧✧✧3✧✧✧

जीवन के विज्ञान की पुस्तकें— शास्त्र

3.1 शास्त्रों का संक्षिप्त परिचय

उपदेशक : किसी भी ज्ञान को लेने के दो स्रोत होते हैं।

1. उस ज्ञान की प्रामाणिक पुस्तकें।
2. उस ज्ञान के प्रामाणिक शिक्षकों के द्वारा।

इसी प्रकार आध्यात्मिक विज्ञान को प्राप्त करने के भी दो स्रोत हैं–

1. आध्यात्मिक विज्ञान की प्रामाणिक पुस्तकें जिन्हें "शास्त्र" कहते हैं।
2. इन शास्त्रों को समझने के लिए प्रामाणिक शिक्षक, जिन्हें प्रामाणिक गुरु कहा जाता है।

'शास्त्र' आध्यात्मिक विज्ञान के आधार हैं। सर्वप्रथम मैं आपको शास्त्र शब्द का अर्थ समझाता हूँ। प्रत्येक संस्कृत शब्द का एक बीज शब्द होता है, जिससे कई समरूप (Similar) शब्द निकलते हैं। शास्त्र शब्द का बीज शब्द "शस्" है। "शस्" शब्द, "शासन करने" को इंगित करता है। "शस्" बीज शब्द से कई शब्द निकले हैं; जैसे– क्षत्रिय, शस्त्र, शास्त्र इत्यादि। उदाहरण के लिए– क्षत्रिय शब्द का अर्थ है– जो शासन करता है अर्थात् वे व्यक्ति जो देश की सुरक्षा करते हैं, अपराध रोकते हैं, देश में लोगों को सुरक्षा प्रदान करते हैं इत्यादि प्रकार की शासन व्यवस्था को देखते हैं।

शस्त्र शब्द का अर्थ है– शासन में सहायता करने वाला हथियार।

इसी प्रकार शास्त्र शब्द का अर्थ होता है– प्रामाणिक ज्ञान की वे पुस्तकें, जो हमें हमारे जीवन को शासित करने में सहायक हों, ताकि हम जीवन के लक्ष्य को सरलता से प्राप्त कर सकें। क्या आपको यह समझ में आया?

जिज्ञासु : जी हाँ।

उपदेशक : मैं आपको एक और तथ्य से अवगत कराना चाहता हूँ। हमारे अधिकतर शास्त्र प्रवचन नहीं हैं, बल्कि प्रश्न और उत्तर हैं। हमारे शास्त्रों में संवाद हैं। जैसे अर्जुन ने प्रश्न किए और भगवान् श्री कृष्ण ने उत्तर दिए, जिससे श्रीमद्भगवद्गीता का संकलन हुआ। परीक्षित महाराज ने प्रश्न किए और शुकदेव गोस्वामी जी ने उत्तर दिए, जिससे श्रीमद्भागवतम् का संकलन हुआ। अतः हमें भी शिष्य बनकर गुरु से प्रश्न करने चाहिए, जिससे हमारे प्रश्नों के उत्तर प्राप्त हों और हमारी श्रद्धा का विकास हो।

3.2 नियम स्वतंत्र करते हैं

उपदेशक : शास्त्र हमें सृष्टि व जीवन के उद्देश्य के बारे में बताते हैं और यह भी बताते हैं कि नियमों का पालन करके कैसे जीवन के लक्ष्य को प्राप्त किया जाए।

जिज्ञासु : नियम ! परंतु क्यों?

उपदेशक : कोई भी लक्ष्य प्राप्त करने के लिए यम–नियम (DO`S & DONT`S) होते हैं। शास्त्रों में इन नियमों (करणीय और अकरणीय) का भी वर्णन किया गया है। इन नियमों का पालन करके आप पूर्ण स्वतंत्रता से अपने लक्ष्य (आनंद) की प्राप्ति कर जीवन को सफल बना सकते हैं।

जिज्ञासु : नियम ! नियम तो हमें बाँधते हैं और यदि हम स्वतंत्र नहीं होंगे तो लक्ष्य तक कैसे पहुँचेंगे? हम सब स्वतंत्रता चाहते हैं।

उपदेशक : आपने बिल्कुल ठीक कहा। स्वतंत्र होने पर ही लक्ष्य को प्राप्त कर पाएँगे। परंतु नियम ही तो हैं, जो हमें स्वतंत्र करेंगे।

जिज्ञासु : नियम कैसे स्वतंत्र करेंगे?

उपदेशक : धैर्य रखिए, मैं जानता हूँ कि वर्तमान युवा पीढ़ी को तो नियम का नाम सुनने मात्र से ही घबराहट होने लगती है और कहती है, "क्या नियम–वियम की फालतू बातें करते हो।" व्यक्ति भौतिक जगत में गाड़ी चलाने के लिए बहुत सारे नियमों का पालन करता है, किंतु अध्यात्म में एक भी नियम पालन नहीं करना चाहता। इन नियमों को जानने के लिए आध्यात्मिक विज्ञान लेना अत्यंत आवश्यक है। इनका पालन करने पर ही आप स्वतंत्र हो सकते हो, अन्यथा नहीं। ये स्वतंत्रता के नियम हैं। नियम पालन करने से आप अपने लक्ष्य को सरलता से प्राप्त कर सकते हैं, जबकि नियमों को तोड़ने से आप लक्ष्य को प्राप्त नहीं कर सकते। उदाहरण के लिए किसी को एक स्थान से दूसरे स्थान तक गाड़ी चला कर जाना है लेकिन यातायात के नियम नहीं हों, तो क्या वह अपने लक्ष्य तक आसानी से पहुँच सकता है?

जिज्ञासु : जी नहीं, वह आसानी से नहीं पहुँच सकेगा।

उपदेशक : बिल्कुल सही। क्योंकि प्रत्येक व्यक्ति अपने अनुसार गाड़ी

चलाएगा। जैसे– कोई बहुत तेज़ गाड़ी चलाएगा, कोई टेढ़ी–मेढ़ी गाड़ी चलाएगा, कोई बाईं ओर के स्थान पर दाईं ओर गाड़ी चलाएगा। कोई भी यातायात के नियमों का पालन नहीं करेगा। लाल बत्ती होने पर कोई भी अपनी गाड़ी को नहीं रोकेगा। फलस्वरूप दुर्घटनाएँ होंगी, जिससे रास्ता जाम हो जाएगा और कोई भी अपने लक्ष्य तक आसानी से नहीं पहुँच पाएगा। परंतु यदि सारे ड्राइवर सही तरीके से यातायात के नियमों का पालन करते हैं, तो सभी अपने लक्ष्य तक बड़ी सरलता से पहुँच सकेंगे। इससे यह सिद्ध होता है कि नियम हमें बाँधते नहीं, अपितु लक्ष्य को प्राप्त करने के लिए स्वतंत्र करते हैं। अब बताइए, नियम बाँधते हैं या स्वतंत्र करते हैं?

जिज्ञासु : हम तो क्या सभी यही समझते हैं कि नियम बाँधते हैं, परंतु आज आपने जिस तरह से इसको समझाया है, इससे तो यह स्पष्ट हो गया कि नियम स्वतंत्र करते हैं।

उपदेशक : आपने सही समझा। आज लोग अपने ही दुखों, टेंशन, अपनी ही व्याकुलता की बेड़ियों में बुरी तरीके से जकड़े हुए हैं। यदि लोग इन सभी बेड़ियों से मुक्ति पाना चाहते हैं, तो उनको स्वतंत्रता के इन नियमों का पालन करना पड़ेगा। किंतु पालन करने से पूर्व आपको इन नियमों का पता होना आवश्यक है। ध्यान रहे कि आधे–अधूरे नियमों का पालन करना भी खतरनाक होता है। क्या आपको यह पता है कि स्वतंत्रता के इन नियमों की जानकारी कहाँ से होगी?

जिज्ञासु : जैसे अभी कुछ समय पूर्व आपने ही बताया था कि इन नियमों का वर्णन शास्त्रों में है, तो निस्संदेह यह जानकारी हमें वहीं से मिलेगी।

उपदेशक : बहुत अच्छा। आप हर बात को बहुत ही ध्यानपूर्वक सुन रहे हैं। यह आपमें एक बहुत अच्छा गुण है।

जिज्ञासु : धन्यवाद। आप समझा ही बड़े रोचक तरीके से रहे हैं।

3.3 वेदों का महत्त्व

उपदेशक : अब फिर शास्त्र पर आते हैं। शास्त्रों को और भी अनेक नामों से जाना जाता है। उनमें से मुख्य नाम यह हैं–

1. वेद
2. शब्द ब्रह्म
3. श्रुति, स्मृति एवं इतिहास

ये सभी वेद कहलाते हैं। इन नामों में सबसे अधिक प्रचलित है, "वेद"। क्या आप वेद शब्द से अवगत हैं?

जिज्ञासु : मैंने वेद शब्द सुना अवश्य है, परंतु मैं यह नहीं जानता कि यह क्या है। कृपया आप ही समझाइए।

उपदेशक : ठीक है। कृपया ध्यानपूर्वक सुनिए। वेद शब्द संस्कृत की "विद्" धातु से आया है। "विद्" शब्द का अर्थ है "जानना"। जानने योग्य क्या है– ज्ञान। इस प्रकार वेद का अर्थ है– ज्ञान। वेदों को "शब्द ब्रह्म" भी कहा जाता है।

शब्द प्रमाण शास्त्र ही हैं। शास्त्रों को जानने से पहले हमें चार सिद्धांतों को आधार मान कर चलना होगा। ये चार सिद्धांत हैं–

1. यह सृष्टि (रचना) किसी रचयिता की रचना है।
2. यह रचयिता समस्त दोषों से रहित हैं। रचयिता मनुष्य के चार दोषों से भी रहित हैं।
3. रचयिता अपनी रचना के प्रति अत्यंत कृपालु हैं और इस रचना में मनुष्य भी सम्मिलित है।
4. रचयिता पूर्ण ज्ञानी हैं और उनमें लेशमात्र भी अज्ञानता नहीं है।

दोषरहित इस रचयिता ने ही मानव कल्याण के लिए यह समस्त वेद, शास्त्र दिए हैं। क्या यह आपको समझ में आया?

जिज्ञासु : जी हाँ।

उपदेशक : अब हम वेदों की विशेषताओं पर चर्चा करते हैं–

- वेद सार्वभौमिक (Universal) हैं। वेद अर्थात् ज्ञान निष्पक्ष होता है। वह किसी धर्म विशेष, स्थान, परिस्थिति, जाति या रंग के लिए नहीं होता है, बल्कि प्रत्येक काल में सारे जीवों के लिए है। ज्ञान की तुलना सूर्य से की गई है। सूर्य नहीं देखता कि जापान में हूँ या अमेरिका में हूँ या भारत में हूँ। भारत में चमकने वाला सूर्य भारतीय सूर्य नहीं बनता, न ही अमेरिका में चमकने वाला सूर्य अमेरिकन सूर्य होता है और न ही जापान में चमकने वाला सूर्य जापानी सूर्य कहलाता है। सूर्य तो सूर्य होता है। चिकित्सा विज्ञान के संदर्भ में भी यदि देखें, तो चिकित्सा विज्ञान को हर देश में चिकित्सा विज्ञान ही कहते हैं। यह समस्त मानव जाति के लिए है। इसी प्रकार वेदों का ज्ञान भी निष्पक्ष है, क्योंकि सत्य तो हर जगह, हर काल में और हर व्यक्ति के लिए सत्य ही होता है। जैसे कि दो का दो से जोड़, प्रत्येक के लिए चार ही होता है। इसी प्रकार ज्ञान (वेद) भी संपूर्ण मानव जाति के लिए हैं।

- वेद सर्वज्ञानमय हैं- चूँकि वेद का अर्थ ही ज्ञान है, अतः वेदों में संपूर्ण ज्ञान है। ऐसी कोई जिज्ञासा नहीं है, जिसका उत्तर वेदों में न हो। ऐसा कोई ज्ञान नहीं है, जिसका वर्णन वेदों में न हो। वेद सारे ज्ञान एवं विज्ञान के भंडार हैं। जिस प्रकार भौतिक विज्ञान में ज्ञान अलग–अलग स्तरों पर होता है, जैसे कि पहली कक्षा, दूसरी कक्षा, तीसरी कक्षा... स्नातक (Graduation), स्नातकोत्तर (Post Graduation)। उसी प्रकार वेदों में भी हर स्तर का ज्ञान है।

जिज्ञासु : ज्ञान के ये कौन–कौन से स्तर हैं?

उपदेशक : धैर्य रखिए। बता रहा हूँ। मुख्यतया वेदों के तीन स्तर हैं– कर्मकाण्ड, ज्ञानकाण्ड और उपासनाकाण्ड।

1. कर्मकाण्ड– जो कार्य अपने लाभ अर्थात् अपनी इंद्रियतृप्ति व मज़े के लिए किए जाते हैं, ऐसे क्रियाकलाप कर्मकाण्ड में आते हैं। इसमें भी स्तर हैं। यह वेदों का सबसे निम्न स्तर का ज्ञान बताया गया है और यह भौतिक या शारीरिक स्तर पर आता है।

2. ज्ञानकाण्ड– मैं कौन हूँ, यह प्रकृति क्या है, रचयिता कौन है, काल

क्या है, कर्म क्या है, क्या अधिक महत्त्वपूर्ण है और क्या कम महत्त्वपूर्ण है, वस्तुओं का सही उपयोग क्या है? इत्यादि। ये सब विषय ज्ञानकाण्ड में आते हैं। यह वेदों का मध्यम स्तर है। इसमें भी विभिन्न स्तर हैं। इस स्तर में भौतिक और आध्यात्मिक स्तर दोनों मिश्रित हैं।

3. उपासनाकाण्ड– जब व्यक्ति ज्ञान में पारंगत हो जाता है तो वह वेदों के इस हिस्से में प्रवेश करता है। उपासना– "उप" का अर्थ है "पास में" और "आसन" का अर्थ है "आसन लगाना" अर्थात् बैठना। "उपासना" अर्थात् "भगवान् के समीप बैठना अर्थात् भगवान् के साथ जीव का क्या संबंध है, उस संबंध को कैसे जाना जाए और उस संबंध में कैसे कार्य किया जाए?" यह वेदों का सबसे उच्चतम स्तर है और यह आध्यात्मिक है। इसमें भी विभिन्न स्तर हैं।

जैसे–जैसे आप अध्यात्म को और समझेंगे वैसे–वैसे आपको यह और अच्छी तरह से समझ में आएगा। यहाँ इतना समझ लीजिए कि वेदों में भी ज्ञान अलग–अलग स्तर पर हैं।

जिज्ञासु : आपने ठीक किया जो यह बताया, क्योंकि यह बात मुझे पूरी तरह समझ नहीं आ रही थी।

उपदेशक : चिंता मत कीजिए, आपको सब समझ में आ जाएगा। हमने भी जब आध्यात्मिक विज्ञान लेना प्रारंभ किया था, तो हमारी भी यही स्थिति थी।

- ऊपर हमने जिन सात जिज्ञासाओं की चर्चा की थी, उनके उत्तर भी वेदों के आध्यात्मिक विज्ञान के भाग में पाए जाते हैं।

- वेदों में आध्यात्मिक और भौतिक दोनों प्रकार के ज्ञान हैं। जैसेः भौतिक शास्त्र (Physics), भूगोल शास्त्र (Geography), रसायन शास्त्र (Chemistry), वैदिक गणित (Vedic Maths), खगोलशास्त्र (Astronomy), ज्योतिष शास्त्र (Astrology), धातु विज्ञान (Metallurgy), चिकित्सा विज्ञान (Ayurved) इत्यादि ज्ञान वेदों में पाए जाते हैं।

- वेद जीवन की निर्देशिका (Manual) हैं। किसी भी नए यंत्र को खरीदने पर उसके साथ एक निर्देशिका भी दी जाती है, जिसको समझकर हम उस यंत्र के उद्देश्य को जान सकते हैं और उसकी कार्यक्षमताओं का पूर्ण उपयोग कर सकते हैं। इसी प्रकार वेद इस

सृष्टि और जीवन की निर्देशिका हैं और यह बताते हैं कि हम किस प्रकार जीवन के उद्देश्य "आनंद" को प्राप्त कर सकते हैं।

- वेदों का प्राकट्य भौतिक सृष्टि की रचना के आरंभ से ही है।
- वेद अच्युत हैं। इसका अर्थ है कि जो वेदों में लिखा है, वह कभी गलत नहीं हो सकता।
- वेदों पर समय का कोई प्रभाव नहीं पड़ता अर्थात् वेद काल और परिस्थितियों के अनुसार बदलते नहीं हैं। जैसे दो गुणा दो हर काल, परिस्थिति और व्यक्ति के लिए चार ही रहता है।
- वेद अपौरुषेय हैं।

जिज्ञासु : अपौरुषेय का अर्थ क्या है?

उपदेशक : हमने आपको दोष रहित रचयिता के बारे में बताया था, क्या आपको याद है?

जिज्ञासु : जी हाँ।

उपदेशक : उनको अपौरुषेय भी कहा जाता है। अपौरुषेय का अर्थ है, जिसमें मनुष्य में पाए जाने वाले चार दोष न हों। अपौरुषेय में मनुष्य की चार त्रुटियाँ नहीं पाई जाती हैं। अपौरुषेय सब त्रुटियों से परे हैं। इसका अर्थ यह है कि रचयिता अपौरुषेय है। चूँकि वेद अपौरुषेय रचयिता के मुख से आए हैं, अतः वेद भी अपौरुषेय हैं। वेदों में जो लिखा है, वह परम सत्य है।

- विज्ञान आज जो खोज कर रहा है, उनका वर्णन वेदों में पहले से ही है।

जिज्ञासु : क्या आप वेदों से कोई उदाहरण दे सकते हैं, जिसकी खोज विज्ञान ने कर ली है और उनका वर्णन वेदों में पहले से ही है।

उपदेशक : जी हाँ, मैं आपको कुछ ऐसे उदाहरण बताता हूँ–

- पृथ्वी का आकार– कई शताब्दी पूर्व भौतिक विज्ञान के वैज्ञानिक पृथ्वी को चपटी मानते थे। इसलिए उस समय के व्यक्ति एक छोर से दूसरे छोर की ओर जाने से डरते थे, क्योंकि उन्हें नीचे गिरने का भय लगता था। परंतु वेद हमेशा से कहते हैं "भूगोल"।

"भू" का अर्थ होता है ''पृथ्वी'' और "गोल" का अर्थ है "गोल"। "भूगोल" अर्थात् "पृथ्वी गोल" आकार में है। आज भौतिक विज्ञान और सारा संसार भी यही मानता है कि पृथ्वी गोल है।

❖ जीवः सर्व गतः – कुछ दशक पूर्व भौतिक वैज्ञानिकों की यह धारणा थी कि अग्नि में जीवन संभव नहीं है। परंतु वेदों में कहा गया है कि ''जीवः सर्व गतः'' अर्थात् जीव हर जगह पाया जाता है। चाहे आग हो, आकाश हो, पृथ्वी हो, वायु हो या जल हो। अपने शारीरिक तत्वों के कारण जीव सभी प्रकार की जगहों पर रह सकते हैं। यदि किसी जीव के शरीर में केवल अग्नि तत्व की प्रधानता है, तो वह अग्नि में भी रह सकता है। हमारे वेदों में कहा गया है कि आग में भी जीव रहते हैं। आज भौतिक विज्ञान के वैज्ञानिकों की भी यही मान्यता है कि आग में भी जीव रहते हैं, जिन्हें फ़ायर बैक्टीरिया कहते हैं। वैज्ञानिकों की पहले यह धारणा थी कि जीव ऑक्सीजन के बिना जीवित नहीं रह सकते। किंतु आज विज्ञान मानता है कि अवायुजीवी (Anerobic) बैक्टीरिया बिना ऑक्सीजन के जीवित रहते हैं। टिटनेस की बीमारी का जीवाणु बिना ऑक्सीजन के ही जीवित रहता है। जब शरीर में गहरा घाव हो जाता है, तो टिटनेस का जीवाणु उस गहरे घाव में जाकर छिप जाता है, जहाँ उसे ऑक्सीजन नहीं मिलती है। ज्यों ही उसे ऑक्सीजन मिलती है, त्यों ही वह मर जाता है। इस प्रकार हमारे शास्त्र सदा सत्य कहते हैं, "जीवः सर्व गतः।"

❖ गुरूत्वाकर्षण (Gravitation) की चर्चा ऋग्वेद में है।

❖ वेदों में प्रकाश (Light) की गति का भी उल्लेख है, जो कि आज के वैज्ञानिकों द्वारा निकाली गई गति के बराबर है।

❖ वेदों में माँ के गर्भ में भ्रूण के विकसित होने का उल्लेख है।

❖ पृथ्वी की परिधि का माप वेदों में बताई गई है।

❖ पृथ्वी की सूर्य के चारों ओर परिक्रमा– लगभग 1800 ईस्वी पूर्व भौतिक विज्ञान के वैज्ञानिक कहते थे कि सूर्य पृथ्वी की परिक्रमा करता है। उस समय एक वैज्ञानिक हुए थे– "गैलीलियो" जो बहुत ही महान खगोलशास्त्री थे। उन्होंने यह बतलाया था कि पृथ्वी सूर्य के चारों ओर परिक्रमा करने के साथ–साथ अपने अक्ष पर भी घूमती है। परंतु उस समय के दूसरे वैज्ञानिक इस बात को नहीं मानते थे,

इसीलिए चर्च द्वारा "गैलीलियो" को आजीवन कारावास की सजा दे दी गई। आज इतनी खोजों के बाद विज्ञान को कुछ दशक पहले ही यह ज्ञात हुआ है कि पृथ्वी सूर्य के चारों ओर परिक्रमा करने के साथ–साथ अपने अक्ष पर भी घूमती है, जबकि वेदों में यह ज्ञान पहले से ही था। (ऋग्वेद 10.22.14 एवं यजुर्वेद 3.6)

- ❖ सूर्य न तो उदय होता है और न ही अस्त। (अत्रेय ब्रह्मन 3.44 और गोपाथ ब्रह्मन)
- ❖ सूर्य की किरणों में 7 रंग हैं। (अथर्ववेद 7.107.1)
- ❖ अल्बर्ट आइंस्टीन का सापेक्षता का सिद्धान्त (Theory of Relativity)– प्रसिद्ध भौतिक वैज्ञानिक एवं नोबल पुरस्कार विजेता अल्बर्ट आइंस्टीन से आज सभी भली–भाँति परिचित हैं। आइंस्टीन को अब तक का सबसे श्रेष्ठतम भौतिक वैज्ञानिक माना जाता है। आप यह सोचकर आश्चर्यचकित हो सकते हैं कि आइंस्टीन को जिस सिद्धांत ($E=mc^2$) की खोज के लिए नोबल पुरस्कार दिया गया था, उसका वेदों में पहले से ही वर्णन था। वेदों में इसे शक्ति परिणाम वाद कहा गया है। वेदों में इसका वर्णन उनके द्वारा दिए गए सिद्धांत की तुलना में कई गुना अधिक स्पष्ट है।
- ❖ विद्युत चुंबकीय क्षेत्र (Electromagnetic Field), द्रव्यमान ऊर्जा रूपांतरण। (ऋग्वेद 10.72)
- ❖ चंद्रमा को भी सूर्य से ऊर्जा मिलती है। (यजुर्वेद 18.20)
- ❖ सूर्य तथा सारा ब्रह्माण्ड गोल है। अण्डे की तरह है।
- ❖ सूर्य बहुत सारे हैं, परंतु उनमें से केपल एक सूर्य ही जीवन देता है।
- ❖ वेदों में पृथ्वी, सूर्य एवं अन्य ग्रहों की आपसी दूरी का पहले से ही वर्णन है। वेदों में आया है कि सौरमंडल में एक ग्रह से दूसरे ग्रह के मध्य की दूरी कितनी है। जब भौतिक वैज्ञानिकों द्वारा ग्रहों के मध्य की दूरी नापी गई, तो उन्होंने पाया कि उनके द्वारा नापी गई दूरी, वेदों में बताई गई दूरी के समान थी।

क्या आपको अब पता लगा कि भौतिक विज्ञान आज जिनकी खोज कर रहा है, उनका वर्णन तो वेदों में पहले से ही है?

जिज्ञासु : जी हाँ, यह तो हमें ज्ञात ही नहीं था कि वेदों में तो इतना विस्तृत ज्ञान है।

3.4 वेदों का विभाजन

जिज्ञासु : क्या वेद भी अलग–अलग प्रकार के हैं?

उपदेशक : सृष्टि के आरंभ में एक ही वेद था। बाद में श्री वेदव्यास जी ने इस वेद को चार अलग–अलग वेदों में बाँट दिया। ये हैं– अथर्ववेद, सामवेद, यजुर्वेद एवं ऋग्वेद। प्रत्येक वेद के चार भाग हैं– संहिता, ब्राह्मण, आरण्यक और उपनिषद्। वेदों को बाँटने के बाद भी श्लोक बच गए, जिनमें से चार लाख श्लोकों द्वारा श्री वेदव्यास जी ने अठारह पुराणों की एवं एक लाख श्लोकों से महाभारत की रचना की। इसलिए पुराणों को पंचम वेद भी कहते हैं।

जिज्ञासु : पुराण क्या हैं?

उपदेशक : पुराण वो हैं, जो वेदों को पूर्ण करते हैं। बिना पुराणों के आप वेदों को समझ नहीं सकते। पुराण का एक अर्थ यह भी है कि जो पुराने हैं। पुराण में इतिहास है। वेद कानून की पुस्तकें है और पुराण लॉ जर्नल है अर्थात् पुराणों में बताया गया है कि कानून का पालन और पालन न करने वालों के साथ क्या घटित हुआ। उपनिषद्, पुराण, महाभारत, रामायण आदि सभी वेदों के ही अंग हैं। कई व्यक्ति केवल चारों वेदों को ही वेद मानते हैं, जो कि गलत धारणा है। शिव पुराण में स्पष्ट बताया गया है कि रामायण और पुराण भी वेदों के ही अंग हैं। बृहदारण्यक उपनिषद् (2.4.10) में भी यह स्पष्ट आया है–

स यथाद्राएधाग्नेरभ्यहितात्पृथग्धूमा विनिश्चरन्ति, एवं वा अरेऽस्य महत भूतस्य निःस्वसीतमेतद्यद्ग्वेदो यदा सामवेदोऽथर्वाङगिरिस इतिहास पुराणम् विद्या उपनिषद्अदहः श्लोकः सूत्रान्यानुव्याख्यानानि कणानानिः, अस्यैवैतानि निःश्वसितानि ।। 10 ।।

जैसे गीले ईंधन से प्रज्वलित अग्नि से तरह–तरह के धुएँ निकलते हैं, वैसे ही, हे प्रिय, ऋग्वेद, यजुर्वेद, सामवेद, अथर्ववेद, इतिहास, पुराण, कलाएँ, उपनिषद्, छंद, सूत्र, व्याख्याएँ और स्पष्टीकरण इस अनंत वास्तविकता की साँस की तरह हैं। वे इस (परमात्मा) की साँस की तरह हैं।

चार वेद, इतिहास, पुराण, श्लोक, सूत्र, प्रामाणिक आचार्यों द्वारा अनुव्याख्याएँ ये सब वेद ही माने जाते हैं।

वेदों को एक और तरीके से भी विभाजित किया गया है– श्रुति, स्मृति इतिहास और आगम। श्रुति में वेद आते हैं। स्मृति में पुराण आते हैं। पुराण दो प्रकार के होते हैं– पुराण और उपपुराण। इतिहास में महाभारत और रामायण आते हैं। आगम में तंत्र आते हैं।

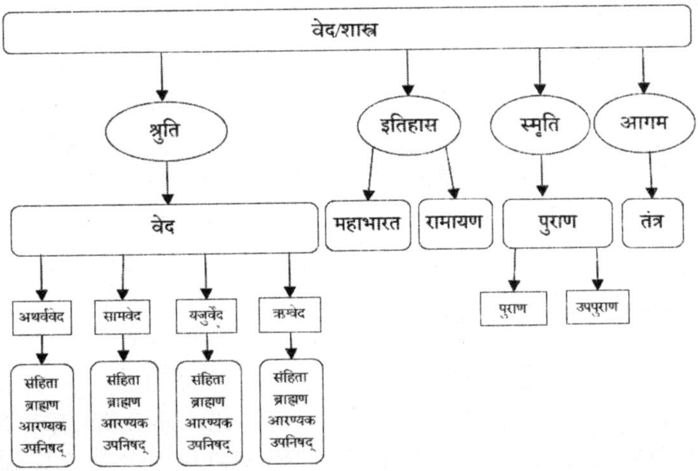

जिज्ञासु : माफ़ करना, मैं आपको बीच में ही रोक रहा हूँ। क्या मैं एक प्रश्न पूछ सकता हूँ?

उपदेशक : कोई बात नहीं, आप अपना प्रश्न पूछिए।

जिज्ञासु : वेदों को समझाने के लिए उस पर जो व्याख्या दी जाती है, क्या वे भी वेद ही माने जाएँगे?

उपदेशक : भक्तगण वेदों में बताए गए सत्य को पुनः स्थापित करने के लिए या सत्य में श्रद्धा पैदा करने के लिए वेदों का अनुवाद करके उनकी व्याख्या करते हैं, ये व्याख्याएँ भी वेद कहलाती हैं। स्मृति की व्याख्या, स्मृति ही कहलाती है। श्रुति की व्याख्या, श्रुति ही कहलाती है और इतिहास की व्याख्या, इतिहास कहलाता है। एक अच्छा शिष्य उसमें अपनी राय और विचार नहीं थोपता। जबकि जो व्यक्ति अपना दिमाग लगाकर अपनी राय के अनुसार वेदों की व्याख्या करते हैं, वे वेद नहीं हैं, क्योंकि वेद सत्य की बात करते हैं, राय या विश्वास की नहीं।

एक अध्यापक कक्षा में पुस्तक की व्याख्या करता है, न कि उस पुस्तक

के प्रति अपनी राय या विचार का विवेचन करता है। आज समस्या यही हुई है कि अधिकतर व्यक्तियों ने वेदों के प्रति अपनी राय या विचार का विवेचन किया है। इसीलिए लोगों को ज्ञान यथारूप में नहीं प्राप्त हो पाता है। हमने आपको संक्षिप्त में वेदों के बारे में बताया। क्या आपको समझ में आया?

जिज्ञासु : जी आया, परंतु मेरा यह प्रश्न है– क्या ज्ञान ही लक्ष्य है?

उपदेशक : नहीं, ज्ञान लक्ष्य नहीं है। ज्ञान लक्ष्य तक पहुँचने का माध्यम है। इसे एक उदाहरण से समझिए। जयपुर से दिल्ली जाने का ज्ञान, दिल्ली जाने पर समाप्त हो जाता है। दिल्ली पहुँचने के बाद जयपुर से दिल्ली जाने के ज्ञान की आवश्यकता नहीं पड़ती है। अतः ज्ञान लक्ष्य नहीं है, ज्ञान लक्ष्य तक पहुँचने का माध्यम है। क्या आपको यह तथ्य समझ में आया?

जिज्ञासु : जी हाँ, समझ में आया। कृपया क्या आप मुझे संक्षिप्त में बता सकते हैं कि वेदों का उद्देश्य क्या है?

उपदेशक : वेदों को माँ बतलाया गया है। माँ का कार्य है– पुत्र को उसके पिता से मिलाना। इसी प्रकार वेदों का कार्य सारे जीवों को मूल रचयिता से मिलाना और जीवन एवं सृष्टि के उद्देश्य से अवगत कराना है और इस उद्देश्य को कैसे प्राप्त या पूरा करें, इसका मार्ग बताना है।

जिज्ञासु : इसे और समझाएँगे?

उपदेशक : अवश्य। निस्संदेह, वेदों के आध्यात्मिक विज्ञान का हिस्सा हमें यह बताता है कि सारी सृष्टि (जिसमें योनियाँ भी सम्मिलित हैं) का उद्देश्य क्या है और भौतिक विज्ञान का हिस्सा बताता है कि सारी सृष्टि कैसे कार्य कर रही है। क्या आपको यह स्पष्ट हुआ कि केवल वेद (आध्यात्मिक विज्ञान) ही हमें जीवन का उद्देश्य बता सकते हैं। वेदों के इस संक्षिप्त वर्णन से आपको वेदों का महत्त्व भी समझ में आया होगा और यह भी पता चल गया होगा कि वेदों में संपूर्ण ज्ञान है।

जिज्ञासु : जी हाँ, बिल्कुल समझ आया और मैं इस बात से आश्चर्यचकित हूँ कि आज तक किसी ने भी हमें वेदों का महत्त्व क्यों नहीं समझाया।

3.5 कौन-से विज्ञान से आध्यात्मिक विज्ञान को सिद्ध किया जा सकता हैं

जिज्ञासु : मेरे मन में एक प्रश्न उठा है कि वेदों में जो आध्यात्मिक विज्ञान है, क्या आप उसे आज के भौतिक विज्ञान से सिद्ध कर सकते हैं?

उपदेशक : बहुत अच्छा प्रश्न किया आपने। चलिए, इस विषय पर चर्चा करते हैं। भौतिक विज्ञान का अपना क्षेत्र है और आध्यात्मिक विज्ञान का अपना क्षेत्र है। इन दोनों का आपस में कोई मेल नहीं है। उदाहरण के लिए, फिजिक्स (Physics) की अपनी विधियाँ हैं और मेडिकल विज्ञान (Medical Science) की अपनी विधियाँ हैं। फिजिक्स को फिजिक्स की विधियों से ही समझना पड़ता है और मेडिकल विज्ञान को मेडिकल विज्ञान की विधियों से। क्या फिजिक्स के सिद्धांतों को मेडिकल विज्ञान के सिद्धांतों से सिद्ध किया जा सकता है?

जिज्ञासु : जी नहीं। दोनों विज्ञान अलग–अलग हैं।

उपदेशक : हर भौतिक विज्ञान अपने विषय को सिद्ध करने में सक्षम है, परंतु दूसरे भौतिक विज्ञान के विषय को सिद्ध करने में सक्षम नहीं हैं। इससे यह सिद्ध होता है कि हर विज्ञान की अपनी सीमाएं हैं और इन सीमाओं के कारण हर भौतिक विज्ञान समस्त प्रश्नों के उत्तर नहीं देता। यह हमारा कथन नहीं है, इस कथन की पुष्टि एम.आई.टी. (M.I.T) अमेरिका (विश्व का एक प्रतिष्ठित विश्वविद्यालय) के अध्यक्ष चार्ल्स एम. वेस्ट के इस कथन से होती है कि भौतिक विज्ञान कई महत्त्वपूर्ण प्रश्नों के उत्तर देने में असमर्थ है। (स्रोत– इंटरनेशनल हेराल्ड ट्रिब्यून, जनवरी 16, 1996, पृष्ठ संख्या 8)

जिज्ञासु : वे कौन से प्रश्न हैं?

उपदेशक : धीरज रखिए, बता रहा हूँ।

- ❖ भौतिक विज्ञान नहीं जानता है कि हम किस प्रकार सीखते हैं और याद रखते हैं।
- ❖ भौतिक विज्ञान नहीं जानता है कि हम किस प्रकार से सोचते हैं और वार्ता करते हैं।

- ❖ भौतिक विज्ञान नहीं जानता है कि मस्तिष्क किस प्रकार से सूचनाओं का संग्रह करता है।
- ❖ भौतिक विज्ञान नहीं जानता है कि भाषा और सोच में क्या संबंध है।
- ❖ भौतिक विज्ञान नहीं जानता है कि जीवित कोशिकाएँ किस प्रकार जड़ वस्तु से अंतःक्रिया करती हैं।
- ❖ भौतिक विज्ञान नहीं जानता है कि ब्रह्माण्ड का स्रोत क्या है।
- ❖ भौतिक विज्ञान नहीं जानता है कि ब्रह्माण्ड कितना पुराना है।
- ❖ भौतिक विज्ञान यह भी नहीं जानता है कि इस ब्रह्माण्ड का अंत में क्या होगा।
- ❖ भौतिक विज्ञान नहीं जानता है कि ब्रह्माण्ड किससे बना है। बना का अर्थ यह है कि इसका सूक्ष्म स्रोत क्या है। सूक्ष्म से स्थूल आता है।

जिज्ञासु : यह आखिरी प्रश्न कुछ समझ में नहीं आया।

उपदेशक : इसे एक उदाहरण से समझते हैं। हाइड्रोजन और ऑक्सीजन से पानी बनता है । दोनो गैस हैं। गैस तो सूक्ष्म होती है और पानी स्थूल होता है। इस प्रकार सूक्ष्म से स्थूल आता है। आध्यात्मिक विज्ञान तो कहता है कि सब कुछ शक्ति से आया है और शक्ति सूक्ष्म होती है। भौतिक विज्ञान को इस बारे में कुछ नहीं पता। क्या अब समझ आया?

जिज्ञासु : जी हाँ, समझ में आया।

उपदेशक : इसी प्रकार गणितज्ञ श्री रूडी रककर 'इनफाइनाइट एंड द माइंड (1995)' पुस्तक में लिखते हैं "भौतिक विज्ञान अपने सीमित ज्ञान से ब्रह्माण्ड को समझने का प्रयास कर रहा है, परंतु ब्रह्माण्ड का सच गहनतम स्तरों में है और ये स्तर अनंत हैं।"

इससे यह सिद्ध होता है कि भौतिक विज्ञान बहुत सीमित सूचना रखता है और हर विज्ञान की भी अपनी सीमाएँ हैं। आप ही बताइए कि क्या भौतिक विज्ञान के इस सीमित ज्ञान और उसकी अपनी सीमित सीमाओं से आध्यात्मिक विज्ञान को सिद्ध किया जा सकता है?

जिज्ञासु : नहीं कर सकता है। जब एक भौतिक विज्ञान ही किसी दूसरे भौतिक विज्ञान को सिद्ध नहीं कर सकता, तो भौतिक विज्ञान से आध्यात्मिक विज्ञान को कैसे सिद्ध किया जा सकता है। यह तो असंभव है और ऐसा सिद्ध करने की कोशिश अवैज्ञानिक और मूर्खतापूर्ण होगी।

उपदेशक : बहुत अच्छा उत्तर दिया आपने। अब भौतिक विज्ञान के संदर्भ में एक बात और बताना चाहूँगा। भौतिक विज्ञान प्रत्यक्ष प्रमाण का भाग है। भौतिक वैज्ञानिक अनुसंधान करते हैं। अनुसंधान को अंग्रेज़ी भाषा में ''रिसर्च (Re-Search)'' कहते हैं, जहाँ "Re" का अर्थ है– दुबारा और "Search" का अर्थ है– खोजना। रिसर्च अर्थात् दुबारा खोजना। आज भौतिक वैज्ञानिक दुबारा उन्हीं विषयों पर खोज कर रहे हैं, जिनका वर्णन वेदों में पहले ही हो चुका है। भौतिक वैज्ञानिकों की खोज और ज्ञान प्रत्यक्ष प्रमाण की श्रेणी में आते हैं। प्रत्यक्ष प्रमाण हमेशा अपूर्ण होता है। इसलिए इनके शोधकार्य बार–बार गलत सिद्ध होते हैं। भौतिक विज्ञान बड़ा अजीब है। जब भौतिक वैज्ञानिक किसी सिद्धांत (Theory) को देते हैं तो उसे तब तक सच माना जाता है, जब तक कि कोई उसे गलत सिद्ध नहीं करता। और हम लोग भी बड़ी जल्दी यह मान लेते हैं कि यही सत्य है। मैं आपसे यह अनुरोध करुँगा कि आप आध्यात्मिक विज्ञान को आध्यात्मिक विज्ञान की विधियों से ही समझने का प्रयास करें, न कि भौतिक विज्ञान से।

जिज्ञासु : जी हाँ, मैं इसी तरह से समझने का प्रयास करूँगा। धन्यवाद।

उपदेशक : आज की चर्चा को यहीं विश्राम देते हैं, आगे की चर्चा कल करेंगे। आप अब तक की चर्चा पर मनन अवश्य करना।

जिज्ञासु : जी हाँ, अवश्य। धन्यवाद।

उपदेशक : धन्यवाद।

तीसरा दिन

✧✧✧4✧✧✧

जीवन के विज्ञान में प्रामाणिक गुरु

४.1 गुरु का संक्षिप्त परिचय

जिज्ञासु अगले दिन संस्थान के अंदर दुबारा आते हैं और एक भक्त उन्हें उपदेशक के कक्ष में लेकर जाते हैं। जिज्ञासु उपदेशक को देखकर नमस्कार करते हैं।

उपदेशक : नमस्कार!

जिज्ञासु : नमस्कार।

उपदेशक : कैसे है आप?

जिज्ञासु : मैं ठीक हूँ।

उपदेशक : आज की चर्चा शुरू करें?

जिज्ञासु : जी हाँ।

उपदेशक : आज की चर्चा प्रारंभ करने से पूर्व मैं यह जानना चाहूँगा कि क्या आपने कल की चर्चा पर मनन किया?

जिज्ञासु : जी हाँ। आपने हर विषय को बहुत ही अच्छी तरह से समझाया है और अब तो मेरा हर वस्तु को देखने का नज़रिया ही बदलता जा रहा है। धन्यवाद।

उपदेशक : धन्यवाद। कल की चर्चा के संदर्भ में आप कुछ पूछना चाहते हैं?

जिज्ञासु : जी नहीं।

उपदेशक : अब हम आगे चर्चा प्रारंभ करते हैं। क्या आपको याद है, मैंने आपको ज्ञान लेने के दो स्रोत बताए थे?

जिज्ञासु : जी हाँ।

उपदेशक : मैंने अभी तक आपसे पहले स्रोत की चर्चा की है। जो कि है–

जिज्ञासु : शास्त्र, वेद।

उपदेशक : और दूसरा स्रोत?

जिज्ञासु : प्रामाणिक गुरु।

उपदेशक : बहुत अच्छे। यह आध्यात्मिक विज्ञान लेने और समझने का सबसे बड़ा और अत्यंत महत्त्वपूर्ण रहस्य है। आपको याद होगा कि मैंने शास्त्रों की चर्चा से पहले आपको बताया था कि ज्ञान प्राप्त करने के लिए तीन तत्वों का होना आवश्यक है। क्या आपको याद है?

जिज्ञासु : जी हाँ, याद है।

उपदेज़क : तो बताइए क्या हैं वो तीन तत्व?

जिज्ञासु : प्रामाणिक पुस्तकें, प्रामाणिक शिक्षक और प्रामाणिक शिष्य।

उपदेज़क : अति उत्तम। प्रामाणिक पुस्तक अर्थात् शास्त्रों अर्थात् वेदों पर हम चर्चा कर चुके हैं। अब अगले विषय 'प्रामाणिक शिक्षक' पर चर्चा करेंगे। आध्यात्मिक विज्ञान के प्रामाणिक शिक्षक को 'गुरु' कहते हैं। गुरु संस्कृत भाषा का शब्द है। गुरु को अंग्रेज़ी में टीचर और हिंदी में शिक्षक (अध्यापक) कहा जाता है। अध्यापक और छात्र पुस्तकों के आधार पर ही बात करते हैं। गुरु जो भी ज्ञान बतलाते हैं, वह शास्त्र सम्मत होता है, गुरु ऐसा कोई भी ज्ञान नहीं देते हैं, जो शास्त्रों में नहीं है। यदि वे शास्त्र सम्मत ज्ञान नहीं देते हैं, तो वे गुरु नहीं हैं।

हमारे गुरुदेव श्रील प्रभुपाद ने कहा है कि गुरु को शास्त्रों के अनुसार बात करनी चाहिए। अगर गुरु शास्त्रों के विरुद्ध बात कर रहे हैं, तो वे गुरु नहीं, गोरु हैं। गोरु का अर्थ है, जानवर। गुरु का कार्य है, सत्य को बताना। यह भावुकता नहीं है।

जिज्ञासु : परंतु भारत में अधिकतर लोग भावुक हैं।

उपदेशक : सत्य कहा आपने। परंतु यह भावुकता अगर पहले आ जाती है, तो फिर यह ज्ञान लेने में अवरोधक बन जाती है। जब व्यक्ति किसी व्यक्ति या वस्तु के प्रति भावुक हो जाता है, तो उसे व्यक्ति या वस्तु के अवगुण दिखाई नहीं देते। इसलिए पहले व्यक्ति या वस्तु का ज्ञान लेना चाहिए और फिर भावुकता लगानी चाहिए। पहले अच्छा–बुरा सीखो, फिर अच्छे के प्रति भावुकता लगाओ। हमें कोई मूर्ख न बना सके और हम भी मूर्ख न बनें, इसलिए हमें शास्त्र दिए गए हैं। मैंने आपको बताया था कि वेदों को 'शब्द प्रमाण' भी कहा जाता है और शब्द प्रमाण, प्रामाणिक अधिकारी से आता है। शास्त्रों में 'प्रामाणिक गुरु' को प्रामाणिक अधिकारी बताया गया है। गुरु जीवन का एक हिस्सा है। यह भी सत्य है कि गुरु भिन्न–भिन्न स्तर पर होते हैं।

जिज्ञासु : क्या इस तथ्य को समझाएँगे?

उपदेशक : जी हाँ, हम आपको पहले बता चुके हैं कि वेद तीन स्तर पर हैं। याद है आपको?

जिज्ञासु : जी हाँ। कर्मकाण्ड, ज्ञानकाण्ड और उपासनाकाण्ड।

उपदेशक : आपने फिर ठीक उत्तर दिया। गुरु भिन्न–भिन्न स्तर पर होते हैं, इसे एक उदाहरण से समझिए। जैसे पहली कक्षा का भी अध्यापक है, दसवीं का भी, बारहवीं का भी, स्नातक का भी तथा स्नातकोत्तर का भी अध्यापक है। सब के सब अध्यापक हैं, परंतु सब के स्तर अलग–अलग हैं। इसी प्रकार वैदिक ज्ञान के गुरु भी अलग–अलग स्तर पर होते हैं। कर्मकाण्ड के गुरु होते हैं, ज्ञानकाण्ड के गुरु होते हैं, ऐसे ही उपासनाकाण्ड के गुरु होते हैं। इनमें उपासनाकाण्ड के गुरु श्रेष्ठतम हैं। क्या यह आपको समझ में आया?

जिज्ञासु : जी हाँ। कृपया आगे बताइए।

उपदेशक : गुरु का अर्थ है– "जो ज्ञान से भारी हो।"

"गु शब्दस्तु अंधकारः स्यात रु शब्दस्तन्निरोधकः।
अंधकार निरोधत्वात् गुरुः इति अभिधीयते।।"

यहाँ गुरु का अर्थ है– 'गु' अर्थात् 'अंधकार' और 'रु' अर्थात् 'दूर करे' अर्थात् जो आपको अंधकार से दूर प्रकाश की ओर ले जाते हैं। यहाँ अंधकार का अर्थ है अज्ञानता और प्रकाश का अर्थ है ज्ञान, उन्हें ही गुरु कहते हैं।

हमारे गुरु महाराज श्रील प्रभुपाद जी उदाहरण दिया करते थे कि प्रत्येक दवा के लेबल पर लिखा होता है कि चिकित्सक की सलाह से दवा लेनी चाहिए। इसी प्रकार वेदों में भी लिखा है कि वेदों को 'प्रामाणिक गुरु' के द्वारा ही समझा जा सकता है, क्योंकि गुरु के पास वेदों का पासवर्ड होता है। गुरु पात्रता देखते हैं और वे यह जाँच करते हैं कि किसको कितना ज्ञान देना है। कहीं वह इसका गलत उपयोग तो नहीं करेगा और गुरु यह भी विचार करता है कि शिष्य का समझने का स्तर क्या है और उसी के अनुसार उसे ज्ञान प्रदान करते हैं और उसे उच्चतम स्तर तक लेकर जाते हैं। क्या आपको समझ आ रहा है?

जिज्ञासु : जी हाँ, समझ आ रहा है।

५.2 गुरु की अनिवार्यता

उपदेसक : गुरु शब्द का एक अर्थ 'महत्त्वपूर्ण' है। अब मैं आपको वेदों से कुछ वाक्य बताता हूँ, जो कि गुरु के महत्त्व को सिद्ध करते हैं।

वेदों में एक उपनिषद् है, **'मुण्डक उपनिषद्'**। उसमें कहा गया है–

"तद् विज्ञानार्थं स गुरुमेवाभिगच्छेत्"

अर्थात् दिव्य ज्ञान समझने के लिए मनुष्य को चाहिए कि वह परंपरागत प्रामाणिक गुरु के पास जाए।

श्रीमद्भागवतम् में कहा गया है–

"तस्माद् गुरु ईवा प्रपद्यते जिज्ञासु श्रेय उत्तमम्" (11.3.21)

अर्थात् "जो व्यक्ति गंभीरतापर्वूक असली सुख (आनंद) की इच्छा रखता है, उसे प्रामाणिक गुरु की खोज करनी चाहिए और दीक्षा द्वारा उनकी शरण ग्रहण करनी चाहिए।" प्रामाणिक गुरु की योग्यता यह होती है कि उन्होंने अपने गुरू के सानिध्य में रहकर विचार–विमर्श द्वारा शास्त्रों के निष्कर्ष को समझ लिया होता है और इन निष्कर्षों के विषय में अन्यों को आश्वस्त करने में समर्थ होते हैं।

भगवद्गीता में कहा गया है–

तद्विद्धि प्रणिपातेन परिप्रश्नेन सेवया।

उपदेक्ष्यन्ति ते ज्ञानं ज्ञानिनस्तत्त्वदर्शिनः ।। 4.34 ।।

"तुम गुरु के पास जाकर सत्य को जानने का प्रयत्न करो। उनसे विनम्र होकर जिज्ञासा करो और उनकी आज्ञा का पालन (सेवा) करो। स्वरुपसिद्ध व्यक्ति तुम्हें ज्ञान प्रदान कर सकते हैं, क्योंकि उन्होंने सत्य का दर्शन किया है।"(4.34)

भगवान् श्री कृष्ण यहाँ कह रहे हैं कि तुम गुरु के पास जाकर सत्य को जानने का प्रयास करो, क्योंकि असत् को जानने से कोई लाभ नहीं है। असत् का अर्थ है, जो अस्थायी है। आप ही बताइए कि क्या आप अपने जीवन में अस्थायी नौकरी, अस्थायी रिश्ते, अस्थायी घर (जो 2–4 साल

में गिर जाएगा) चाहेंगे?

जिज्ञासु : कभी नहीं।

उपदेशक : ऐसा क्यों?

जिज्ञासु : क्योंकि जब ये चली जाएँगी तो दुःख होगा।

उपदेशक : आपने बहुत सही उत्तर दिया। इसीलिए हमें सत्य के विषय की जिज्ञासाएँ गुरु से करनी चाहिए और उत्तर प्राप्त होने पर विनम्र भाव से उनकी सेवा अर्थात् आज्ञा का पालन करना चाहिए। परंतु प्रश्न यह है कि गुरु कौन है? इस प्रश्न का उत्तर भी भगवान् इसी श्लोक में देते हैं। भगवान् बतला रहे हैं कि गुरु 'तत्त्वदर्शी' होना चाहिए।

जिज्ञासु : तत्त्वदर्शी का क्या अर्थ है?

उपदेशक : तत्त्वदर्शी का अर्थ है– जिसने सत्य का दर्शन किया है।

जिज्ञासु : और 'सत्य का दर्शन' का क्या अर्थ है?

उपदेशक : सत्य को देखने या दर्शन करने का अर्थ है कि आप सत्य को समझ गए हो। उदाहरण के लिए, आपने लेखाकार (Accountant) को खाता देखने के लिए भेजा और पूछा कि आपने उनका खाता देख लिया, क्योंकि आपको उस कंपनी को खरीदना है। यहाँ देखने का अर्थ क्या है?

जिज्ञासु : उस खाते को लेखाकार ने अच्छी तरह से परख लिया, समझ लिया।

उपदेशक : बिल्कुल राही। हम अंग्रेज़ी में कहते हैं– Have you seen their accounts? क्या आपने उनके खाते की पुस्तकों को देख लिया है? See का अर्थ है देखना। लेखाकार से यदि पूछा जाए कि कितना लाभ या हानि हुई? और लेखाकार उत्तर देता है कि नहीं जी, वो तो नहीं देखा। अरे! तो देखने का अर्थ क्या है?

जिज्ञासु : यहाँ देखने का अर्थ है कि लेखाकार ने खातों को अच्छी तरह से परख लिया, समझ लिया।

उपदेशक : सही कहा आपने। देखने या दर्शन करने का अर्थ है कि आप सत्य को समझ गए हो। परंतु अधिकतर व्यक्ति दर्शन का अर्थ

यह समझते हैं कि हमने आँखों से देख लिया। आँखों से तो आपने देख लिया, परंतु उसे समझना उससे अधिक महत्त्वपूर्ण है। यदि कोई जापानी व्यक्ति, जिसे जापानी भाषा के आलावा कोई भाषा नहीं आती है और वह इस पुस्तक (एक पुस्तक दिखाते हुए) को देखता है, तो उसे न तो हिंदी समझ आएगी और न ही अंग्रेज़ी। किंतु वह भी देख तो रहा ही है और वह कह सकता है कि हाँ, मैं किताब को देख रहा हूँ, किंतु वह इसे समझ नहीं सकता। यदि आप समझ नहीं सकते, तो इसका अर्थ यह है कि आपने देखा नहीं है। लेकिन तत्त्वदर्शी सत्य को समझ चुका होता है। क्या आपको यह समझ में आया?

जिज्ञासु : बिल्कुल, आपने यह बहुत अच्छी तरह से समझाया, किंतु मेरा एक प्रश्न है कि 'तत्त्वदर्शी' कौन होता है?

उपदेशक : इसका उत्तर भगवान् श्री कृष्ण भगवद्गीता के 18वें अध्याय के 55वें श्लोक में देते हैं–

"भक्तया मामभिजानाति यावान्यष्चास्मि तत्त्वतः"

केवल मेरा भक्त ही मुझे तत्त्व से जान सकता है। इसका अर्थ यह है कि श्री कृष्ण का भक्त ही तत्त्वदर्शी होता है। इससे इस बात की पुष्टि होती है कि श्री कृष्ण का भक्त ही गुरु हो सकता है; कोई योगी, ध्यानी या ज्ञानयोगी नहीं।

जिज्ञासु : भक्त कौन होता है?

उपदेशक : इस विषय पर विस्तृत चर्चा आगे करेंगे। अभी हम गुरु पर चर्चा कर रहे हैं। श्रीमदभागवतम् के 11वें स्कंध में कहा गया है कि जब आपको श्रेयस्कर वस्तु की जिज्ञासा हो, तभी आप गुरु के पास जाएँ। प्रामाणिक गुरु भौतिक इच्छाओं की पूर्ति करने के लिए नहीं होता।

जिज्ञासु : किंतु आजकल तो लोग गुरु के पास हज़ारों इच्छाएँ लेकर जाते हैं।

उपदेशक : आपने सही कहा। गुरु में भेद करना सीखिए। एक मज़े का रास्ता बताता है और एक सुख का रास्ता बताता है। ये दोनों अलग–अलग वस्तु हैं। सुख आध्यात्मिक विज्ञान से आएगा और मज़ा भौतिक विज्ञान से, तो आप आध्यात्मिक गुरु के पास भौतिक विज्ञान लेने क्यों जाते हैं?

भौतिक विज्ञान बताने के लिए तो हज़ारों व्यक्ति हैं। वेदों में दिया गया हर ज्ञान आध्यात्मिक विज्ञान नहीं है। वेदों में भौतिक विज्ञान भी है और आध्यात्मिक विज्ञान भी। आपकी जानकारी के लिए ज्योतिष विद्या भी भौतिक विज्ञान में आती है, आध्यात्मिक विज्ञान में नहीं आती। कौटिल्य का अर्थशास्त्र भी वेदों में है, आयुर्वेद भी वेदों में है, परंतु यह आध्यात्मिक विज्ञान नहीं है, यह भौतिक विज्ञान है। वास्तविकता तो यह है कि मन की शांति भी भौतिक विज्ञान के क्षेत्र में आती है। अब आप बताइए, आप क्या चाहते हैं सुख या मज़ा?

जिज्ञासु : मुझे तो सुख चाहिए न कि मज़ा।

उपदेशक : जैसा कि आपने अभी बताया था कि आजकल तो लोग गुरु के पास हज़ारों इच्छाएँ लेकर जाते हैं। जैसे कोई गुरु के पास जाकर माँगता है, "मेरे घुटने दर्द कर रहे हैं, कोई इलाज बताइए।" कोई यह आशीर्वाद माँगता है "मेरी पुत्री का विवाह हो जाए।" कोई माँगता है, "मेरे कोई पुत्र नहीं है, मुझे पुत्र प्राप्ति का आशीर्वाद दीजिए।" हम आपसे यही विनती करते हैं कि गुरु के पास इन सब तुच्छ इच्छाओं की पूर्ति के लिए मत जाइए। आजकल तो गुरु के कार्यों में भी परिवर्तन दिखाई देते हैं, थोड़ा बहुत मनमाने ढंग से गीता भी पढ़ाते हैं, दवाइयाँ भी बेचते हैं, योग भी सिखाते हैं, किंतु गुरु का वास्तविक कार्य नहीं करते जो कि है– आध्यात्मिक विज्ञान की शिक्षा देना। गुरु के पास तो हमें सबसे श्रेष्ठ वस्तु 'आध्यात्मिक विज्ञान' को प्राप्त करने के लिए जाना चाहिए। इसलिए आपकी जिज्ञासा भी श्रेयस्कर वस्तु के लिए होनी चाहिए।

जिज्ञासु : आप कह रहे है कि आपकी जिज्ञासा भी श्रेयस्कर वस्तु के लिए होनी चाहिए, परंतु कई गुरु तो वैद्य का कार्य करते हैं और लोग भी गुरु के पास अपने घुटने के दर्द का इलाज करवाने जाते हैं।

उपदेशक : बिल्कुल सही कहा आपने। क्योंकि कलियुग में अधिकतर गुरु पाखण्डी हैं। कई गुरु अपने शिष्यों को भौतिक इच्छाओं की पूर्ति के लिए अलग–अलग बिना सिर–पैर के उपाय बताते हैं। जैसे गोल–गप्पे खाना, हरी व लाल चटनी खाना, रसगुल्ला खाना इत्यादि। कई कहते हैं, इतना धन दान करोगे, तो तुम्हें स्वर्ग की प्राप्ति होगी। कई बोलते हैं, इंद्रियतृप्ति ही मनुष्य जीवन का लक्ष्य है और ऐसे पाखण्डी गुरु कहते हैं कि एक समय ऐसा आएगा, जब तुम्हें इंद्रियतृप्ति करते हुए संतुष्टि की प्राप्ति होगी और आजकल तो गुरु स्पयं के भक्त बनाने में लगे रहते हैं।

शिष्य, गुरु के भक्त नहीं होते, गुरु के शिष्य होते हैं और कई पाखण्डी गुरु तो स्वयं को भगवान् बताते हैं।

जिज्ञासु : भगवान् क्या होता है?

उपदेशक : भगवान् विषय पर आगे चर्चा करेंगे। अभी इतना समझ लीजिए कि प्रामाणिक गुरु अपने आपको भगवान् नहीं बताते हैं, परंतु उनके शिष्य अपने गुरु का सम्मान भगवान् के समान ही करते हैं, क्योंकि वे अपने शिष्यों को भगवान् तक पहुँचने का रास्ता बताते हैं।

जिज्ञासु : कई लोगों के मन में ढोंगी गुरुओं के दुष्कर्मों के कारण यह धारणा फैल गई है कि सभी गुरु पाखण्डी हैं। हमें गुरु की कोई आवश्यकता नहीं है। उनकी सोच है कि बिना गुरु के हम सफलता प्राप्त कर लेंगे।

उपदेशक : अब आपसे ही एक प्रश्न करते हैं। यदि कुछ अस्पतालों में डॉक्टर गलत इलाज कर दें, तो क्या आप अन्य डॉक्टरों से भी इलाज करवाना बंद कर देंगे?

जिज्ञासु : नहीं, हम ऐसा नहीं करते है, क्योंकि कुछ डॉक्टरों के गलत करने से यह तो सिद्ध नहीं हो जाता है कि सभी डॉक्टर गलत हो गए।

उपदेशक : इसी प्रकार यदि कुछ गुरु गलत हैं, तो इससे यह सिद्ध नहीं होता कि सभी गुरु गलत हैं। जैसे हम पहले आपको बता चुके हैं कि कोई भी ज्ञान लेने के लिए गुरु आवश्यक हैं, तो इसी प्रकार आध्यात्मिक विज्ञान लेने के लिए भी गुरु धारण करके शिष्य बनना अनिवार्य है, क्योंकि शिष्य बने बिना आध्यात्मिक विज्ञान लिया ही नहीं जा सकता। श्री रामचंद्र जी और श्री कृष्ण भगवान् को किसी गुरु की आवश्यकता नहीं है। वे तो स्वयं आदि गुरु, अपौरुषेय हैं, फिर भी जब वे इस पृथ्वी पर आते हैं, तो हमें यह सिखाने के लिए वे भी गुरु धारण कर शिष्य बनते हैं कि गुरु धारण कर शिष्य बनना अनिवार्य है। क्या आपको श्री रामचंद्र जी और गुरु वशिष्ठ का वह प्रसंग पता है, जिसमें गुरु वशिष्ठ जी ने श्री रामचंद्र जी को शिष्य स्वीकार नहीं किया था?

जिज्ञासु : जी नहीं, मैंने यह प्रसंग नहीं सुना, क्या आप यह प्रसंग बता सकते हैं?

उपदेशक : जी हाँ। मैं आपको यह प्रसंग बताता हूँ। जब श्री रामचंद्र जी की गुरुकुल जाने की उम्र हो गई तो दशरथ जी उनको लेकर गुरु वशिष्ठ जी के पास गए। वशिष्ठ जी ने दशरथ जी को यह कहा कि मैं आपके सामने श्री रामचंद्र जी को शिक्षा नहीं दे सकता। आपके यहाँ से जाने के बाद ही मैं इनकी शिक्षा प्रारंभ करूँगा। दशरथ जी नहीं माने, लेकिन अंततः उन्हें जाना ही पड़ा। जब वे चले गए तो वशिष्ठ जी ने श्री रामचंद्र जी से खड़े होने के लिए निवेदन किया और उनकी चार परिक्रमा लगाई एवं उनसे कहा कि मैं आपको क्या सिखाऊँगा? आप तो आदि गुरु हैं। परंतु यदि आप शिष्य की भूमिका निभाना चाहते हैं और आप यह चाहते हैं कि मैं गुरु की भूमिका निभाऊँ, तो मुझे आशीर्वाद दीजिए कि मैं अच्छी तरह से यह भूमिका निभा सकूँ।

इसी प्रकार श्री कृष्ण भगवान् जब सांदीपनि मुनि जी के पास गए तो उन्होंने तीन दिन में सारा ज्ञान ले लिया और 64 कलाएँ (Skills, कौशल) सीख लीं। वास्तव में उन्हें तो पहले से ही सब कुछ ज्ञात था। तीन दिन में कोई 64 कलाएँ कैसे सीख सकता है? सांदीपनि मुनि उन्हें 8 कलाएँ सिखाते थे, तो वे 16 कलाओं पर पहुँच जाते थे। जब 16 कलाएँ सिखाते थे, तो वे 32 कलाएँ सीख जाते थे। अब आप यह बताइए, आप इस प्रसंग से क्या समझे?

जिज्ञासु : यह प्रसंग यह दर्शाता है कि गुरु धारण करना कितना अनिवार्य है, क्योंकि स्वयं भगवान् ने भी गुरु धारण किया।

उपदेशक : आपने बिल्कुल सही समझा। इसको हम एक उदाहरण से समझते हैं। क्रिकेट में कोच अपने हाथों से बल्ला पकड़कर बच्चे को क्रिकेट खेलना सिखाता है। इसी प्रकार बचपन में जब बच्चे को अक्षर ज्ञान कराया जाता है, तो माता–पिता व शिक्षक बच्चे को हाथ पकड़कर अक्षर बनाना सिखाते हैं। क्या इसका अर्थ यह हुआ कि कोच को क्रिकेट खेलना नहीं आता या माता–पिता या शिक्षक को अक्षर बनाना नहीं आता?

जिज्ञासु : जी नहीं। वे तो केवल बच्चों को सिखाने के लिए ऐसा करते हैं।

उपदेशक : इसी प्रकार भगवान् श्री कृष्ण या श्री रामचंद्र जी ने हमें सिखाने के लिए स्वयं शिष्य बनकर गुरु धारण किया। क्या अब आपको समझ में आया कि गुरु धारण करना कितना आवश्यक है?

जिज्ञासु : जी हाँ।

५.3 क्या आध्यात्मिक विज्ञान अंदर से आता है

जिज्ञासु : परंतु मैंने सुना है कि आध्यात्मिक विज्ञान को समझने के लिए गुरु की आवश्यकता नहीं होती, आध्यात्मिक विज्ञान तो स्वतः अंदर से आता है। लोग कहते हैं कि स्वयं के विश्लेषण के द्वारा अपना निष्कर्ष निकालो और जो स्वयं को सही लगे, उसी का पालन करो।

उपदेशक : आपने यहाँ दो धारणाएँ उठाई हैं।

पहली आध्यात्मिक विज्ञान का स्वतः अंदर से आना और दूसरी स्वयं के विश्लेषण से अपना निष्कर्ष निकालना। अब मैं आपको इन दोनों धारणाओं के विषय में समझाता हूँ–

हाँ, आध्यात्मिक विज्ञान अंदर से ही आता है, परंतु स्वतः अंदर से नहीं आता। इसे हम इस उदाहरण से समझते हैं– हर लकड़ी में अग्नि होती है, परंतु अग्नि स्वतः प्रकट नहीं होती। सूखी लकड़ी में अग्नि प्रकट करने के लिए पहले उसे बाहर से प्रज्वलित पदार्थ की अग्नि से स्पर्श कराना पड़ता है, जिससे कि सूखी लकड़ी के भीतर से अग्नि प्रकट हो सके।

इस उदाहरण में प्रामाणिक शिष्य सूखी लकड़ी के समान है। गुरु प्रज्वलित पदार्थ के समान है और प्रज्वलित पदार्थ की अग्नि आध्यात्मिक विज्ञान की तरह है। इसी प्रकार आपके भीतर आध्यात्मिक विज्ञान छुपा हुआ होता है, परंतु उसे उजागर करने के लिए गुरु से आध्यात्मिक विज्ञान लेना पड़ता है। इससे संबंधित एक घटना मेरे साथ हुई। एक बार मेरी मुलाकात हिंदी के बहुत प्रसिद्ध कवि से हुई। जब मेरी उनसे अध्यात्म के बारे में बातें होने लगी तो उन्होंने यही बात कही– "आध्यात्मिक विज्ञान तो अंदर से आता है, इसके लिए गुरु की क्या आवश्यकता है।"

तब मैंने उनसे पूछा : क्या आप हिंदी में कविता लिखना जानते हैं?

कवि : हाँ, मैं हिंदी में बहुत अच्छी कविताएँ लिखता हूँ। मेरे द्वारा लिखी कविताओं को लोग बहुत पसंद करते हैं।

मैंने पूछा : आप हिंदी में कविता कहीं से देख कर लिखते हैं या ये कविताएँ आपके अंदर से आती हैं?

कवि : मेरे तो क्या, जो भी कवि अच्छी कविताएँ लिखते हैं, कविताएँ उसके अंदर से ही आती है और फिर वे उनको लिखते हैं।

मैंने कहा : जब आपके अंदर से हिंदी की कविताएँ आती हैं तो आप फ्रेंच की भी कविताएँ अपने अंदर से निकालकर लिख सकते हैं। आज आप अपने अंदर से निकालकर फ्रेंच में भी एक बहुत अच्छी कविता लिखिए।

कवि : नहीं, यह संभव नहीं है। इसके लिए पहले फ्रेंच भाषा का मूलभूत ज्ञान तो होना चाहिए, फिर ही तो कोई अपने अंदर से निकालकर फ्रेंच में कविता लिख पाएगा। कविता अवश्य अंदर से आती है, परंतु पहले उस भाषा का मूलभूत ज्ञान होना अति आवश्यक है और भाषा का ज्ञान होने पर वह उस भाषा में कविता लिख सकता है।

मैंने कहा : हाँ, मैं भी तो यही कह रहा हूँ कि आध्यात्मिक विज्ञान भी अंदर से ही आता है, परंतु पहले आपको प्रामाणिक गुरु से आध्यात्मिक विज्ञान का मूलभूत ज्ञान प्राप्त करना होता है। जिस प्रकार लकड़ी में अग्नि होती है, परंतु उस अग्नि को बाहर निकालने के लिए, बाहर से प्रज्वलित पदार्थ की अग्नि से स्पर्श कराना होता है, तब लकड़ी में से अग्नि प्रकट होती है।

क्या आपको यह धारणा स्पष्ट हुई?

जिज्ञासु : जी हाँ, आपने तो इसको बहुत ही अच्छी तरह से समझाया है।

उपदेशक : धन्यवाद, एक और बड़ी विचित्र बात है। आप किसी कॉमर्स के छात्र से पूछिए कि मेड्यूला ओब्लांगेटा क्या है, वह यही कहेगा कि मैंने इसके बारे में पढ़ा नहीं। उससे फिर पूछो कि प्रकाश का एक कण जब चुंबकीय क्षेत्र से निकलता है, तो उस प्रभाव को क्या कहते हैं। उसका उत्तर यह होगा कि मालूम नहीं। इसी प्रकार एक साइंस के विद्यार्थी से पूछा जाए कि आयकर अधिनियम की धारा 144 किसके बारे में है? वह यही कहेगा कि मैंने इसके बारे में पढ़ा नहीं। परंतु जब अध्यात्म या भगवान् की बात करते हैं, तो वे टर्र, टर्र करना शुरू कर देते हैं। हम उनसे यही पूछते हैं कि आपने यह कहाँ से सीखा? किस पुस्तक या किस गुरु से यह ज्ञान लिया? यही विचित्र बात है कि भौतिक ज्ञान लेने के लिए गुरु के पास जाना होता है, परंतु आध्यात्मिक विज्ञान के लिए कोई गुरु की आवश्यकता नहीं है? क्या यह आपको तर्कसंगत लगता है?

जिज्ञासु : बिल्कुल नहीं। हर वैध ज्ञान लेने के लिए गुरु के पास जाना अनिवार्य है। क्या मैं गुरु के विषय में आपसे एक और प्रश्न कर सकता हूँ?

उपदेशक : जी हाँ, पूछिए।

जिज्ञासु : मैंने कई गुरुओं को यह कहते हुए सुना है कि आध्यात्मिक विज्ञान के लिए गुरु की आवश्यकता नहीं है, आप स्वयं अध्ययन (स्वाध्याय) करके शास्त्रों को समझ सकते हैं। वे यह भी कहते हैं कि बुद्धि के द्वारा अपना निष्कर्ष निकालो और जो स्वयं को सही लगे, उसी का पालन करो। आपका इस पर क्या कहना है?

उपदेशक : बड़ी आश्चर्यजनक बात है, यह उसी तरह से हुआ कि गुरु उपदेश दे रहे हैं कि गुरु से उपदेश न लें। इससे बड़ा विरोधाभास और क्या होगा?

मुझे यह समझ में नहीं आता कि जो यह उपदेश देते हैं कि गुरु की आवश्यकता नहीं है, तो फिर वे स्वयं गुरु बनकर उपदेश क्यों देते हैं और यह भी कही नहीं लिखा और न ही किसी शास्त्र में लिखा है कि आप स्वयं ही आध्यात्मिक विज्ञान ले सकते हो। क्योंकि आपको कैसे पता लगेगा कि आपने जो समझा है वह सही है या गलत है। क्या आपको यह समझ आया?

जिज्ञासु : थोड़ा–थोड़ा समझ में आ रहा है। कृपया और समझाएँगे।

उपदेशक : अवश्य। चलिए इसे एक उदाहरण से समझते हैं– एक व्यक्ति ने कहा, "उसे रोको मत जाने दो।" इस वाक्य के दो अर्थ हो सकते हैं। पहला "उसे रोको, मत जाने दो।" और दूसरा "उसे रोको मत, जाने दो।" अब यह कैसे पता चलेगा कि उस व्यक्ति का भाव 'रोकने' का था या 'जाने दो' का था?

जिज्ञासु : उस व्यक्ति का भाव तो वही जान सकता है, जिसके सामने यह वाक्य बोला गया है या जिसने यह वाक्य बोला है।

उपदेशक : बिल्कुल सही कहा आपने। इसी प्रकार शास्त्रों में जो कहा गया है, उसे केवल वही बता सकते हैं, जिन्होंने अपने प्रामाणिक गुरु से शास्त्रों का भाव सुना हो। हमें शब्दार्थ से मतलब नहीं है, भावार्थ से मतलब है और शास्त्रों के भाव को तो वही जान सकता है, जो परंपरा से हैं। भगवान् श्री कृष्ण ने भगवद्गीता में भी कहा है कि "भक्त्या माम् अभिजानाति यावान्यश्चास्मि तत्त्वतः।" भक्त अर्थात् प्रामाणिक गुरु ही शास्त्रों के भाव को जान सकता है, उनके अतिरिक्त अन्य कोई जान ही नहीं सकता। क्या आपको यह समझ में आया?

जिज्ञासु : जी हाँ, आपकी बात तर्कसंगत है। ज्ञान लेने के लिए तो गुरु की आवश्यकता होती ही है।

उपदेशक : जैसा कि आपने यह भी कहा कि हम अपनी बुद्धि के द्वारा ही निष्कर्ष पर क्यों नहीं पहुँच सकते और स्वयं को जो सही लगे उसे क्यों नहीं कर सकते। हम पहले ही इस पर चर्चा कर चुके हैं कि "हमारी इंद्रियाँ अपूर्ण हैं" और ''गलती करना मनुष्य का स्वभाव है'' तो हम अपनी अपूर्णता से वैध (Valid) निष्कर्ष पर कैसे पहुँच सकते हैं।

जिज्ञासु : हाँ, मैं तो इस बात को भूल ही गया, याद दिलाने के लिए धन्यवाद।

उपदेशक : क्या आपको यह विषय समझ में आया?

जिज्ञासु : आपने बहुत अच्छे उदाहरण दिए, इससे यह विषय बिल्कुल स्पष्ट हो गया।

उपदेशक : इससे यह सिद्ध होता है कि आध्यात्मिक विज्ञान आता तो अंदर से ही है, किंतु स्वतः नहीं। इस प्रक्रिया के लिए आध्यात्मिक गुरु (Spiritual Teacher) की आवश्यकता होती है। मैं गुरु के विषय पर और प्रकाश डालना चाहूँगा। भौतिक जगत में आप हर प्रकार का ज्ञान लेने के लिए गुरु के पास जाते हैं। जैसे : कराटे, नृत्य, संगीत, व्यायाम, चिकित्सा, इंजीनियरिंग, एमबीए, कानून (Law) इत्यादि। यद्यपि इन सभी विषयों की पुस्तकें आसानी से उपलब्ध हैं, इसके पश्चात् भी इन विषयों को समझने के लिए गुरु की आवश्यकता होती है। भारत में एक कहावत भी है "गुरु बिन गति नहीं" अर्थात् गुरु के बिना लक्ष्य की प्राप्ति नहीं हो सकती। ज्ञान चाहे भौतिक हो या आध्यात्मिक, दोनों के लिए गुरु की आवश्यकता होती है। अतः ज्ञान प्राप्त करने के लिए गुरु अनिवार्य है। वेदों के छांदोग्य उपनिषद् में भी इस बात की पुष्टि हुई है–

"आचार्यवान पुरुषो वेदः"

इसका अर्थ है कि जब तक व्यक्ति एक प्रामाणिक गुरु की शरण में जाकर प्रामाणिक शिष्य नहीं बनता, तब तक वह वेदों के मर्म को नहीं समझ सकता।

५.५ गुरु का आशीर्वाद कैसे प्राप्त होता है

जिज्ञासु : आपकी बातों से तो यही सिद्ध होता है कि गुरु की शरण में रहकर ही ज्ञान सीखना होता है। परंतु कई लोग कहते हैं, हमारे गुरु ने तो मौन व्रत ले रखा है, वे तो कुछ भी नहीं बोलते हैं। हम तो गुरु के चरण छू लेते हैं, जिससे गुरु का आशीर्वाद मिल जाता है। हमें गुरु से ज्ञान प्राप्त करने की क्या आवश्यकता है?

उपदेशक : यह धारणा बिल्कुल गलत है। हमारे गुरु महाराज श्रील प्रभुपाद कहते हैं कि गुरु का आशीर्वाद उनके चरणों में नहीं, बल्कि उनके मुख से निकले ज्ञान में होता है और यह आशीर्वाद शिष्य अपने कानों से प्राप्त करता है। गुरु से आशीर्वाद केवल उनके चरण छूकर नहीं, उनसे ज्ञान प्राप्त करके लिया जाता है। आप यह बताइए कि यदि आपका बच्चा रोज़ स्कूल जाए और केवल वह शिक्षकों के चरण छूकर आए और वह उनसे ज्ञान प्राप्त न करे, तो क्या वह परीक्षा में उत्तीर्ण हो जाएगा?

जिज्ञासु : नहीं, वह परीक्षा में उत्तीर्ण नहीं हो सकता, वह तो अवश्य फेल होगा।

उपदेशक : फिर लोग बुद्धि क्यों नहीं लगाते हैं? जब हम भौतिक ज्ञान को प्राप्त करने में इस सिद्धांत को नहीं लगाते हैं, तो फिर हम आध्यात्मिक विज्ञान को प्राप्त करने में इस सिद्धांत को क्यों लगाते हैं, और अगर आपके बच्चे के शिक्षकों ने मौन व्रत ले रखा हो, तो आप अपने बच्चे को उस स्कूल में पढ़ने के लिए भेजेंगे?

जिज्ञासु : नहीं, कभी नहीं। वहाँ तो उसका जीवन ही बर्बाद हो जाएगा।

उपदेशक : भौतिक ज्ञान को प्राप्त करने के लिए हम इतना सोचते हैं, परंतु आध्यात्मिक विज्ञान को प्राप्त करने के लिए बिल्कुल भी सोच–विचार नहीं करते। गुरु और मौन व्रत! यह तो बिल्कुल ही विपरीत हो गया। गुरु का तो कार्य ही अपने शिष्यों को आध्यात्मिक विज्ञान देना होता है।

जिज्ञासु : इसी प्रकार की एक और धारणा समाज में है कि हम तो साल में एक बार गुरु पूर्णिमा के दिन गुरु जी को पैसों का लिफ़ाफ़ा दे आते हैं। हमारे गुरु जी भी खुश हो जाते हैं और हमें भी आशीर्वाद मिल जाता है।

उपदेशक : लिफ़ाफ़े वाले गुरु ! ये कौन से गुरु हैं? जो अपने शिष्यों को

ज्ञान ही नहीं देते हैं। इससे तो यह प्रतीत हो रहा है कि एक शिष्य अपने गुरु के आशीर्वाद को खरीदने जा रहा है। एक लिफ़ाफ़ा लेते हैं और उसमें कुछ पैसे डालेंगे और गुरु को ले जाकर देते हैं। लो ! गुरू जी, मैंने आपके आशीर्वाद को खरीद लिया। क्या ऐसा करना सही है?

जिज्ञासु : बिल्कुल गलत है।

उपदेशक : सही कहा आपने। न तो गुरु को बिकना चाहिए और न ही शिष्य को गुरु को खरीदना चाहिए। आप ही बताइए अगर आपका बच्चा भी अपने शिक्षकों को पैसों का लिफ़ाफ़ा दे और कहे "आप ये पैसे ले लीजिए और मुझे परीक्षा में पास कर दीजिए, मुझे ज्ञान नहीं लेना।" क्या यह सही है?

जिज्ञासु : बिल्कुल गलत है। मैं तो अपने बच्चे से यह कभी नहीं कराऊँगा, क्योंकि इससे तो बच्चे का जीवन ही बर्बाद हो जाएगा। लेकिन बहुत दुःख की बात है कि आज यह स्कूलों में हो भी रहा है, जो कि गलत है।

उपदेशक : बिल्कुल सही कहा आपने। यह भौतिकता में भी हो रहा है और यही आध्यात्मिकता में हो रहा है। शिष्य का अर्थ है कि वह गुरु द्वारा बताए गए ज्ञान और आज्ञा को अपने जीवन में हर क्षण लगाए। क्या आपको यह सब समझ में आया?

जिज्ञासु : परंतु यह भी तो हो सकता है कि जो व्यक्ति पैसे दे रहे हैं, उनके मन में गुरु को खरीदने की भावना न हो।

उपदेशक : आपकी यह सोच बहुत अच्छी है, परंतु इसे एक उदाहरण से समझते हैं। एक विद्यार्थी पूरे साल शिक्षक (गुरु) के पास ज्ञान लेने नहीं जाता और जब परीक्षा करीब आती है, तो वह शिक्षक को एक लिफ़ाफ़े में पैसे दे देता है। उसकी पैसे देने के पीछे यह भावना होती है कि गुरु जी मुझे आशीर्वाद दीजिए कि मैं पास हो जाऊँ। आप बताइए क्या शिष्य यह सही कर रहा है?

जिज्ञासु : बिल्कुल नहीं।

उपदेशक : आप एक और बात बताइए कि क्या शिक्षक को पैसे लेने चाहिए?

जिज्ञासु : शिक्षक को पैसे नहीं लेने चाहिए।

उपदेशक : ऐसा क्यों?

जिज्ञासु : क्योंकि शिष्य नालायक है। वह पूरे साल गुरु के पास पढ़ने नहीं गया, बल्कि अंत में परीक्षा के समय गुरु को घूस देने आ गया।

उपदेशक : आपने बिल्कुल सही कहा। यदि शिक्षक पैसे ले लेता है, तो आपका ऐसे शिक्षक के बारे में क्या कहना है?

जिज्ञासु : ऐसे में गुरु और शिष्य दोनों ही पाखण्डी हैं।

उपदेशक : जी हाँ । परंतु यदि शिष्य पूरे साल गुरु से गंभीरता से पढ़ता है और गुरु को आभार रूप में पैसे का लिफ़ाफ़ा देता है, तो इसके बारे में आप क्या कहेंगे?

जिज्ञासु : ऐसे में गुरु भी सही है और शिष्य भी सही है।

उपदेशक : आपके उत्तरों से ऐसा लग रहा है कि आप गुरु–शिष्य तत्व को समझ रहे हैं।

जिज्ञासु : जी हाँ, आप बहुत अच्छी तरह समझा रहे हैं, इसीलिए मैं उत्तर दे पा रहा हूँ।

५.5 श्रद्धा ही जीवन का आधार

जिज्ञासु : मेरी एक और जिज्ञासा है। जैसा कि आपने बताया कि ज्ञान प्राप्त करने के लिए गुरु अनिवार्य है, लेकिन मैं बिना किसी आधार के गुरु पर कैसे श्रद्धा करूँ?

उपदेशक : बहुत अच्छा प्रश्न किया आपने। श्रद्धा करने में तो आप अभ्यस्त हैं। बाल्यकाल से ही आप श्रद्धा कर रहे हैं।

जिज्ञासु : वह कैसे?

उपदेशक : यह दुनिया ही श्रद्धा पर चल रही है। श्रद्धा करना आवश्यक है। श्रद्धा के बिना कोई भी कार्य शुरू नहीं होता। आपकी श्रद्धा थी कि आप घर से निकलकर यहाँ पहुँच जाएँगे, तभी तो आप घर से निकले। अगर आपकी श्रद्धा नहीं होती, तो आप घर से निकलते ही नहीं। श्रद्धा ज़िंदगी में अनिवार्य है। यह जीवन का आधार है। आप अखबार की खबरों में श्रद्धा रखते हैं। विद्यार्थी अपनी पुस्तकों पर श्रद्धा रखता है, किसी विश्वविद्यालय की मान्यता हेतु हम सरकार पर और अधिकारियों पर विश्वास रखते हैं। आप जब विश्वविद्यालय में ज्ञान लेने जाते हैं तो उसके शिक्षकों में श्रद्धा करते हैं। आपको शिक्षकों को स्वीकारना पड़ता हैं। आप डॉक्टर के पास इलाज के लिए जाते हैं, तो आपको यह श्रद्धा होती है कि डॉक्टर वैध (Valid) है और उसका नुस्खा (Prescription) भी वैध है। हम अपनी माता पर विश्वास रखते हैं, जो हमें हमारे पिता के विषय में बताती है। आपको स्वास्थ्य मंत्रालय पर श्रद्धा है, जो डॉक्टरों की वैधता की समय–समय पर जाँच (Check) करता है। तभी आप उनके द्वारा दी गई दवाई खाते हैं। इसी प्रकार जब आप हवाई जहाज़ या बस से यात्रा करते हैं, तो क्या आप कभी पायलट या बस ड्राइवर के लाइसेंस की जाँच करते हैं?

जिज्ञासु : जी, नहीं करते।

उपदेशक : क्यों?

जिज्ञासु : क्योंकि यह जाँच करना तो अधिकारी का कार्य है।

उपदेशक : आपको यह श्रद्धा होती है कि जिस संस्थान ने जब पायलट को नौकरी दी होगी, तब उन्होंने यह जाँच की होगी कि उसके पास वैध लाइसेंस हो एवं वह हवाई जहाज़ उड़ाने में पारंगत हो।

इसी प्रकार आपको आध्यात्मिक विज्ञान को भी लेने से पहले गुरु के प्रति श्रद्धा रखना अनिवार्य है। इसे एक और उदाहरण से आपको समझाते हैं– मान लीजिए, आपको एक स्थान पर जाना हो, जिसका रास्ता आपको पता नहीं है। एक व्यक्ति से पूछने पर वह आपको अच्छी तरह समझा देता है कि पहले आप यहाँ से दाईं ओर जाइए, फिर आपको दो पुल मिलेंगे। उसके बाद एक बड़ी इमारत (Building) आएगी, फिर वहाँ से बाईं ओर एक गली दिखेगी, उसके कोने पर ही वह जगह है। अब आप उस व्यक्ति के द्वारा बताए गए रास्ते पर चलना प्रारंभ करते हैं और जैसे–जैसे आप आगे बढ़ते जाते हैं, आपको रास्ते में वो सब दिखता है, जो उस व्यक्ति ने बताया था। यह देखकर आपकी श्रद्धा बढ़ती जाती है और जब आप लक्ष्य पर पहुँच जाते हैं, तो आपको पूर्ण श्रद्धा हो जाती है कि उस व्यक्ति ने जो बताया था, वह सत्य था।

इसी प्रकार गुरु हमें ज्ञान देते हैं। हमें उनके द्वारा बताए रास्ते पर चलना चाहिए। आरंभ में श्रद्धा कोमल होती है। बाद में जब हम गुरु के द्वारा बताए गए पथ पर चलते हैं, तो हमारी श्रद्धा सुदृढ़ होती जाती है और हम अपने जीवन के लक्ष्य आनंद को शीघ्र ही प्राप्त कर सकते हैं। अतः श्रद्धा करना अनिवार्य है।

जिज्ञासु : आपके इस कथन से तो ऐसा लगता है कि हम प्रारंभ में किसी को भी गुरु स्वीकार कर लें और उनमें श्रद्धा करें। परंतु मेरा एक प्रश्न है, यदि बाद में पता लगे कि वह व्यक्ति तो प्रामाणिक गुरु है ही नहीं, तो हमारा सारा समय ही नष्ट हो गया।

उपदेशक : आपने बहुत अच्छा प्रश्न किया। श्रद्धा करने से पहले हमें यह जानना आवश्यक है कि श्रद्धा करने योग्य कौन हैं अर्थात् गुरु की क्या योग्यताएँ होती हैं।

जिज्ञासु : जी बताइए, यह तो बहुत आवश्यक विषय है।

५.6 प्रामाणिक गुरु की योग्यताएँ

उपदेशक : गुरु की सबसे बड़ी योग्यता यह है कि गुरु एक प्रामाणिक परंपरा से होना चाहिए।

जिज्ञासु : प्रामाणिक परंपरा ! यह क्या होती है?

उपदेशक : बताता हूँ। पहले मेरे एक प्रश्न का उत्तर दीजिए।

जिज्ञासु : पूछिए।

उपदेशक : यदि आपको किसी महाविद्यालय (College) में प्रवेश लेना है तो आप सबसे पहले कॉलेज में क्या देखते हैं?

जिज्ञासु : उसमें अध्यापक (Teacher) अच्छे हों।

उपदेशक : और क्या देखते हैं?

जिज्ञासु : पढ़ने की सुविधा अच्छी हो, अच्छी पढ़ाई होती हो, प्रतिष्ठित हो...।

उपदेशक : अच्छा बताइए कि यदि किसी प्रतिष्ठित कॉलेज में अच्छे अध्यापक हों, पढ़ने की सुविधाएँ भी अच्छी हों, अच्छी पढ़ाई भी होती हो, परंतु उस कॉलेज को मान्यता प्राप्त न हो अर्थात् वह प्रामाणिक न हो, तो क्या आप ऐसे कॉलेज में प्रवेश लेना चाहेंगे?

जिज्ञासु : बिल्कुल नहीं, प्रामाणिकता तो सर्वप्रमुख है।

उपदेशक : बिल्कुल सही कहा आपने। अगर वह कॉलेज मान्यता प्राप्त नहीं है, तो जितने वर्ष आप कॉलेज में पढ़ेंगे, वह समय व्यर्थ चला जाएगा, जिसकी भरपाई कभी नहीं की जा सकती और साथ में पैसे भी व्यर्थ चले जाएँगे। जो उपाधि (Degree) मिलेगी, वह भी कुछ काम नहीं आएगी। अंततः यह कार्य आपके दुःख का कारण बनेगा।

इसी प्रकार का एक दृष्टांत 1970 के दशक में हुआ। कलकत्ता में कानून का एक कॉलेज हुआ करता था। उस समय कानून की पढ़ाई में उस कॉलेज को सबसे अच्छा माना जाता था। किंतु 25-30 वर्ष बाद यह पता लगा कि वह कॉलेज प्रामाणिक नहीं है। इसलिए उन सभी वकीलों की डिग्री रद्द कर दी गई, जिन्होंने वहाँ से पढ़ाई की थी। जब हम भौतिक

विज्ञान के लिए प्रामाणिकता की जाँच करते हैं, तो आध्यात्मिक विज्ञान में क्यों नहीं। अतएव आध्यात्मिक विज्ञान की प्राप्ति हेतु एक प्रामाणिक गुरु की खोज करके ही हम जीवन को सफल बना सकते हैं, अन्यथा नहीं।

जिज्ञासु : सही कहा आपने।

उपदेशक : तो क्या अब आपको प्रामाणिकता का महत्त्व समझ में आया?

जिज्ञासु : जी हाँ। परंतु आध्यात्मिक विज्ञान के कौन–से संस्थान या शिक्षक प्रामाणिक हैं, इसका पता कैसे चलता है?

उपदेशक : ध्यानपूर्वक सुनिए, जिस प्रकार भौतिक विज्ञान लेने के लिए हम प्रामाणिकता की जाँच करते हैं, उसी प्रकार आध्यात्मिक विज्ञान लेने के लिए भी हमें प्रामाणिकता की जाँच करनी होगी अर्थात् हमें प्रामाणिक गुरु से ज्ञान लेना होगा, जिसने स्वयं प्रामाणिक परंपरा (विद्यालय) से ज्ञान लिया हो, जिसे शिष्य–गुरु परंपरा (Disciplic Succession) भी कहते हैं।

श्रीमद्भगवद्गीता के चौथे अध्याय का दूसरा श्लोक बताता है कि ज्ञान प्रामाणिक (वैध) परंपरा से ही आना चाहिए।

"एवं परंपराप्राप्तमिमं राजर्षयो विदुः।"

"इस प्रकार यह परम विज्ञान शिष्य–गुरु परंपरा द्वारा प्राप्त किया गया और राजर्षियों ने इसे इसी प्रकार से समझा। (श्रीमद्भगवद्गीता 4.2)

भगवान् श्री कृष्ण यहाँ कह रहे हैं कि परंपरा से लिया गया ज्ञान ही वैध होता है। इस प्रकार जिस व्यक्ति ने इस वैध ज्ञान को प्रामाणिक गुरु से भाव सहित यथारूप लिया है और यथारूप दोहराता है, उसे ही प्रामाणिक गुरु मानना चाहिए।

जिज्ञासु : शिष्य–गुरु परंपरा या परंपरा क्या होती है?

उपदेशक : आध्यात्मिक विज्ञान के परिप्रेक्ष्य में परंपरा शब्द का उपयोग शिष्य–गुरु परंपरा के लिए होता है। इस शिष्य–गुरु परंपरा के आदि गुरु स्वयं परम रचयिता हैं। आदि गुरु अपने शिष्य को ज्ञान देते हैं, फिर वह शिष्य गुरु के आदेश पर गुरु रूप में अपने शिष्यों को ज्ञान देते हैं; इसी तरह से यह प्रथा आगे चलती रहती है, इसी को शिष्य–गुरु परंपरा कहते हैं। गुरु बनने से पहले व्यक्ति शिष्य बनता है। इसे एक उदाहरण से

समझते है। आप यह बताइए कि पहले आप पुत्र हो, पति हो या पिता हो?

जिज्ञासु : पुत्र।

उपदेशक : सही कहा आपने। फिर आप क्या बनते हैं?

जिज्ञासु : फिर हम पति बनते हैं और फिर पिता बनते हैं।

उपदेशक : बिल्कुल सही कहा आपने। इसी प्रकार आपके पिता पहले आपके दादा के पुत्र थे, बाद में आपके पिता हैं। इसी प्रकार आपके दादा पहले आपके परदादा के पुत्र थे, बाद में आपके पिता के पिता हैं। इसी प्रकार गुरु पहले शिष्य हैं, बाद में गुरु। उस शिष्य के गुरु भी पहले अपने गुरु के शिष्य थे और उसके गुरु के गुरु भी किसी प्रामाणिक गुरु के शिष्य थे। इस श्रृंखला में जब आप ऐसे व्यक्ति तक पहुँचते हैं; जिसका कोई गुरु नहीं हैं या वे किसी के शिष्य नहीं हैं, वे ही आदि गुरु हैं और वे भगवान् श्री कृष्ण हैं। सारी परंपराएं उन्हीं से आती हैं।

जिज्ञासु : इससे तो यह पता लगता है कि परंपरा में शिष्य बनना अनिवार्य है, न कि गुरु बनना।

उपदेशक : आपने बिल्कुल सही समझा। महत्त्वपूर्ण बात तो शिष्य बनना है। गुरु अपने शिष्य के लिए गुरु होते हैं। गुरु, दुनिया में सभी के लिए गुरु नहीं होते, वो केवल उन्हीं लोगों के लिए गुरु होते है, जो उनसे ज्ञान प्राप्त करते हैं। परंतु गुरु हमेशा शिष्य था, शिष्य है, शिष्य ही रहेगा। जब गुरु यह तथ्य भूल जाता है, तो वह सब कुछ भूल जाता है। गुरु का कार्य है, वह अपने प्रामाणिक गुरु से ज्ञान लेता है और उस ज्ञान को यथारूप अपने शिष्यों तक पहुँचाता है।

जिज्ञासु : कौन गुरु परंपरा में है और कौन गुरु परंपरा में नहीं है, इसका पता करने का कोई तरीका है?

उपदेशक : बहुत अच्छा प्रश्न किया आपने। इसके लिए हम जब भी किसी गुरु के पास जाएँ, तो हमें उनसे प्रश्न करना चाहिए कि उनके गुरु कौन, उनके गुरु के गुरु कौन, फिर उनके गुरु कौन? इस प्रकार से यह गुरु–परंपरा आदि गुरु भगवान् श्री कृष्ण तक पहुँचनी चाहिए। तभी हमें वेदों का भावार्थ मिल पाएगा।

शिष्य–गुरु परंपरा को हमारे गुरु महाराज श्रील प्रभुपाद एक उदाहरण

से समझाते हैं। एक पेड़ पर सबसे ऊपर वाली डाल पर एक फल लगा है। हर डाल पर एक व्यक्ति बैठा है। सबसे ऊपर बैठा व्यक्ति फल तोड़ करके नीचे बैठे व्यक्ति को देता है, फिर नीचे बैठा व्यक्ति अपने से नीचे बैठे व्यक्ति को फल देता है। इस तरह से अंत में फल यथारूप सबसे नीचे खड़े व्यक्ति तक पहुँच जाता है। इसी को सरल रूप में परंपरा कहते हैं। यदि फल ऊपर से फेंक दिया जाए, तो पिचक जाता है और खाने योग्य नहीं रहता। इसी प्रकार से अगर शिष्य–गुरु परंपरा खंडित हो जाती है तो ज्ञान भी आने वाली पीढ़ियों तक यथारूप में नहीं पहुँचता।

जिज्ञासु : परंतु लोग तो शिष्य–गुरु परंपरा का कहाँ ध्यान रखते हैं, वे तो किसी को भी गुरु मान लेते हैं।

उपदेशक : सही कहा आपने। लोग किसी को भी गुरु मान लेते हैं। लेकिन जब कोई माता–पिता अपने लड़के या लड़की के लिए रिश्ता ढूँढ़ते हैं, तो कितनी छान–बीन करते हैं और फिर रिश्ता पक्का करते हैं। परंतु जब गुरु की बात आती है, जो कि हमारे सनातन जीवन के लिए अत्यंत महत्त्वपूर्ण है, बिना सोच–विचार किए ही किसी को भी गुरु बना लेते हैं। शास्त्र कहते हैं कि शिष्य को गुरु को तथा गुरु को शिष्य को कम–से–कम एक वर्ष तक परखना चाहिए।

जिज्ञासु : परंतु आजकल तो लोग गुरु को या गुरु, शिष्य को कहाँ परखते हैं?

उपदेशक : आपने बिल्कुल सत्य कहा। शिष्य द्वारा गुरु को तथा गुरु द्वारा शिष्य को परखने के संदर्भ में एक प्रसंग आता है– एक बार एक लड़का एक गुरु के पास गया और बोला, "गुरु जी, मैं आपका शिष्य बनना चाहता हूँ, आपसे दीक्षा लेना चाहता हूँ।"

गुरु ने लड़के से प्रश्न किया कि आप किस वर्ण के हो, आपके पिता का नाम क्या है? आपके पिता जी क्या करते हैं?

लड़के ने उत्तर दिया, "मुझे मेरी माता का नाम तो ज्ञात है, परंतु पिता का नहीं।"

गुरु ने कहा, "जाओ, अपनी माता से अपने पिता का नाम पूछकर आओ।"

वह लड़का अपनी माँ के पास गया और उसने अपनी माँ से कहा, "माँ! मेरे पिता का नाम क्या है?"

माँ बोली, "बेटा! मैं तो वेश्या हूँ। मुझे नहीं पता कि तुम्हारे पिता का नाम क्या है।"

यह लड़का गुरु के पास वापस आया और बोला, "गुरुदेव, मेरी माँ ने कहा है कि वह वेश्या है, उसे मालूम नहीं कि मेरे पिता कौन हैं।"

गुरु ने कहा, "चिंता मत कर, अब तुम्हें यह जानने की आवश्यकता नहीं है। तुमने सत्य बोलकर यह सिद्ध कर दिया है कि तुम शिष्य बनने योग्य हो।"

इस उदाहरण से यह स्पष्ट है कि गुरु ने ऐसे ही शिष्य को स्वीकार नहीं किया, उन्होंने पहले शिष्य की परीक्षा ली और उसके बाद उसे शिष्य स्वीकार किया। जब आप भी अपने जीवन में गुरु धारण करो तो पहले गुरु को अवश्य परखना।

जिज्ञासु : बिल्कुल, मैं इस बात का ध्यान रखूँगा, लेकिन मैं यह जानना चाहता हूँ कि जैसे आपने बताया कि स्कूल व कॉलेज मान्यता प्राप्त होना आवश्यक है, तो क्या कोई गुरु भी मान्यता प्राप्त होते हैं?

उपदेशक : जी हाँ, गुरु को भी मान्यता प्राप्त होना चाहिए। शास्त्रों ने कलियुग में आध्यात्मिक विज्ञान के लिए केवल चार प्रामाणिक परंपराओं को मान्यता दी है। गुरु तभी प्रामाणिक माना जाएगा, जब उन्होंने इन चार परंपराओं में से किसी एक परंपरा के अंतर्गत शिक्षा ली हो। पद्म पुराण नामक वैदिक शास्त्र में यह उल्लेखित है–

सम्प्रदाय–विहिना ये मंत्र ते निष्फला मतः।
अतः कलौ भविष्यन्ति चत्वरः सम्प्रदायिनः।।
श्री–ब्रह्म–रुद्र–सनकः वैष्णवः क्षिति–पवनः चत्वरस।
ते कलौ भव्य ह्य उत्कले पुरूषोत्तम।।
रामानुजम श्री स्विकाक्रे मध्वकार्यं चतुर्मुखः।
श्री विष्णुस्वामिनम रुद्रो निम्बादित्यं चतुःसनः।।

इस श्लोक की प्रथम पंक्ति में बहुत ही स्पष्ट रूप से आया है, जो संप्रदाय से विहीन हैं, उनका मंत्र निष्फल हो जाता है अर्थात् जो मंत्र (ज्ञान) संप्रदाय से विहीन है, वह निष्फल होता है। शास्त्रों के श्लोकों और विशेषकर उपनिषदों के श्लोकों को मंत्र भी कहा जाता है।

जिज्ञासु : मंत्र क्या होता है?

उपदेशक : "मन त्रायते इति मंत्राः।" मंत्र का अर्थ है, जो मन को तार दे। अतः वेदों का प्रत्येक शब्द जो आध्यात्मिक उन्नति के लिए प्रेरित करे, वह मंत्र है, क्योंकि वे व्यक्ति को अज्ञानता अर्थात् दुखों से तार देते हैं।

जिज्ञासु : इसका अर्थ हुआ कि जो माला पर जपते हैं, केवल वही मंत्र नहीं होते।

उपदेशक : सही समझा आपने। हर शब्द जो वैदिक आध्यात्मिक विज्ञान देता है, वह मंत्र है। उपनिषद् के हर श्लोक को मंत्र ही कहा जाता है। आपको यह समझ में आया?

जिज्ञासु : जी हाँ।

उपदेशक : बहुत अच्छा। इस श्लोक में ऐसा कहा गया है कि जो सम्प्रदाय (शिष्य–गुरु परंपरा) से विहीन हैं, उनके मंत्र अर्थात् उनका ज्ञान निष्फल होगा। इसी श्लोक की आगे की पंक्तियों का अर्थ है कि कलियुग में चार संप्रदायों को ही आध्यात्मिक विज्ञान देने के लिए प्रामाणिक या मान्यता प्राप्त माना गया है।

जिज्ञासु : ये चार संप्रदाय कौन से हैं?

उपदेशक : ये चार प्रामाणिक संप्रदाय हैं :

1. श्री संप्रदाय
2. ब्रह्म संप्रदाय
3. कुमार संप्रदाय
4. रूद्र संप्रदाय।

श्री संप्रदाय की परंपरा श्री लक्ष्मी जी से आती है, ब्रह्म संप्रदाय की परंपरा श्री ब्रह्मा जी से आती है, कुमार संप्रदाय की परंपरा श्री चार कुमारों से आती है और रूद्र संप्रदाय की परंपरा श्री शिव जी से आती है। वैदिक साहित्य में यह भी आया है कि इन चार संप्रदायों के चार गुरु आएँगे, जो दक्षिण भारत में प्रकट (जन्म) होंगे। इनके नाम होंगे– श्री संप्रदाय के श्री रामानुजाचार्य, ब्रह्म संप्रदाय के श्री मध्वाचार्य, कुमार संप्रदाय के

श्री निम्बार्काचार्य और रूद्र संप्रदाय के श्री विष्णुस्वामी। ये चारों संप्रदाय भगवान् श्री कृष्ण से ही आरंभ होते हैं। इन चार संप्रदायों के अतिरिक्त अन्य किसी संप्रदाय को कलियुग में मान्यता नहीं दी गई है।

क्रमांक	**संप्रदाय**	**संप्रदाय के प्रवर्तक**	**इस युग में संप्रदाय के आचार्य**
1	श्री संप्रदाय	श्री लक्ष्मी जी	श्री रामानुजाचार्य
2	ब्रह्म संप्रदाय	श्री ब्रह्मा जी	श्री मध्वाचार्य
3	कुमार संप्रदाय	श्री चार कुमार (सनक, सनंदन, सनातन और सनत्कुमार)	श्री निम्बार्काचार्य
4	रूद्र संप्रदाय	श्री शिव जी	श्री विष्णुस्वामी

इन संप्रदायों की भी आगे कई शाखाएँ हैं, जैसे कि विष्णुस्वामी जी की परंपरा से एक शाखा श्री वल्लभाचार्य जी के अनुयायियों की है और श्री रामानुजाचार्य जी की परंपरा से एक शाखा रामानंदी शाखा भी है। परंतु आज इन चार परंपराओं की भी कुछ शाखाएँ सूख चुकी हैं अर्थात् वे आध्यात्मिक विज्ञान को यथारूप नहीं दे रही हैं। अब आपको परंपरा के विषय में कुछ समझ आया?

जिज्ञासु : जी हाँ, समझ में आ गया। अब मैं यह जानना चाहता हूँ कि क्या आप भी एक प्रामाणिक परंपरा से हैं?

उपदेशक : जी हाँ, आपने बहुत ही महत्त्वपूर्ण प्रश्न किया है। यह प्रश्न हर एक मनुष्य को आध्यात्मिक विज्ञान लेने से पहले, जो व्यक्ति आध्यात्मिक विज्ञान दे रहा है, उससे अवश्य करना चाहिए। जिससे कि उसको कोई धोखा न दे सके और वह धोखा न खा सके। मेरे दीक्षा गुरु हैं विश्व विख्यात, श्री कृष्ण के शुद्ध भक्त कृष्णकृपामूर्ति श्री श्रीमद् अभय चरणारविंद भक्तिवेदांत स्वामी ठाकुर श्रील प्रभुपाद। श्रील प्रभुपाद जी ने दीक्षा, ब्रह्म–मध्व गौड़ीय वैष्णव संप्रदाय से ली हैं अर्थात् ब्रह्मा जी के संप्रदाय से। उनके गुरु थे श्रील भक्तिसिद्धांत सरस्वती गोस्वामी महाराज। इसलिए हम और हमारी संस्था "गौरांग इंस्टिट्यूट फॉर वैदिक एजुकेशन (GIVE)", "ब्रह्म–मध्व गौड़ीय वैष्णव संप्रदाय" से है। गुरु को तभी प्रामाणिक माना जाना चाहिए, जब वह बताई गई चार परंपराओं में से किसी एक परंपरा से हो। क्या यह तथ्य आपको स्पष्ट है?

जिज्ञासु : जी हाँ। परंतु क्या प्रामाणिक गुरु के बारे में और भी कुछ कहा गया है?

उपदेशक : जी हाँ, पद्मपुराण में कहा गया है–

षट्कर्मनिपुणो विप्रो मन्त्रतंत्र विशारदः।

अवैष्णवो गुरुर्न स्याद् वैष्णवः श्वपचो गुरुः।।

इसका अर्थ है– "विद्वान ब्राह्मण, भले ही वह छह कर्मों (ज्ञान लेना एवं ज्ञान देना, दान लेना एवं दान देना, यज्ञ करना एवं यज्ञ कराना) में निपुण हो, मंत्रो और तंत्रों में प्रकाण्ड पण्डित हो, परंतु यदि वह वैष्णव नहीं है या कृष्णभावनामृत में दक्ष नहीं हैं, तो वह गुरु बनने का पात्र नहीं है। किंतु यदि वह वैष्णव हैं अर्थात् श्री कृष्ण भक्त हैं, चाहे उन्होंने पिछले जीवन में सुअर भी खाया हो, तो भी वह गुरु बनने योग्य है।"

जिज्ञासु : वैष्णव का अर्थ क्या है?

उपदेशक : वैष्णव का अर्थ है, जो भगवान् श्री कृष्ण, श्री राम या श्री विष्णु के अवतारों को परम भगवान् या परम सत्य मानता है और उनकी आज्ञा का पालन करता है। ऐसा व्यक्ति ही गुरु बन सकता है। अब हम प्रामाणिक गुरु की एक और योग्यता पर चर्चा करते हैं।

जिज्ञासु : बिल्कुल बताइए।

उपदेशक : हमारे गुरु महाराज श्रील प्रभुपाद कहा करते थे कि गुरु को पोस्टमैन की तरह होना चाहिए।

जिज्ञासु : वह कैसे?

उपदेशक : आप यह बताइए, यदि पोस्टमैन के पास आपका मनी ऑर्डर आता है, तो एक अच्छा पोस्टमैन उस मनी ऑर्डर का क्या करता है?

जिज्ञासु : अच्छा पोस्टमैन, उस मनी ऑर्डर में बिना हेर–फेर किए, जो पैसा मुझे देना है, वो मुझे दे देगा।

उपदेशक : बिल्कुल सही कहा आपने। इसी प्रकार गुरु को पोस्टमैन की तरह बताया है। एक प्रामाणिक गुरु की यह योग्यता होती है कि वे अपने शिष्यों को वही ज्ञान देते हैं, जो उन्होंने अपने गुरु से लिया

है। वे प्रामाणिक गुरु उस ज्ञान में कभी भी अपना मनगढ़ंत या अपने विचार या अपने मन से उत्पन्न कोई भी ज्ञान नहीं लगाते हैं। इसीलिए हमारे गुरु महाराज श्रील प्रभुपाद जी ने भगवद्गीता का नाम दिया है – "श्रीमद्भगवद्गीता यथारूप।" क्या आपको समझ आ रहा है?

जिज्ञासु : जी हाँ, आ रहा है।

४.7 गुस्सा- सही या गलत

उपदेशक : अब मैं आपको गुरु का एक विशेष गुण बता रहा हूँ। गुरु को गुस्सा करना चाहिए।

जिज्ञासु : यह कैसे? हमने तो अभी तक यही सुना है कि गुस्सा करना गलत है। गुस्सा तो बुरा होता है।

उपदेशक : आप जो कह रहे हैं, वह सही भी है और गलत भी।

जिज्ञासु : वह कैसे?

उपदेशक : सुनिए। गुस्से का रहस्य। गुस्सा दो प्रकार का होता है – धर्म रोष और काम रोष।

जिज्ञासु : रोष का अर्थ क्या है?

उपदेशक : रोष का अर्थ होता है– गुस्सा। आगे सुनिए। धर्म रोष दूसरे के भले के लिए किया जाता है और काम रोष अपनी इच्छा पूर्ति न होने पर किया जाता है। पहले वाले गुस्से को अच्छा माना गया है और दूसरे वाले गुस्से को गलत माना गया है। शास्त्र कहते हैं कि माता–पिता, गुरु तथा अधिकारी जैसे- राजा या कोई अधिकारी हो और वे अपने आश्रितों पर उन्हें सुधारने के लिए गुस्सा नहीं कर रहे हैं, तो वे गलत कर रहे हैं। क्योंकि उन पर गुस्सा करके उनको प्रगति की राह पर ले जाना होता है। कई बार लोग कहते हैं, 'शांति।' मैं उनसे यही कहता हूँ कि इतनी भी शांति नहीं कि दूसरा व्यक्ति बर्बाद ही हो जाए। जैसे कि एक विद्यार्थी नशीले पदार्थ (ड्रग्स) लेना प्रारंभ कर दे और समझाने पर भी वह इस लत को न छोड़े तो आप बताइए, उसके माता–पिता और शिक्षकों को उस पर गुस्सा करके समझाना चाहिए या नहीं?

जिज्ञासु : जी हाँ, बिल्कुल गुस्सा करना चाहिए, नहीं तो उस बच्चे की ज़िंदगी बर्बाद हो जाएगी।

उपदेशक : बिल्कुल सही कहा आपने। इसलिए गुस्सा हमेशा खराब नहीं होता। यह गलत धारणा है कि गुस्सा नहीं करना चाहिए। गुरु, माता–पिता और राजा (अधिकारी) को अपने पर आश्रितों को सुधारने हेतु गुस्सा करना चाहिए। जो गुरु गुस्सा नहीं करता, वह शिष्य को ग्राहक मानता है और

ग्राहक को क्या किया जाता है?

जिज्ञासु : ग्राहक को तो खुश किया जाता है।

उपदेशक : बिल्कुल सही, ग्राहक को खुश करना चाहिए, परंतु शिष्य को नहीं। गुरु यदि शिष्य को खुश करेगा, तो शिष्य जीवन में कभी उन्नति नहीं कर पाएगा। गुरु को सत्य बताना चाहिए। जो सही है, वो सही है और जो गलत है, वो गलत है। इसी तरह माता–पिता जो कि बच्चे के पहले गुरु होते हैं, उनका यह कर्तव्य है कि बच्चों को सत्य बताएँ कि सही क्या है और गलत क्या है। इसे धर्म रोष कहते हैं और इसे सकारात्मक गुस्सा माना गया है।

जिज्ञासु : तो काम रोष क्या होता है?

उपदेशक : अपनी इच्छा (इंद्रियतृप्ति) पूरी न होने पर जो गुस्सा आता है, उसे काम रोष कहते हैं। ऐसा गुस्सा किसी के भले के लिए नहीं होता। जैसे कि किसी को अपनी मनपसंद वस्तु न मिले या उसके कहे अनुसार कोई व्यक्ति कार्य न करे तो गुस्सा आ जाता है, इसे ही काम रोष कहते हैं। अधिकतर व्यक्ति काम रोष ही करते हैं, क्योंकि उस गुस्से में किसी दूसरे का हित नहीं होता। काम रोष को गुस्सा कहा जाता है और धर्म रोष को डाँट या डाँटना कहा जाता है। क्या आपको समझ में आया?

जिज्ञासु : जी हाँ, आपने मेरी एक और अवधारणा को सही किया।

५.8 दीक्षा- प्रामाणिक शिष्य बनने की प्रक्रिया

जिज्ञासु : अब मैं यह जानना चाहता हूँ कि शिष्य कैसे बनते हैं? क्या इसकी भी कोई प्रक्रिया है ?

उपदेशक : जी हाँ। इस प्रक्रिया को दीक्षा कहा जाता है। अब मैं दीक्षा की बात करने जा रहा हूँ। 'दी' का अर्थ है, "दिव्य ज्ञान" और "क्षा" का अर्थ है, "अज्ञानता का क्षय" अर्थात् दिव्य ज्ञान से अज्ञानता समाप्त होती है। क्या आपकी दीक्षा हो चुकी है?

जिज्ञासु : नहीं, मैंने कभी इस बारे में सोचा ही नहीं।

उपदेशक : आपने दीक्षा ली है।

जिज्ञासु : आप भी अच्छा मज़ाक कर लेते हैं। मैंने कभी दीक्षा नहीं ली।

उपदेशक : मैं मज़ाक नहीं कर रहा। आप ही बताइए, आपने MBA तो किसी कॉलेज से किया होगा?

जिज्ञासु : जी हाँ, IIM से।

उपदेशक : आपने IIM में औपचारिक रूप से एडमिशन लिया था या ऐसे ही क्लास में बैठ गए थे?

जिज्ञासु : औपचारिक रूप से एडमिशन लिए बिना मैं क्लास में बैठ ही नहीं सकता था।

उपदेशक : आपने बिल्कुल सही कहा। इसी औपचारिक एडमिशन को आध्यात्मिक विज्ञान के क्षेत्र में दीक्षा कहते हैं।

जिज्ञासु : इसका अर्थ तो यह हुआ कि अभी मैंने दीक्षा नहीं ली तो क्या मैं आध्यात्मिक विज्ञान नहीं ले सकता?

उपदेशक : जैसे मैंने आपको बताया था कि एक साल तक शिष्य को गुरु को और गुरु को शिष्य को परखना चाहिए। इस प्रक्रिया के अंतर्गत आप गुरु को कैसे परखेंगे? जब गुरु आपको यह ज्ञान देगा। और गुरु शिष्य को परखेगा कि शिष्य इस ज्ञान को लेने में और जीवन में लगाने के लिए कितना गंभीर है। इस विधि के अंतर्गत आप यह ज्ञान ले सकते हैं और मैं आपको यह ज्ञान बता ही रहा हूँ। समझ में आया आपके?

जिज्ञासु : जी हाँ। अब स्पष्ट हो गया।

उपदेशक : अब इस विषय पर आगे चर्चा करते हैं। आज अधिकतर व्यक्ति यह गलती करते हैं कि वे गुरु से तो दीक्षा ले लेते हैं, परंतु यदि उन शिष्यों से पूछा जाए कि जीवन का लक्ष्य क्या है, तो 99% व्यक्ति उत्तर नहीं दे पाते। यह उसी तरह से है कि आपने कॉलेज में प्रवेश तो ले लिया, लेकिन कभी कॉलेज में पढ़ाई नहीं की। अब आप ही बताइए कि शिष्य का क्या कार्य है?

जिज्ञासु : शिष्य का मुख्य कार्य है, शिक्षा लेना अर्थात् ज्ञान लेना।

उपदेशक : आपने बिल्कुल सही कहा। अब एक बात और बताइए, यदि शिष्य गुरु से ज्ञान नहीं लेता, तो क्या वह शिष्य कहलाने योग्य है?

जिज्ञासु : कदापि नहीं। वह शिष्य कैसे कहला सकता है। व्यक्ति गुरु का शिष्य तभी बनता है, जब वह गुरु से शिक्षा या ज्ञान ले।

उपदेशक : आपने यह तथ्य बिल्कुल सही समझा। आपसे एक और प्रश्न। यदि शिष्य गुरु को पैसे दे दे और गुरु से ज्ञान न ले और गुरु भी उसे ज्ञान न दे और उस व्यक्ति को अपना शिष्य मान ले, तो ऐसे में आप गुरु व शिष्य को क्या कहेंगे?

जिज्ञासु : इससे स्पष्ट होता कि ऐसा गुरु, गुरु नहीं है और शिष्य, शिष्य नहीं है। ये दोनों ही पाखण्डी हैं।

उपदेशक : आपने बहुत कड़वे वचन बोले, परंतु आप बिल्कुल सत्य कह रहे हैं। मैं आपसे एक बात और पूछता हूँ। शिष्य, गुरु से शिक्षा या ज्ञान क्यों लेता है?

जिज्ञासु : जिससे वह परीक्षा में अच्छे नंबरों से उत्तीर्ण हो सके।

उपदेशक : आपने फिर सही उत्तर दिया।

जिज्ञासु : यहाँ मैं आपसे एक प्रश्न करना चाहूँगा।

उपदेशक : जी पूछिए।

जिज्ञासु : कई बार होता है कि व्यक्ति ने किसी से दीक्षा ले ली, परंतु बाद में उसको पता लगा कि उसका गुरु किसी भी प्रागाणिक परंपरा में दीक्षित

नहीं है अर्थात् उसने कभी शिष्यता निभाई ही नहीं। ऐसे व्यक्ति की क्या गति है और उसे क्या करना चाहिए?

उपदेशक : आपने बहुत ही महत्त्वपूर्ण प्रश्न किया है, धन्यवाद। यदि किसी ने ऐसे अप्रामाणिक गुरु से दीक्षा ली है, तो वह अवश्य ही परीक्षा में उत्तीर्ण नहीं हो पाएगा। इसीलिए शास्त्र कहते हैं कि ऐसे अप्रामाणिक गुरु को तत्काल त्याग देना चाहिए और गंभीरता से बिना समय बर्बाद किये प्रामाणिक गुरु को ढूँढना चाहिए और उनका शिष्य बनकर उनसे शिक्षा ग्रहण करनी चाहिए।

जिज्ञासु : मेरा एक और प्रश्न है।

उपदेशक : पूछिए।

जिज्ञासु : यदि कोई गुरु, परंपरा से तो है, परंतु वह गुरु वर्तमान में अपने गुरु के आदेश पालन नहीं कर रहा। ऐसे गुरु के शिष्यों का क्या होता है? मेरे कहने का अर्थ यह कि वह कैसा गुरु है, जो अपने गुरु के आदेशों का पालन ही नहीं करता हैं और उस गुरु के शिष्यों का क्या होता है?

उपदेशक : अगर गुरु अपने गुरु की आज्ञा का यथारूप पालन नहीं कर रहा है तो वह गुरु परंपरा से कट गया है। इसलिए यह गुरु भ्रष्ट हो गया। शास्त्र कहते हैं कि शिष्य को ऐसे पथभ्रष्ट गुरु का त्याग तुरंत देना चाहिए और यदि वह ऐसे पथभ्रष्ट गुरु को नहीं त्यागता, तो वह भी पथभ्रष्ट हो जाएगा, जिससे उसका समस्त ज्ञान विफल हो जाएगा।

५.9 जीवन की परीक्षा कब होती है

जिज्ञासु : क्या आध्यात्मिक विज्ञान या जीवन की भी परीक्षा होती है?

उपदेशक : आपने बहुत ही अच्छा प्रश्न किया। मेरा अगला विषय यही है। ध्यान से सुनिए।

जिज्ञासु : जी हाँ।

उपदेशक : आगे बढ़ने से पहले, मैं आपसे कुछ पूछना चाहूँगा। परीक्षा कौन देता है, शिष्य या गुरु?

जिज्ञासु : यह तो बिल्कुल स्पष्ट है, शिष्य को ही परीक्षा देनी होती है।

उपदेशक : आपका उत्तर आधा सही है।

जिज्ञासु : वह कैसे !

उपदेशक : धैर्य रखिए, बताता हूँ। आध्यात्मिक विज्ञान या जीवन के क्षेत्र में गुरु और शिष्य दोनों को ही परीक्षा देनी होती है।

जिज्ञासु : यह कैसी परीक्षा है! गुरु तो परीक्षा उत्तीर्ण करके ही गुरु बनता है।

उपदेशक : धीरज रखिए। बता रहा हूँ। आगे बढ़ने से पहले मेरे एक प्रश्न का और उत्तर दीजिए। आप बताइए, एक व्यक्ति गुरु बनने से पहले क्या था?

जिज्ञासु : स्पष्ट–सी बात है, वह शिष्य ही रहा होगा। शिष्य बने बिना तो वह गुरु बन ही नहीं सकता।

उपदेशक : आपने फिर सही उत्तर दिया। आपको याद है कि हमने शिष्य–गुरु परंपरा के विषय पर चर्चा करते हुए बताया था कि व्यक्ति पहले पुत्र होता है, फिर वह पति बनता है और फिर वह पिता बनता है। क्या आपको याद है?

जिज्ञासु : जी हाँ, अच्छी तरह से याद है। पुत्र आगे चलकर पति या पिता बने या न बने, परंतु वह हर स्थिति में पुत्र तो रहता ही है।

उपदेशक : याद रखने के लिए धन्यवाद। इसका अर्थ है, आप ध्यान से

सुन रहे हैं, इसलिए आप इस चर्चा से पूर्ण लाभ उठा सकेंगे। जैसे पुत्र हर स्थिति में पुत्र ही रहता है, उसी प्रकार शिष्य, गुरु बने या न बने, वह हर स्थिति में शिष्य तो रहता ही है। शिष्य, गुरु बनने पर भी शिष्य तो रहता ही है, और हर शिष्य को परीक्षा देनी ही होती है। इस सिद्धांत से गुरु और शिष्य दोनों को ही परीक्षा देनी होती है।

जिज्ञासु : परंतु यह परीक्षा कब होती है?

उपदेशक : यह परीक्षा होती है, मृत्यु के समय।

जिज्ञासु : मृत्यु के समय !

उपदेशक : जी हाँ, हर व्यक्ति की परीक्षा मृत्यु के समय होती है। यह परीक्षा सबको देनी है, चाहे कोई कितना भी बड़ा गुरु हो। वे भी पहले शिष्य है, और परीक्षा में तो शिष्य ही बैठता है। मैं भी तैयारी कर रहा हूँ। मैं आपको जो यह समझा रहा हूँ, यह मेरी भी तैयारी है। क्या आपको समझ में आया?

जिज्ञासु : जी हाँ। परंतु मृत्यु परीक्षा होती है, यह समझ में नहीं आया।

उपदेशक : आपको समझ में नहीं आया, क्योंकि हमने समझाया ही नहीं। आगे हम आपको यही समझाने जा रहे हैं कि परीक्षा में आने वाली विषय वस्तु क्या है? परीक्षा की तैयारी कैसे की जाए, परीक्षा में उत्तीर्ण होने का क्या अर्थ है? इन्ही विषयों पर आगे की चर्चा होगी।

जिज्ञासु : यह विषय तो रोचक होता जा रहा है तथा और जानने की जिज्ञासा बढ़ती जा रही है, क्योंकि मृत्यु के विषय ने हमेशा ही मुझे रोमांचित किया है।

उपदेशक : आध्यात्मिक विज्ञान इसी तरह के कई रहस्यमय विषयों को उजागर करेगा, जिन्हें हर मनुष्य को जानना चाहिए। ध्यान से सुनते रहिए।

✧✧✧5✧✧✧

जीवन के विज्ञान का मुख्य शास्त्र-श्रीमद्भगवद्गीता

5.1 संक्षिप्त परिचय

जिज्ञासु : मैंने सुना है कि यह वैदिक शास्त्र तो बहुत विशाल हैं। इतना सब पढ़ने के लिए किसके पास समय है आज?

उपदेशक : आपने सही कहा, वेद इतने विशाल हैं कि आज के एक सामान्य व्यक्ति के लिए अपने जीवन काल में इनका अध्ययन करना लगभग असंभव है। दूसरी महत्त्वपूर्ण बात यह है कि श्रील जीव गोस्वामी, जो कि ब्रज के विश्वविख्यात षड् (6) गोस्वामियों में से एक हैं, उन्होंने तत्त्व संदर्भ नामक शास्त्र में लिखा है कि 94 प्रतिशत वेद लुप्त हो गए हैं।

जिज्ञासु : फिर हम आध्यात्मिक विज्ञान को कैसे समझेंगे? कैसे सफल होंगे? कैसे आनंद प्राप्त करेंगे?

उपदेशक : आपको या किसी को भी निराश होने की आवश्यकता नहीं हैं, ऐसे ही मनुष्यों को मझधार में नहीं छोड़ा गया। हमें समस्त वैदिक ज्ञान या आध्यात्मिक विज्ञान का सार श्रीमद्भगवद्गीता में दिया है। श्रीमद्भगवद्गीता को समस्त वेदों का अर्थात् सारे आध्यात्मिक विज्ञान का सार बताया गया है। इसलिए आज के युग में श्रीमद्भगवद्गीता ही आध्यात्मिक विज्ञान को समझने की सबसे श्रेष्ठतम पुस्तक मानी जाती है। जिस प्रकार भौतिक विज्ञान की बातों को प्रामाणिक सिद्ध करने के लिए भौतिक वैज्ञानिकों के कथनों का सहारा लिया जाता है, उसी प्रकार आध्यात्मिक विज्ञान की इस बात को सिद्ध करने के लिए हमें आध्यात्मिक विज्ञान के वरिष्ठ प्रामाणिक गुरुजनों का सहारा लेना होता हैं। अतः "भगवद्गीता समस्त वेदों का सार है", यह केवल हम ही नहीं कह रहे, बल्कि यह उनका कहना है जो कि आध्यात्मिक विज्ञान के महान् प्रामाणिक आचार्यगण हैं। जैसे– श्री रामानुजाचार्य, श्री मध्वाचार्य, श्री निम्बार्काचार्य, श्री विष्णुस्वामी, श्री वल्लभाचार्य, आदि शंकराचार्य, श्री चैतन्य महाप्रभु, षड् (6) गोस्वामी इत्यादि ने भी इस बात की पुष्टि की है।

जिज्ञासु : क्या मैं आपको बीच में रोककर एक प्रश्न कर सकता हूँ?

उपदेशक : जी हाँ, पूछिए।

जिज्ञासु : क्या यह भगवद्गीता वही है, जिसे युद्ध के मैदान में श्री कृष्ण ने अर्जुन को सुनाई थी?

उपदेशक : जी हाँ, बिल्कुल सही समझा आपने। भगवद्गीता वही संवाद है, जिसे महाभारत के युद्धस्थल में भगवान् श्री कृष्ण ने अपने मित्र एवं भक्त अर्जुन को सुनाया था।

जिज्ञासु : अच्छा, श्रीमद्भगवद्गीता का क्या अर्थ है?

उपदेशक : श्रीमद्भगवद्गीता में "श्रीमद्" का अर्थ है. "सुंदर, आकर्षक" और "भगवद्" का अर्थ है– "भगवान् के द्वारा" तथा "गीता" का अर्थ है– "मधुर वचन, जिनको हम गीत कहते हैं।"

अतएव "श्रीमद्भगवद्गीता" का अर्थ हुआ– "आकर्षक भगवान् के मधुर वचन, जो गीत के रूप में हैं।"

जिज्ञासु : अच्छा, और बताइए भगवद्गीता के विषय में।

उपदेशक : धैर्य रखिए।

जिज्ञासु : इतना अद्भुत ज्ञान मिल रहा है कि अब धैर्य कहाँ।

उपदेशक : भगवद्गीता मूलतः संस्कृत महाकाव्य महाभारत (वेदों के इतिहास भाग का हिस्सा) का एक अंग है। आज से लगभग 5000 वर्ष पूर्व भगवान् श्री कृष्ण ने अपने मित्र तथा भक्त अर्जुन को भगवद्गीता सुनाई थी। उनके मध्य यह वार्तालाप उस महान युद्ध से पूर्व हुई। इस युद्ध में संपूर्ण विश्व के राजा और उनकी सेनाएँ दो भागों में विभाजित थी। एक भाग के राजा धृतराष्ट्र के सौ पुत्रों के साथ थे और दूसरे भाग के उनके छोटे भाई पाण्डु के पाँच पुत्रों के साथ थे और यह महायुद्ध इनके बीच होने वाला था। आज के परिपेक्ष्य में यह वर्ल्ड वार के समान था।

भगवान् श्री कृष्ण इस महायुद्ध में अर्जुन के सारथी की भूमिका निभा रहे थे। युद्ध प्रारंभ होने से पूर्व अर्जुन ने भगवान् श्री कृष्ण को अपना रथ दोनों सेनाओं के मध्य ले जाने को कहा, जिससे अर्जुन देख सकें कि उनसे लड़ने के लिए कौन–कौन योद्धा आए हैं। सैन्य निरीक्षण के पश्चात् अर्जुन विचलित हो गए, क्योंकि उनके समक्ष उनसे लड़ने के लिए उनके प्रियजन खड़े थे, जिनसे वे आसक्त थे। यह देखकर अर्जुन शोकयुक्त और भ्रमित हो गए और अर्जुन ने भगवान् श्री कृष्ण से इस परिस्थिति से निकलने के लिए मार्गदर्शन माँगा। फलस्वरूप भगवान् श्री कृष्ण ने अर्जुन को उपदेश दिए। इन उपदेशों को ही श्रीमद्भगवद्गीता कहा जाता है।

अब मैं आपको श्रीमद्भगवद्गीता की महिमा के बारे में बताता हूँ, जिससे आपकी श्रीमद्भगवद्गीता के ज्ञान में श्रद्धा परिपक्व हो सके।

जिज्ञासु : अवश्य बताइए। यह तो बहुत महत्त्वपूर्ण है।

5.2 श्रीमद्भगवद्गीता महात्म्य

उपदेशक : आगे ध्यानपूर्वक सुनिए। आध्यात्मिक विज्ञान के एक महान आचार्य आदि शंकराचार्य जी कहते हैं–

"सर्वोपनिषदो गावो दोग्धा गोपालनंदनः।
पार्थो वत्सः सुधीर्भोक्ता दुग्धं गीतामृतं महत्।।"

"समस्त वेदों के दर्शन को गाय समरूप माना जाए, तो भगवद्गीता, जो सारे वेदों के दर्शन का सार है, गाय के दूध के समान है। भगवान् श्री कृष्ण इस गाय को दुह रहे हैं। अर्जुन बछड़े के समान हैं और अर्जुन सहित समस्त विद्वानगण तथा श्री कृष्ण भक्त भगवद्गीता रुपी अमृतमय दूध का पान करने वाले हैं।'' (गीता महात्म्य 6)

जिज्ञासु : यहाँ भगवद्गीता को दूध के समान क्यों बताया गया है?

उपदेशक : यहाँ भगवद्गीता को दूध इसलिए बताया गया है, क्योंकि दूध में कुछ भी छोड़ने योग्य नहीं होता, पूरा पीने के योग्य होता है। अतएव भगवद्गीता में कुछ भी छोड़ने योग्य नहीं है, सब कुछ ग्रहण करने योग्य है। आज के युग में अधिकतर व्यक्ति एक ही जगह से सब कुछ प्राप्त करना चाहते हैं। इसीलिए भगवान् श्री कृष्ण ने हमें समस्त शास्त्रों अर्थात् वेदों का सार एक ही शास्त्र भगवद्गीता दिया है, जिससे हमें भटकना न पड़े। यहाँ इस श्लोक से यही बात सिद्ध हो रही है कि आज के युग के लिए केवल एक ही शास्त्र भगवद्गीता पर्याप्त है।

जिज्ञासु : आज प्रत्येक व्यक्ति की भी यही इच्छा है कि उसे कोई शॉर्टकट मिल जाए, जिससे वह कम समय में ही सफल हो जाए।

उपदेशक : आपने सत्य कहा। आज विद्यार्थी सोचता है कि वह एक रात पढ़कर ही परीक्षा में पास हो जाए। एक व्यापारी भी यही सोचता है कि कैसे रातों–रात ही वह अमीर बन जाए। भगवान् श्री कृष्ण जीवों के इस स्वभाव को पहले से ही जानते थे। इसलिए हमें सारे वेद नहीं दिए, चौरानवें प्रतिशत (94%) वेद लुप्त कर दिए तथा लाखों श्लोकों का सार केवल सात सौ श्लोकों में दे दिया। आपका ऐसा कोई प्रश्न, ऐसी कोई समस्या नहीं है; जिसका समाधान भगवद्गीता में न हो। ज्ञान का कार्य मनुष्य की सारी जिज्ञासाओं का उत्तर देना है। चूँकि भगवद्गीता सारे वेदों के दर्शन का सार है, अतः इसमें सारे प्रश्नों एव समस्याओं का समाधान

होना स्वाभाविक है। परंतु आज तो व्यक्ति इन सात सौ श्लोकों को भी नहीं समझना चाहते, यह मानव समाज का महादुर्भाग्य है।

जिज्ञासु : आपने सही कहा, मैं भी उनमें से एक था। परंतु आज वास्तविक ज्ञान प्राप्त हो रहा है।

उपदेशक : आपका समय देने के लिए बहुत–बहुत धन्यवाद। आगे सुनिए। आध्यात्मिक विज्ञान के एक और महान् आचार्य श्रील व्यासदेव जी ने इस युग के जीवों के लिए महाभारत की रचना की है। वैदिक साहित्य बताते हैं कि इस युग के जीव कम बुद्धि वाले होंगे। अतः कम बुद्धि वाले मनुष्यों को सिद्धांत और दर्शन को समझने में अधिक रूचि नहीं होती है, उन्हें कथाओं में बड़ी दिलचस्पी होती है। महाभारत में, इतिहास में घटित कथाएँ हैं, परंतु भगवद्गीता के रूप में सिद्धांत भी हैं। महाभारत को अँगूठी के समान बताया गया है और भगवद्गीता को अँगूठी में लगे हीरे के समान। अँगूठी हीरे की शोभा को बढ़ाती है, इसलिए अँगूठी रूपी महाभारत की रचना हुई, जिससे कि हीरे रूपी भगवद्गीता के महत्त्व का पता लग सके। महाभारत की रचना इस युग के लिए की गई है और भगवद्गीता भी महाभारत का ही हिस्सा है। इसका अर्थ हुआ कि भगवद्गीता इस युग के जीवों के लिए है।

जिज्ञासु : मैंने तो ऐसा सुना है कि महाभारत को घर में रखने से लड़ाई हो जाती है।

उपदेशक : यह एक बहुत बड़ी गलत धारणा है कि महाभारत को घर में रखने से लड़ाई हो जाती है। यदि आप महाभारत के ज्ञान को जीवन में नहीं उतारते हैं तो निश्चित रूप से लड़ाई होगी। आज आप देख ही रहे हैं कि लोग महाभारत और भगवद्गीता का ज्ञान अपने जीवन में नहीं उतारते, इसलिए अधिकांश व्यक्तियों के जीवन में कलह ही कलह है। शांति कहाँ है? इसका महाभारत के रखने और न रखने से कोई संबंध नहीं है। समझ गए?

जिज्ञासु : जी हाँ। अब चीज़ों को समझने में स्पष्टता आ रही है।

उपदेशक : अब भगवद्गीता के बारे में कुछ महत्त्वपूर्ण तथ्य समझिए।

1. भगवद्गीता महाभारत के भीष्म पर्व के 25वें अध्याय से 42वें अध्याय तक है।

2. भगवद्गीता में 18 अध्याय हैं।
3. भगवद्गीता में 700 श्लोक हैं।
4. भगवद्गीता का मुख्य संवाद भगवान् श्री कृष्ण और अर्जुन के बीच में है।
5. भगवद्गीता का गौण संवाद धृतराष्ट्र और संजय के बीच में है।
6. भगवद्गीता के श्लोकों का विवरण यह है। (जिज्ञासु को सारणी देते हुए)

किसने बोले	**कितने श्लोक बोले**
भगवान् श्री कृष्ण	574
अर्जुन	84
संजय	41
धृतराष्ट्र	1
कुल	700

7. भगवद्गीता को योगसूत्र भी कहा जाता है, क्योंकि भगवान् श्री कृष्ण का एक नाम योगेश्वर भी है। योगेश्वर शब्द का अर्थ है,– समस्त योगियों के ईश्वर अर्थात् समस्त योगियों के स्वामी। भगवद्गीता श्री कृष्ण अर्थात् योगेश्वर के श्रीमुख से आई है, इसलिए इसे योगसूत्र भी कहते हैं।
8. भगवद्गीता को गीतोपनिषद् भी कहा जाता है। गीतोपनिषद् इसलिए कहा जाता है, क्योंकि वेदों का समस्त दर्शन उपनिषदों में है और समस्त उपनिषदों का सार भगवद्गीता है।
9. ऐसा कोई प्रश्न या समस्या नहीं है, जिसका उत्तर या समाधान भगवद्गीता में न हो।
10. भगवद्गीता की शिक्षाएँ हर काल के लिए उपयोगी हैं और इस युग अर्थात् इस समय में तो व्यक्तियों को इन शिक्षाओं की बहुत अधिक आवश्यकता है, क्योंकि व्यक्तियों का जीवन दुखों, टेंशन इत्यादि से पूरी तरह ग्रस्त है। इसीलिए इस युग के लिए भगवद्गीता बहुत उपयोगी है।

क्या अब आपको भगवद्गीता के महत्त्व के बारे में कुछ समझ आया?

जिज्ञासु : जी हाँ।

5.3 श्रीमद्भगवद्गीता एवं श्रीमद्भागवतम् में अंतर

जिज्ञासु : एक बात बताइए, क्या भागवत और भगवद्गीता एक ही है?

उपदेशक : नहीं, श्रीमद्भगवद्गीता एवं श्रीमद्भागवतम् दो अलग–अलग शास्त्र हैं। इस तुलनात्मक सारणी को देखिए, आपको सब समझ में आ जाएगा। (सारणी देते हुए)

श्रीमद्भगवद्गीता	श्रीमद्भागवतम्
"भगवद्" शब्द का अर्थ है "भगवान्"।	"भागवद्" शब्द का अर्थ है "भगवान् का" या "भगवान् से जुड़ा हुआ"।
भगवान् श्री कृष्ण के द्वारा बोली गई।	भगवान् श्री कृष्ण के विषय में बोली गई।
कुरुक्षेत्र के युद्धस्थल में भगवान् श्री कृष्ण ने अर्जुन को सुनाई।	श्री शुकदेव गोस्वामी जी ने परीक्षित महाराज को सुनाई।
श्रीमद्भगवद्गीता में 18 अध्याय हैं।	श्रीमद्भागवतम् में 335 अंध्याय हैं।
श्रीमद्भगवद्गीता में 700 श्लोक हैं।	श्रीमद्भागवतम् में 18000 श्लोक हैं।

अब समझ में आया कि भगवद्गीता और भागवतम् में क्या अंतर है?

जिज्ञासु : जी हाँ, परन्तु मेरा एक प्रश्न है, आज टी.वी. चालू करो या यूट्यूब पर तो कई तरह के प्रवचन चल रहे हैं, जिनमें से अधिकतर श्री कृष्ण भगवान् की कहानियाँ सुनाते हैं। मुझे यह कन्फ्यूजन (Confusion) हो रहा है कि आप जो बता रहे है; यानि कि भगवद्गीता को पहले सुने या जो लोग भगवान् की कहानियाँ सुना रहे हैं, उनको पहले सुनें? मेरे कहने का अर्थ यह है कि भगवद्गीता और भगवान् की कहानियों में से किसे पहले पढ़ें या सुनें?

उपदेशक : जो आज टी.वी. या यूट्यूब पर भगवान् श्री कृष्ण की कहानियाँ सुना रहे हैं, वे अधिकतर श्रीमद्भागवतम् से हैं। हमारे गुरुदेव श्रील प्रभुपाद एवं वैष्णव आचार्यों ने समस्त मानव–जाति से यह विनती की है कि पहले भगवद्गीता पढ़ें और इसके बाद श्रीमद्भागवतम् को पढ़कर मानव–जीवन का पूर्ण लाभ प्राप्त करें। क्या आपको समझ आया?

जिज्ञासु : जी हाँ, समझ में आ गया। मैं कुछ और प्रश्न पूछना चाहता हूँ।

उपदेशक : पूछिए।

जिज्ञासु : हमें श्रीमद्भगवद्गीता, श्रीमद्भागवतम् से पहले क्यों पढ़नी चाहिए?

उपदेशक : श्रीमद्भागवतम् की तुलना इस प्रकार की गई है. यदि समस्त वेदों को वृक्ष माना जाए, तो श्रीमद्भागवतम् इस वैदिक वृक्ष का पका हुआ फल है। हमने जैसे आपको पहले बताया है कि भगवद्गीता को दूध समान बताया है। अब आप बताइए, नवजात शिशु को पहले दूध पिलाना चाहिए या फल खिलाना चाहिए?

जिज्ञासु : स्पष्ट है, दूध पिलाना चाहिए। बच्चे को फल खिलाया भी जाए तो वह खा ही नहीं पाएगा और यदि खा भी लिया तो वह बीमार पड़ जाएगा।

उपदेशक : आपने एकदम सटीक उत्तर दिया। इसी प्रकार जब कोई व्यक्ति आध्यात्मिक विज्ञान लेने आता है, तो वह नवजात शिशु के तुल्य होता है। इसीलिए उसको दूध रुपी भगवद्गीता दी जाती है और जब वह आध्यात्मिक विज्ञान में बड़ा हो जाता है, तब उसको फल रुपी श्रीमद्भागवतम् दी जाती है। कुछ समझ में आया आपके?

जिज्ञासु : जी हाँ, बिल्कुल।

5.4 भगवद्गीता क्यों जाननी चाहिए

जिज्ञासु : मैं आपसे एक और प्रश्न करना चाहूँगा। हमें भगवद्गीता क्यों पढ़नी चाहिए?

उपदेशक : आपके प्रश्न का उत्तर देने से पहले मैं आपसे कुछ प्रश्न करता हूँ। क्या आपको याद है कि आप मेरे पास क्यों आए थे?

जिज्ञासु : जी हाँ, सफलता के विषय में जानने हेतु।

उपदेशक : सफलता का क्या अर्थ होता है?

जिज्ञासु : लक्ष्य की प्राप्ति।

उपदेशक : जीवन का क्या लक्ष्य है?

जिज्ञासु : आनंद प्राप्त करना।

उपदेशक : क्या भौतिक विज्ञान आपको आनंद दे सकता है?

जिज्ञासु : नहीं, भौतिक विज्ञान सुविधा प्रदान करता है, जिससे मज़ा तो आता है, परंतु आनंद प्राप्त नहीं होता ।

उपदेशक : बहुत अच्छे। अब बताओ कि जीवन के लक्ष्य आनंद को प्राप्त करने के लिए आपको क्या करना होगा?

जिज्ञासु : अपना व्यक्तित्व पूर्ण करना होगा और इसके लिए आध्यात्मिक विज्ञान को अर्जित करना पड़ेगा।

उपदेशक : आध्यात्मिक विज्ञान की मुख्य पुस्तक कौन–सी हैं?

जिज्ञासु : अभी आपने बताया था कि भगवद्गीता ही आध्यात्मिक विज्ञान की मुख्य पुस्तक है।

उपदेशक : तो भगवद्गीता पढ़ने से आपको क्या मिलेगा?

जिज्ञासु : (मुस्कुराते हुए)... आनंद।

उपदेशक : बिल्कुल सही, आपने स्वयं ही अपने प्रश्न का उत्तर दे दिया।

जिज्ञासु : यह तो आपकी महानता है कि आप इतनी अच्छी तरह से समझाते हैं।

उपदेशक : यह हमारी नहीं, हमारे गुरु महाराज श्रील प्रभुपाद जी की महानता है। आगे सुनिए।

भगवद्गीता स्वयं कहती है–

"यज्ज्ञात्वा मोक्ष्यसे अशुभात्"

"इस ज्ञान को जानने पर व्यक्ति समस्त दुखों से मुक्त हो जाता है और आनंद प्राप्त कर सकता है।"(9.1)

इसी प्रकार भगवद्गीता के 5वें अध्याय के 29वें श्लोक में आता है–

"भोक्तारं यज्ञ तपसां सर्वलोकमहेश्वरम्।

सुहृदं सर्वभूतानां ज्ञात्वा मां शान्तिमृच्छति"।। 5.29।।

"जो भगवद्गीता के रहस्य को जानता है, वह तुरंत शांति प्राप्त करता है"(5.29) और शांति प्राप्त करने पर उसे सुख की प्राप्ति होती है।

इसी प्रकार भगवद्गीता के 9वें अध्याय के दूसरे श्लोक में आता है–

"राजविद्या राजगुह्यं पवित्रमिदमुत्तम्।

प्रत्यक्षावगमं धर्म्यं सुसुखं कर्तुमव्ययम्।।" (9.2)

यह ज्ञान समस्त विद्याओं का राजा है, जो सारे रहस्यों में सर्वाधिक गुप्त है। यह परम शुद्ध है और चूँकि यह आत्मा की प्रत्यक्ष अनुभूति कराने वाला है, इसलिए यह धर्म का सिद्धांत है। यह अविनाशी है और अत्यंत सुखपूर्वक सम्पन्न किया जाता है।

इस श्लोक के अर्थ से स्पष्ट है कि इस ज्ञान के पथ पर जो व्यक्ति चलता है, वह सुखी नहीं अपितु अतिसुखी (सुसुखं) हो जाता है।

क्या आपका और कोई प्रश्न है?

जिज्ञासु : हाँ, मेरा एक प्रश्न है कि मैंने बहुत पहले एक भगवद्गीता देखी थी, जिसकी व्याख्या एक राजनैतिक व्यक्ति ने की थी तो क्या भगवद्गीता पर कोई भी व्यक्ति टिप्पणी कर सकता है?

उपदेशक : भगवद्गीता के अनुसार 4 प्रकार के लोग भगवद्गीता के

सिद्धांतों को पूर्ण रूपेण समझने में असमर्थ होते हैं अर्थात् शब्दार्थ तो समझ जाते हैं, किंतु भावार्थ नहीं समझते। अतः वे भगवद्गीता पर टिप्पणी करने के योग्य नहीं है। वे चार इस प्रकार हैं–

1. साधारण व्यक्ति, जो तपस्या या साधना नहीं करते हैं।
2. सांसारिक कार्यकर्ता, सांसारिक दार्शनिक, सांसारिक योगी एवं राजनैतिक व्यक्ति।
3. जो प्रामाणिक परंपरा में शिष्य नहीं हैं।
4. जो भगवान् श्री कृष्ण को पूर्ण पुरुषोत्तम परम भगवान् के रूप में नहीं मानते।

जिज्ञासु : कृपया शब्दार्थ और भावार्थ के बारे में कुछ बताएँगे।

उपदेशक : जी हाँ, जैसे एक मित्र अपने मित्र से बहुत समय बाद मिलता है और वह उसे गालियाँ देकर गले लगा लेता है। आप बताइए, क्या इससे मित्र को बुरा लगेगा?

जिज्ञासु : बिल्कुल नहीं। उसे तो अच्छा लगेगा। यह तो आपस का करीबी संबंध दिखा रहा है।

उपदेशक : यदि उसे यही गालियाँ कोई अनजान व्यक्ति देता है, तो उसकी प्रतिक्रिया क्या होगी?

जिज्ञासु : वह क्रोधित हो जाएगा और हो सकता है कि वह उस पर हाथ भी उठा दे।

उपदेशक : बिल्कुल सही कहा आपने। ऊपर बताई गई दोनों परिस्थितियों में गालियों के शब्दार्थ तो समान हैं, परंतु भावार्थ में ज़मीन–आसमान का भेद है। मैंने आपको पहले एक और उदाहरण से इसको समझाया था, क्या आपको याद है?

जिज्ञासु : जी हाँ। आपने "उसे रोको मत जाने दो" के कथन से समझाया था। फिर से समझाने के लिए बहुत–बहुत धन्यवाद।

उपदेशक : अच्छी स्मरणशक्ति है आपकी।

५.५ आज के परिप्रेक्ष्य में भगवद्गीता की भूमिका

जिज्ञासु : धन्यवाद। आपने बताया कि भगवद्गीता तो 5000 वर्ष से भी पहले बोली गई, तो क्या यह आज के परिप्रेक्ष्य में भी प्रासंगिक (Relevant) है?

उपदेशक : जी हाँ, बिल्कुल प्रासंगिक है। युद्धक्षेत्र में जब अर्जुन दुखी (टेंशन में) थे और अपने इस दुःख को दूर करने के लिए भगवान् श्री कृष्ण से सहायता चाह रहे थे, तब भगवान् श्री कृष्ण ने अर्जुन को भगवद्गीता सुनाई। आज भी 99 प्रतिशत लोग दुखी हैं, टेंशन में हैं। अर्जुन युद्ध भूमि में थे और आज के मानव समाज का जीवन भी युद्धभूमि से कम नहीं है। व्यक्ति को जीवन में पहले स्ट्रेस (दबाव) होता है, परंतु जब स्ट्रेस नियंत्रण से बाहर हो जाता है, तो टेंशन (तनाव) में परिवर्तित हो जाता है। जब यह टेंशन बढ़ जाता है, तो व्यक्ति डिप्रेशन (अवसाद) का शिकार हो जाता है और डिप्रेशन से अगला स्तर है, आत्महत्या।

आज लोगों में और अधिकतर युवा पीढ़ी में आत्महत्या करने की घटनाएँ दिन–प्रतिदिन बढ़ रही हैं। कॉलेज स्टूडेंट्स, बड़ी–बड़ी कंपनियों के सीईओ (CEO), अभिनेता इत्यादि तक आत्महत्या कर रहे हैं। आज के व्यक्तियों, खासकर युवाओं की स्थिति भी अर्जुन की स्थिति से मिलती–जुलती है।

जिज्ञासु : आज के युवकों या व्यक्तियों की स्थिति अर्जुन की स्थिति से कैसे मिलती–जुलती है? अर्जुन के साथ क्या हुआ था?

उपदेशक : अर्जुन पहले स्ट्रेस में थे। उन पर युद्ध करने का स्ट्रेस था। वे सोच रहे थे कि कैसे युद्ध करना है, कौन–से हथियार चलाने हैं, कैसी व्यूहरचना बनानी है? इत्यादि। जब अर्जुन दोनों सेनाओं के बीच में गए तो वे सोचने लगे कि यदि मेरे दादा, मेरे भाई, ये सब मर गए तो क्या होगा? भविष्य के विषय में इस प्रकार सोचने पर अर्जुन का स्ट्रेस, टेंशन में परिवर्तित हो गया। भगवान् श्री कृष्ण के बाद अर्जुन को सबसे प्रिय भीष्म पितामह थे। अर्जुन को भीष्म पितामह को भी मारना था। यदि आपको, आपके सबसे प्रिय व्यक्ति को मारने के लिए कहा जाए, तो सोचिए आपकी क्या मनोस्थिति होगी?

जिज्ञासु : (कुछ देर सोचने के बाद) वह स्थिति तो बहुत भयावह होगी और इस मनोस्थिति को बताना भी मुश्किल है, यह तो टेंशन की पराकाष्ठा होगी।

उपदेशक : आपने सही कहा। अगर देखा जाए, तो अर्जुन की स्थिति तो आज के लोगों से भी बुरी थी। अर्जुन टेंशन से ग्रसित थे। वे वर्तमान में सोचने की जगह भविष्य के विषय में सोचने लगे थे। वे युद्ध के बाद की स्थिति के विषय में सोचने लगे और टेंशन में चले गए। अब ध्यान से समझिए। अर्जुन पहले स्ट्रेस में थे। पहले उन्होंने कहा कि मुझे दिखाओ, कौन–कौन योद्धा लड़ने के लिए आए हैं? परंतु जब वे उनके बीच में पहुँचे तो देखा, अरे! मुझे मेरे पितामह को भी मारना है, मेरे भाइयों को भी मारना हैं, गुरु तुल्य व्यक्तियों को भी मारना होगा। स्वभाव से अर्जुन बहुत अच्छे व्यक्ति थे। वे दूसरों का भी भला करना चाहते थे। परंतु वे यह भूल गए थे कि भगवान् श्री कृष्ण शांति के लिए हर प्रकार के तरीके अपना चुके थे। जैसे कि एक अच्छा डॉक्टर क्या करता है? पहले वह सारे तरीके अपनाता है, जिससे कि ऑपरेशन न करना पड़े या वह पहले ही ऑपरेशन की तैयारी करता है?

जिज्ञासु : एक अच्छा डॉक्टर ऑपरेशन को सबसे अंतिम प्रयास मानता है।

उपदेशक : इसी प्रकार जब भगवान् श्री कृष्ण ने देखा कि दवाइयों से काम नहीं चल रहा है तो अब ऑपरेशन ही करना अंतिम प्रयास है, तब युद्ध होना निश्चित हो गया।

जब अर्जुन दोनों सेनाओं के बीच में गए तो वे सोचने लगे कि यदि मेरे दादा, मेरे भाई, ये सब मर गए तो क्या होगा? अब अर्जुन का स्ट्रेस टेंशन में परिवर्तित हो गया। धीरे–धीरे टेंशन का स्तर बढ़ने लगा और वे डिप्रेशन में चले गये। डिप्रेशन में व्यक्ति मानसिक रूप से बहुत दुखी हो जाता है। डिप्रेशन में व्यक्ति की शक्ति एकदम क्षीण हो जाती है और वह कुछ करना नहीं चाहता। अर्जुन में भी डिप्रेशन के समस्त लक्षण दिखने लगे। उनका शरीर काँपने लगा, उनका मुँह सूखने लगा, उनके रोंगटे खड़े हो गए। उनका गाण्डीव धनुष हाथ से सरकने लगा, उनकी त्वचा जलने लगी, वे अपने आपको भूलने लगे, उनका सिर चकराने लगा और अंत में अर्जुन शक्तिहीन अवस्था में रथ के आसन पर बैठ गए। इसके पश्चात् अर्जुन ने आत्महत्या के लक्षण प्रकट किए।

जिज्ञासु : अर्जुन सुसाइड कैसे कर रहा था?

उपदेशक : अगर मृत्यु आ रही हो और आप मृत्यु से बचना न चाहें तो वह आत्महत्या है। अर्जुन ने लड़ने से मना किया और कहा कि अब मैं नहीं

लड़ूँगा, चाहे कोई मुझ निहत्थे को ही मार दे। इस प्रकार अर्जुन मरने के लिए तैयार हो गए। इसी प्रकार की स्थिति आजकल के लोगों की भी है। क्या अर्जुन आज के लोगों की तरह व्यवहार नहीं कर रहे थे?

जिज्ञासु : बिल्कुल, आज के समाज की स्थिति भी ऐसी है।

उपदेशक : परंतु इसका कारण टेंशन है। ध्यान रखिएगा कि टेंशन और स्ट्रेस के बीच में बहुत पतली लाइन होती है। आप वर्तमान से भविष्य में जैसे ही कूदते हैं, तो बहुत समस्याएँ आ जाती हैं। आप वर्तमान से भविष्य में नहीं कूदें, इसी को स्ट्रेस मैनेजमेंट कहते हैं। कोई भी मनोचिकित्सक (Psychiatrist) आपको यह नहीं समझा सकता कि यह स्ट्रेस से जुड़ा है, जो कि वर्तमान में है और यह टेंशन से जुड़ा है, जो कि भविष्य में है। आज व्यक्तियों की स्थिति ऐसी है कि वे बहुत जल्दी टेंशन में आ जाते हैं, फिर डिप्रेशन में आते है और डिप्रेशन को नियंत्रण नहीं कर पाते, तो वे आत्महत्या कर लेते हैं। लेकिन आत्महत्या समस्या का समाधान नहीं है।

5.6 जीवन में टेंशन है, क्या करें

जिज्ञासु : स्ट्रेस और टेंशन में क्या भेद है? मैं तो समझता था कि ये दोनों एक ही हैं।

उपदेशक : स्ट्रेस अच्छा होता है और टेंशन बुरा। जो मनोस्थिति प्रयास (Effort) को पूरा करने पर होती है, उसको स्ट्रेस कहते हैं। इसे एक उदाहरण से समझिए। एक विद्यार्थी अपनी कॉम्पिटिशन परीक्षा के लिए साल के शुरुआत से योजना बनाता है कि किस विषय के लिए कितने घंटे रोज़ पढाई करनी है, कौन-सी पुस्तकें बाज़ार से खरीदनी होंगी और कौन-सी पुस्तकें लाइब्रेरी से लेनी होंगी, क्या किसी विषय के लिए कोचिंग लेनी होगी इत्यादि? ये सब उस विद्यार्थी के हाथ में है। इनको पूर्ण करने के लिए वह जो प्रयास करता है, उस स्थिति में जो मनोस्थिति उत्पन्न होती है, उसे स्ट्रेस कहते हैं।

अब चर्चा करते हैं टेंशन की मनोस्थिति पर। इसी उदाहरण से समझते हैं कि कैसे यह विद्यार्थी टेंशन में आ जाएगा। यदि यह विद्यार्थी यह सोचने लग जाए कि वह कॉम्पिटिशन में पास होगा या नहीं, यदि उत्तीर्ण न हुआ तो उसके भविष्य का क्या होगा अर्थात् वह उन चीज़ों के बारे में सोचना शुरू कर देता है, जो उसके नियंत्रण में नहीं है, ऐसे में जो मनोस्थिति उत्पन्न होती है, उसे टेंशन कहते हैं। इससे प्रोडक्टिविटी (उत्पादकता) में भारी कमी आ जाती है।

सरल भाषा में कहें तो, जो मनोस्थिति प्रतिफल (Result) पर आधारित होती है, उसे टेंशन कहते हैं। टेंशन भविष्य में घटित होने वाली घटनाओं के प्रति आशंका है, जो कि भय उत्पन्न करती है। भविष्य हमेशा अंधकार में होता है और अंधकार हमेशा भय पैदा करता है। आप सबके साथ यही होता है कि आप सोचते हैं कि आज तो सब बढ़िया चल रहा है, किंतु कल क्या होगा? अधिकतर व्यक्ति भविष्य के बारे में नकारात्मक सोचने लगते हैं। यह टेंशन पैदा करता है। अब आप ही बताइए आपके हाथ में वर्तमान है या भविष्य?

जिज्ञासु : हमारे हाथ में केवल वर्तमान है।

उपदेशक : बिलकुल सही कहा आपने, और प्रयास भी हमेशा वर्तमान में ही होता है। इसी प्रकार प्रयास आपके हाथ में है, फल आपके हाथ में नहीं

है। इसी के संदर्भ में आपको एक दृष्टांत बताता हूँ। एक बड़ी कंपनी के राजस्थान के एक चीफ़ सेल्स हेड थे, वे मुझसे मिले और कहा कि उन्हें बहुत टेंशन रहती है। मैंने उनको यह सलाह दी कि वे आध्यात्मिक विज्ञान लें और मैंने उनको भगवद्गीता पर आधारित हमारा एक कोर्स दिया। कुछ दिनों बाद एक दिन वे मुझसे मिलने आए और उन्होंने कहा "आपने जो कोर्स दिया था, वो मैंने सुन लिया है और इस कोर्स को सुनने के बाद मेरी 80 प्रतिशत टेंशन समाप्त हो गई है, और उन्होंने बताया कि "आपने बात सही कही है, मैं तो केवल प्रयास ही कर सकता हूँ। प्रतिफल पर तो मेरा अधिकार है ही नहीं। मैं कस्टमर के सिर पर बंदूक रखकर तो बोल नहीं सकता हूँ कि आपको मेरा प्रोडक्ट लेना ही पड़ेगा। जब हम बॉस के पास इंटरव्यू (Interview) देने जाते हैं, तो बॉस के सिर पर भी बंदूक रखकर तो बोल नहीं सकते कि आपको मुझे नौकरी देनी ही पड़ेगी।" उन्होंने कहा कि इस एक ही सिद्धांत से मेरा पूरा जीवन ही बदल गया।

जिज्ञासु : आजकल तो अधिकतर बच्चे भी टेंशन में रहते हैं।

उपदेशक : इसका एक कारण यह है कि हम बच्चों को बोलते हैं कि तुझे फर्स्ट क्लास आना है, 99 प्रतिशत अंक लाने हैं। इस स्थिति में बच्चे टेंशन में आ जाते हैं, क्योंकि वे हर समय यही सोचते रहते हैं कि 99 प्रतिशत, 99 प्रतिशत। उनका तो वर्तमान भी खत्म हो गया। ऐसी ही एक घटना घटित हुई। एक विद्यार्थी था। उसके पिता जी ने उसे पागल कर दिया था। वह हमारे एक भक्त के पास ट्यूशन जाता था, वह उनसे कहता था कि सर! 2 घंटे सो सकता हूँ क्या? उस लड़के ने बताया कि उसके पिता जी ने उसके घर में हर जगह IIT, IIT, IIT, IIT चिपका रखा है। बाथरूम में जाओ, तो आइने पर भी IIT । दरवाज़ा खोलो, तो उस पर भी IIT। वह लड़का धीरे–धीरे पागल ही हो गया। ऐसी ही घटना एक और लड़के के साथ हुई। वह डिप्रेशन में चला गया। ऐसी परिस्थितियाँ किसने पैदा की?

जिज्ञासु : माता–पिता ने।

उपदेशक : हाँ, परंतु ऐसी परिस्थितियाँ आज केवल माता–पिता ही उत्पन्न नहीं करते, बल्कि आज के शिक्षकों और समाज के लोगों का भी ऐसी परिस्थितियों को पैदा करने में पूरा योगदान है।

जिज्ञासु : तो क्या माता–पिता और टीचर्स बच्चों को पढ़ने के लिए बोले ही नहीं?

उपदेशक : नही, यह सही नहीं है। उनकों विद्यार्थी से यह कहना चाहिए कि उन्हें रिजल्ट (परिणाम) पर फोकस नहीं करना चाहिए। परंतु आज तो विद्यार्थी, माता–पिता और टीचर्स सभी का फोकस रिजल्ट (परिणाम) पर होता है और जब वह बच्चा उस परिणाम को प्राप्त नहीं कर पाता है, तो वह बच्चा टेंशन में आ जाता है और उस पर माता–पिता और टीचर्स का दबाब और बढ़ जाता है। इसीलिए माता–पिता और टीचर्स को विद्यार्थी से यह कहना चाहिए कि उन्हें रिजल्ट (परिणाम) पर फोकस नहीं करना चाहिए, बल्कि केवल दिल लगाकर पढ़ना चाहिए और कभी भी यह नहीं सोचना चाहिए कि अगर मैं 99 प्रतिशत नंबर नहीं ला सका, तो मेरा जीवन बर्बाद हो जाएगा। क्या यह आपको समझ में आया?

जिज्ञासु : जी हाँ, यह समझ में आ गया। यह तो बहुत व्यावहारिक (Practical) है।

उपदेशक : एक और कारण है, टेंशन का। वह है, दूसरों के साथ तुलना और प्रतिस्पर्धा करना। अगर हम अपने स्वयं के जीवन में देखें तो हम टेंशन मुक्त थे, क्योंकि हम कभी भी अपने आपकी दूसरे के साथ तुलना नहीं करते थे। आज अधिकतर व्यक्ति अपनी दूसरों के साथ तुलना व प्रतिस्पर्धा करते रहते हैं। आप, आप हो और दूसरे, दूसरे हैं। हम जीवन को बर्बाद ही इसी तरह करते हैं। आप सभी के जीवन में यह होता है कि आप अपने बारे में सोचने की जगह, दूसरो के बारे में ज्यादा सोचते हैं। आपने दूसरों के चक्कर में अपने आपको ही पूरा खत्म कर दिया। आप क्यों दूसरों से तुलना करते हैं? क्यों अपने बच्चों की दूसरे बच्चों के साथ तुलना करते हैं, बल्कि अपने बच्चों को तो यह कहना चाहिए कि बेटा (या बेटी) ध्यानपूर्वक पढ़ाई कर। नंबर आएँगे तो आएँगे, नहीं आएँगे तो नहीं आएँगे। देखिए! कैसे उनकी उत्पादकता बढ़ती है। परंतु उन्हें पढ़ने में ही समय देना चाहिए, न कि फ़िल्म देखने में। आप ही बताइए, विद्यार्थी का क्या कार्य है?

जिज्ञासु : विद्यार्थी का कार्य है, विद्या से लाभ लेना अर्थात् विद्या ग्रहण करना।

उपदेशक : सही कहा आपने। विद्यार्थी का कार्य विद्या ग्रहण करना है, न कि मज़े करना। और मेरी आपसे यह विनती है कि आप अपनी और अपने बच्चों की तुलना दूसरों से न करें, क्योंकि जब आप दूसरों के साथ तुलना करते हैं, तो दूसरों का व्यक्तित्व भी आपमें आ जाता है।

जिज्ञासु : ऐसा कैसे?

उपदेशक : बड़ा सरल है इसे समझना। आप बचपन से सुनते आए होंगे कि "जैसी संगत, वैसी रंगत" अर्थात् जैसा संग करोगे, वैसी ही सोच बन जाएगी और सोच से ही व्यक्तित्व बनता है और संग का मन पर प्रभाव पड़ता है, और जब आप दूसरों से तुलना या प्रतिस्पर्धा करते हैं, तो अधिकतर समय मन में उन व्यक्तियों के बारे में सोचते रहते हैं। उनका व्यक्तित्व भी आपमें आ जाता है और आपका स्वयं का व्यक्तित्व भी रहता है, जिससे कन्फ्यूजन (confusion) हो जाती है। और आप न अपने हिसाब से कार्य कर पाते हैं और न ही दूसरों के हिसाब से। इसलिए टेंशन होता है। अब आप यह बताइए कि आप जीवन में क्या चाहेंगे स्ट्रेस या टेंशन?

जिज्ञासु : स्पष्ट है, स्ट्रेस।

उपदेशक : आपने सही चयन किया। क्या आपने कभी टेंशन मैनेजमेंट सुना है?

जिज्ञासु : नहीं, हमने तो स्ट्रेस मैनेजमेंट सुना है।

उपदेशक : सही। क्योंकि टेंशन को कभी मैनेज ही नहीं किया जा सकता। स्ट्रेस को मैनेज किया जा सकता है, क्योंकि स्ट्रेस हमारे नियंत्रण में है। हमारे नियंत्रण में केवल हमारे प्रयास और हमारा वर्तमान है। टेंशन भविष्य में होती है, इसलिए उस पर हमारा कोई नियंत्रण नहीं हो सकता। इसलिए टेंशन मैनेजमेंट हो ही नहीं सकती।

स्ट्रेस मैनेजमेंट का अर्थ यही होता है कि आपकी समस्त सोच प्रयास पर आधारित होती है और स्ट्रेस को ऐसे नियोजित किया जाता है कि वह टेंशन में परिवर्तित न हो। उदाहरण के लिए, जब व्यक्ति पहली मंज़िल पर जाना चाहता है, तो वह क्या करता है?

जिज्ञासु : वह सीढ़ियाँ ढूँढ़ता है।

उपदेशक : बिल्कुल सही, फिर वह सीढ़ियों द्वारा ऊपर जाना चाहता है तो वह सीढ़ियों पर ध्यान देता है, न कि मंज़िल पर। यदि वह सीढ़ियों पर ध्यान न देकर, मंज़िल पर ध्यान देगा, तो क्या होगा?

जिज्ञासु : उसकी गिरने की संभावना बहुत अधिक बढ़ जाती है।

उपदेशक : बिल्कुल सही कहा। इसलिए लक्ष्य निर्धारित कर प्रयास पर ध्यान दो। प्रयास पर ध्यान देने और उसे सही तरीके से करने पर जो मनोस्थिति होती है, उसे स्ट्रेस कहते हैं। स्ट्रेस से प्रयास अच्छी तरह से होता है और उत्पादकता बढ़ती है। परंतु यदि व्यक्ति अधिक समय लक्ष्य पर ध्यान केंद्रित रखेगा, तो उसका ध्यान प्रयास और लक्ष्य में विभाजित हो जाएगा, जिससे उत्पादकता कम होगी या बढ़ेगी? आपका क्या विचार है?

जिज्ञासु : यह स्पष्ट है कि उत्पादकता कम हो जाएगी, क्योंकि ध्यान विभाजित हो गया।

उपदेशक : आपका उत्तर सही है। जब व्यक्ति लक्ष्य पर अधिक समय ध्यान केंद्रित करते हैं, तो अधिकतर व्यक्तियों को यह भय बना रहता है कि उन्हें लक्ष्य प्राप्त होगा या नहीं। जो मनोस्थिति उन परिस्थितियों के विषय में सोचने से उत्पन्न होती है, जो अभी हुई नहीं अर्थात् जो भविष्य के गर्भ में है, इसे भविष्य का भय कहते हैं और इसी भय को टेंशन कहा जाता है। अतः हमें जीवन में क्या लेना चाहिए स्ट्रेस या टेंशन? आप बताइए।

जिज्ञासु : हर व्यक्ति को जीवन में स्ट्रेस लेना चाहिए न कि टेंशन।

उपदेशक : आपने सही कहा। अतः हमारा अधिकतर समय प्रयत्न पर केंद्रित होना चाहिए, न कि फल या लक्ष्य पर। क्या आपको समझ में आया?

जिज्ञासु : जी हाँ, परंतु आज के व्यक्ति तो तुरंत टेंशन में आ जाते हैं।

उपदेशक : आपने सही कहा, और जब वे भविष्य को लेकर बहुत अधिक निराश हो जाते हैं, तो वे डिप्रेशन में चले जाते हैं, जिसके कारण वे प्रयास भी नहीं कर पाते। जिससे वे और घोर डिप्रेशन में चले जाते हैं और सोचते हैं कि जीने का भी क्या फ़ायदा अर्थात् आत्महत्या करने के लिए प्रेरित हो जाते हैं। इन व्यक्तियों के अनुसार आत्महत्या ही सब समस्याओं से बचने का हल है।

जिज्ञासु : क्या यह सही हल है?

उपदेशक : एक प्रकार से देखा जाए तो उनके अनुसार यह हल है, परंतु यह हल सही नहीं है, यह गलत है। जो लोग आत्महत्या करते हैं, वे यह मानते हैं कि वे शरीर हैं और उनका एक ही जीवन है। इस शरीर के नष्ट

होने पर सब कुछ समाप्त हो जाता है, परंतु यह धारणा आध्यात्मिक विज्ञान के अनुसार पूरी तरह से गलत है। हम शरीर नहीं हैं, हम शरीर से पृथक "आत्मा" हैं। यह हमारी असली पहचान है और मृत्यु पर केवल शरीर नष्ट होता है न कि हम अर्थात् आत्मा। इसलिए आत्महत्या दुखों और कष्टों का अंत नहीं है, बल्कि आत्महत्या के पश्चात दुःख एवं कष्ट और अधिक बढ़ जाते हैं। यह एक ही जीवन नहीं है, यह जीवन तो अनन्त जीवनों की कड़ी में से एक कड़ी के समान है। आत्मा, शरीर, मृत्यु इत्यादि विषयों पर हम आगे विस्तृत चर्चा करेंगे। क्या अब आपको, आपके प्रश्न का उत्तर मिला?

जिज्ञासु : जी हाँ, आपने बहुत अच्छी तरह समझाया। इससे मुझे यह भी समझ आ रहा है कि भगवद्गीता का ज्ञान कितना व्यावहारिक (Practical) है।

उपदेशक : सही कहा आपने। इस तथ्य को और अच्छी तरह समझाने के लिए हम आपको बड़े–बड़े वैज्ञानिकों, दार्शनिकों, राजनीतिज्ञों इत्यादि के विचार बताते हैं, जो इस युग (वर्तमान समय) में भगवद्गीता की प्रासंगिकता पर प्रकट किए गए हैं–

1. एल्डस हक्सली, अंग्रेज़ी लेखक, आलोचक एवं दार्शनिक का कहना है–

   "पूरे मानव समाज के लिए भगवद्गीता आध्यात्मिक विकास का एक सबसे सुव्यवस्थित (Orderly) विवरण है। मानव समाज को प्राप्त आज तक के ग्रंथों में भगवद्गीता आध्यात्मिक विचारों का सबसे स्पष्ट एवं व्यापक (Extensive) वर्णन है।"

2. राल्फ वाल्डो एमर्सन, महान अमेरिकी लेखक, निबंधक एवं यूनानी मंत्री का कहना है–

   "भगवद्गीता ने मुझे मेरे जीवन का एक महान दिन दिया। वो ऐसा था, मानो एक पूरा साम्राज्य हमसे बात कर रहा हो, कुछ भी छोटा या अयोग्य नहीं, पर विशाल, स्थिर एवं तर्कयुक्त, एक प्राचीन बुद्धिमत्ता (Intelligence) की आवाज़, जो आज भी हमें उन प्रश्नों का उत्तर देती है जो मनुष्य हमेशा से ढूँढ रहा है।"

3. नील्स बोहर, नोबल पुरस्कार विजेता का कहना है–

   "मैं अपने प्रश्नों के उत्तर जानने के लिए उपनिषदों की शरण में जाता हूँ।"

ऐसे अनेक और कथन हैं, जो वैज्ञानिकों, दार्शनिकों, राजनीतिज्ञों द्वारा भगवद्गीता की प्रासंगिकता पर प्रकट किए गए। आशा है कि आपको इन सभी का मत सुनने के बाद भगवद्गीता की प्रामाणिकता पर और अधिक विश्वास हो गया होगा।

जिज्ञासु : जी हाँ, बिल्कुल। मैंने कभी सपने में भी नहीं सोचा था कि भगवद्गीता हमारे लिए इतनी महत्त्वपूर्ण है। भगवद्गीता आज के परिप्रेक्ष्य में बिल्कुल सही बैठती है। इतने बड़े–बड़े वैज्ञानिक भगवद्गीता को इतना महत्त्व देते हैं और हम भारतीय इसके विषय में बिल्कुल भी ज्ञान नहीं रखते। मुझे अपने आप पर और हमारे देशवासियों पर शर्म आ रही है। आपका बहुत–बहुत धन्यवाद। आपने तो मेरी आँखें ही खोल दीं।

उपदेशक : आपको सत्य से अवगत कराना ही हमारी सेवा है। हमारे गुरु महाराज श्रील प्रभुपाद जी ने भी यही किया और हम शिष्यों को भी यही करने की आज्ञा दी। इसी आज्ञा को पूरा करने के लिए हमने और हमारे साथियों ने अपना पूरा जीवन दिया है। आगे बढ़ने से पहले क्या आप और कुछ पूछना चाहते हैं?

जिज्ञासु : जी हाँ, मेरा एक और प्रश्न है। मैंने सुना है कि जो आध्यात्मिक विज्ञान लेते हैं या भगवद्गीता पढ़ते हैं, उनको सब कुछ छोड़ना पड़ता है।

उपदेशक : जी हाँ, बिल्कुल सही कहा आपने। यह उसी तरीके से है जैसे कि एक बीमार व्यक्ति को दवाई खाने पर बीमारी छोड़नी पड़ेगी, दुःख छोड़ने पड़ेंगे। इसी प्रकार जैसा आपने कहा सब कुछ छोड़ना पड़ेगा, इसका अर्थ है, सब दुःख छोड़ने पड़ेंगे। क्या आप ऐसा नहीं चाहते?

जिज्ञासु : अरे ! आपने फिर से एक बार सटीक तर्क से इस भ्रांति को भी जड़ से उखाड़ दिया।

उपदेशक : अब मैं आपको भगवद्गीता के परिप्रेक्ष्य में ही इसका उत्तर बताता हूँ। भगवद्गीता के मुख्य श्रोता अर्जुन भगवद्गीता सुनने से पहले जंगल जाना चाहते थे। वे अपना क्षत्रिय धर्म, पति का धर्म, पिता का धर्म, पुत्र का धर्म, भाई का धर्म इत्यादि छोड़ना चाह रहे थे, परंतु भगवान् श्री कृष्ण ने उन्हें मना कर दिया और अपना धर्म निभाने की सलाह दी। भगवान् श्री कृष्ण से अर्जुन ने जब भगवद्गीता सुनी तो उनकी यह

छोड़ने की भ्रांति समाप्त हो गई। भगवद्गीता आतंरिक परिवर्तन की बात करती है। अर्जुन भगवद्गीता सुनने से पहले गृहस्थ थे, क्षत्रिय थे और भगवद्गीता सुनने के बाद भी गृहस्थ ही रहे, क्षत्रिय रहे। वे निहत्थे मरना चाह रहे थे अर्थात् वे अपने योद्धा, पति एवं पिता की भूमिका का अंत कर रहे थे। वास्तव में वे अपनी समस्त भूमिकाओं का अंत करना चाह रहे थे। अर्जुन गुणों और कर्मों से क्षत्रिय थे और क्षत्रिय का धर्म होता है, धर्म की रक्षा करना और अधर्म का विनाश करना। वे अपने धर्म से विमुख हो गए थे।

आपने बताया कि लोगों की धारणा है कि जो भगवद्गीता पढ़ते हैं, वे सब कुछ छोड़ देते हैं। चलिए इसका और विश्लेषण करते हैं। अर्जुन ने भगवद्गीता जानने के पश्चात क्या छोड़ा और उन्होंने क्या जोड़ा? अर्जुन ने पराजय को छोड़ा, विजय को जोड़ा। टेंशन, डिप्रेशन, आत्महत्या को छोड़ा और जीने के उत्साह को जोड़ा। राज्य को जोड़ा न कि छोड़ा। वे क्षत्रिय का धर्म छोड़ रहे थे, पति का धर्म छोड़ रहे थे, पिता का धर्म छोड़ रहे थे, भाई का धर्म छोड़ रहे थे, वे गृहस्थ धर्म छोड़ रहे थे, परंतु भगवद्गीता सुनने के पश्चात उन्होंने इन सब धर्मों को जोड़ा और सुचारु रूप से निभाया भी। अधर्म के पथ को छोड़ा, बुराइयों को छोड़ा और भगवद्गीता का ज्ञान लेने के बाद उन्होंने धर्म और अच्छाई को जोड़ा। आप ही बताइए, उन्होंने क्या छोड़ा? यह जोड़ (योग) विद्या है या छोड़ विद्या?

जिज्ञासु : आपने बहुत अच्छे से समझा दिया। अर्जुन जी ने छोड़ा नहीं बल्कि उन्होंने तो जोड़ा ही जोड़ा और ये तो सारी की सारी जोड़ विद्या ही है। इन सब बातों से तो ऐसा लगता है कि भगवद्गीता को जोड़ने से सारे नकारात्मक विषय ही समाप्त हो जाते हैं।

उपदेशक : हम आपसे भी जो चर्चा कर रहे हैं, वह भी जोड़ विद्या की ही चर्चा है, न कि छोड़ विद्या की। हमें दृष्टि बदलनी चाहिए, न कि सृष्टि। अधिकतर व्यक्ति सृष्टि बदलना चाहते हैं।

5.7 सृष्टि नहीं, दृष्टि बदलो

जिज्ञासु : दृष्टि बदलना, सृष्टि बदलना, इससे आपका क्या अभिप्राय है? कृपया समझाएँगे।

उपदेशक : अवश्य। दृष्टि बदलने से क्या अभिप्राय है, इसे एक उदाहरण से समझिए। एक कामुक व्यक्ति एक स्त्री को भोगने की दृष्टि से देखता है और एक साधु उसे "एक आत्मा, जिसने स्त्री का शरीर धारण कर रखा है" के समान देखता है। वस्तु एक ही है, परंतु उसे देखने के दृष्टिकोण अलग–अलग हैं। देखने का दृष्टिकोण सोच पर निर्भर करता है और सोच निर्भर करती है, ज्ञान पर। इस दृष्टांत में पहले व्यक्ति को यही ज्ञात था कि सब वस्तुएँ उसके भोग के लिए बनी हैं और साधु ने यह ज्ञान लिया है कि यह शरीर नहीं, आत्मा है और भोग की प्रवृत्ति अंततः दुःख का कारण बनती है।

एक और उदाहरण से इसे समझते है। जैसे आप किसी एक डॉक्टर के हाथ में चाकू देखते है और एक डाकू के हाथ में भी चाकू देखते हैं। परंतु डॉक्टर उस चाकू से मरीज़ का ऑपरेशन करके जान बचाता है और डाकू धन लूटने के लिए उस चाकू से किसी व्यक्ति की जान ले लेता है। वस्तु एक ही है, परंतु चाकू के प्रति दोनों का दृष्टिकोण अलग–अलग हैं। क्या आपको दृष्टि के बारे में कुछ समझ में आया?

जिज्ञासु : जी हाँ, कुछ–कुछ समझ में आ रहा है। कृपया सृष्टि बदलने का अर्थ के बारे में बताइए।

उपदेशक : सृष्टि बदलने का अर्थ इन कुछ उदाहरणों से समझिए। अधिकतर व्यक्ति कहते हैं कि अरे! मैं सुखी नहीं हूँ। ये वाली गाड़ी मिल जाए, तो मैं सुखी हो जाऊँगा। मेरा धंधा इतना चल रहा है, इतना और बढ़ जाए, तो मैं सुखी हो जाऊँगा। अभी मेरी सैलरी इतनी है, इतनी और बढ़ जाए, तो मैं सुखी हो जाऊँगा। मैं काला हूँ, थोड़ा–सा गोरा हो जाऊँ तो मैं खुश हो जाऊँगा। मैं जिम (Gym) में जाकर अपने और मसल (Muscle) बना लूँ तो मैं खुश हो जाऊँगा। इसका सारांश यह हुआ कि व्यक्ति सोचते हैं कि उनकी भौतिक इच्छाएँ यदि पूरी हो जाएँगी, तो वे खुश हो जाएँगे। अब आप बताइए, व्यक्ति क्या बदलना चाहते हैं, दृष्टि या सृष्टि?

जिज्ञासु : सब के सब सृष्टि बदलना चाहते हैं।

उपदेशक : बिल्कुल सही कहा आपने। इसी प्रकार कई व्यक्ति कहते हैं कि मेरी शादी हो जाए, तो मैं सुखी हो जाऊँगा। कुछ समय बाद वे ही तलाक दे देते हैं। उन्हें पता ही नहीं जीवन को जीने के लिए क्या दृष्टिकोण होना चाहिए। इसीलिए कहा जाता है सृष्टि नहीं, दृष्टि बदलिए। इसे एक और उदाहरण से समझते हैं। आप किसी को अपना दुश्मन मान रहे हैं और आपको यह पता लगता है कि यह आपका पुराना खोया हुआ भाई है। तो आपका उसके साथ पूरा व्यवहार ही बदल गया, तो अब आप बताइए कि वह व्यक्ति बदला अर्थात् सृष्टि बदली या आपकी दृष्टि बदली?

जिज्ञासु : दृष्टि बदली।

उपदेशक : सही कहा आपने। व्यक्ति तो अब भी वही है, जो पहले था। लेकिन अब उस व्यक्ति को देखने की दृष्टि बदल गई। इसे एक और उदाहरण से समझते हैं। एक चोर था, पैसे देखते ही जेब के अंदर कर लेता था। अब आपने उसको भगवद्गीता के अनुसार परामर्श और मार्गदर्शन दिया। अब वह पैसा देखता है, तो उसे जेब के अंदर नहीं करता। पैसा तो वहीं पड़ा हुआ है। पैसा नहीं बदला अर्थात् सृष्टि नहीं बदली, तो आप बताइए क्या बदली?

जिज्ञासु : दृष्टि बदल गई।

उपदेशक : दृष्टि कैसे बदल गई?

जिज्ञासु : ज्ञान लेने से।

उपदेशक : बिल्कुल सही। सृष्टि अर्थात् परिस्थिति तो वैसी की वैसी ही रही, लेकिन ज्ञान लेने से सोच अर्थात् दृष्टि बदल गई। भौतिक विज्ञान अंदरूनी बदलाव नहीं करता। वह केवल बाहरी (सृष्टि) बदलाव करता है। जितनी भी भौतिक सुविधाएँ हैं, उनसे केवल बाहरी बदलाव आता है।

जिज्ञासु : परंतु लोगों की तो यह धारणा है कि बाहरी बदलाव करने से अंदरूनी बदलाव भी हो जाएगा।

उपदेशक : यह धारणा पूरी तरह से सत्य नहीं है। हमने अभी जितने भी उदाहरणों से इसके संदर्भ में चर्चा की हैं, उनमें जब व्यक्ति ने बाहरी बदलाव करना तो चाहा, लेकिन अंदरूनी बदलाव नहीं कर पाया। जैसे कि व्यक्ति यह सोचता है कि मेरी शादी हो जाए, तो मैं सुखी हो जाऊँगा।

शादी (बाहरी बदलाव) तो हो जाती है, परंतु वह सुखी (अंदरूनी बदलाव) नहीं हो पाता। इसके विपरीत, आंतरिक परिवर्तन होने पर बाहरी परिवर्तन स्वतः हो जाता है। जैसे अर्जुन के साथ हुआ। जब उन्होंने भगवान् श्री कृष्ण से भगवद्गीता सुनी, तो उनमें आतंरिक सकारात्मक परिवर्तन हुआ और फिर वे बाहरी युद्ध में भी विजयी हुए।

इसी प्रकार धृतराष्ट्र को केवल बाहरी हार और जीत से मतलब था अर्थात् उन्हें केवल बाहरी बदलाव से मतलब था। जबकि अर्जुन का अंदरूनी युद्ध चल रहा था, जिससे उसकी सोच नकारात्मक हो गई थी। वे इस अंदरूनी युद्ध में अपने आपको हारता हुआ देख रहे थे।

जिज्ञासु : लेकिन हम तो यह समझते हैं कि हमारे जीवन में केवल बाहर ही युद्ध होते हैं।

उपदेशक : वास्तव में वे युद्ध नहीं हैं। असली युद्ध तो आपके अंदर चल रहा है। कृपया बैठकर सोचिए कि युद्ध आपके अंदर चल रहा है या बाहर। आप अंदर हैं या बाहर? पहले आप अंदर से हारते या जीतते हो। एक कहावत भी है "मन के हारे हार, मन के जीते जीत।" इसको इन दृष्टांतों से समझिए– विद्यार्थी अगर पहले ही सोच ले कि वह फेल हो जाएगा तो क्या वह परीक्षा पास कर पाएगा?

जिज्ञासु : कभी नहीं। उसने तो पहले ही हार मान ली।

उपदेशक : इसी प्रकार से एक व्यक्ति बहुत बीमार पड़ा है। डॉक्टर कहता है कि इसने तो जीने की इच्छा ही त्याग दी है, इसीलिए यह ठीक नहीं हो रहा, परंतु यदि यह व्यक्ति अंदर से जीने की इच्छा पैदा करे, अपनी सोच बदले तो यह बच सकता है। इन सब दृष्टांतों से यह पता लगता है कि पहले व्यक्ति अंदर अर्थात् अपनी सोच से हारता या जीतता है। समझ में आया आपके?

जिज्ञासु : जी हाँ। एकदम स्पष्ट हो गया।

उपदेशक : इसी तरह अर्जुन अंदर की लड़ाई हार रहे थे। अर्जुन जानते थे कि अंदर की लड़ाई हार गए, तो वे बाहर की लड़ाई तो हार ही जाएँगे। फिर अर्जुन ने श्री कृष्ण से भगवद्गीता सुनी, तो वे अपने अंदर का युद्ध जीत गए और जब अर्जुन अपने अंदर का युद्ध जीत गए तो वे बाहरी युद्ध भी जीत गए।

इससे यह पता चलता है कि भगवद्गीता आंतरिक परिवर्तन करती है, बाहरी नहीं और आंतरिक परिवर्तन स्थायी होता है। आंतरिक परिवर्तन होने पर बाहरी परिवर्तन स्वतः हो जाता है। अतः हमें भी जीवन में भगवद्गीता के ज्ञान को जोड़ना चाहिए, तभी हम जीवन के लक्ष्य आनंद को प्राप्त कर पाएँगे। क्या अब आपको पता लगा भगवद्गीता छोड़ना नहीं, जोड़ना सिखाती है?

जिज्ञासु : जी हाँ। परंतु कई व्यक्ति यह कहते हैं कि श्रीमद्भगवद्गीता, श्रीमद्भागवत् तथा अन्य शास्त्र तो केवल ब्राह्मणों के लिए हैं, जिनका तो काम ही यही है। ये अन्यों के लिए नहीं हैं।

उपदेशक : किंतु अर्जुन ने क्षत्रिय होते हुए भी श्रीमद्भगवद्गीता सुनी एवं उसे अपने जीवन में लगाया। यदि भगवान् श्री कृष्ण चाहते तो किसी ब्राह्मण को भी श्रीमद्भगवद्गीता सुना सकते थे। परंतु उन्होंने हमें यह बतलाने हेतु कि श्रीमद्भगवद्गीता ब्राह्मणों के लिए ही नहीं, बल्कि सभी के लिए है, अर्जुन को चुना। कई व्यक्ति यह भी कहते हैं, "अरे! यह सब तो ब्रह्मचारियों और संन्यासियों के लिए है, जिनके पास कोई जिम्मेदारी नहीं होती।" परंतु अर्जुन न ब्रह्मचर्य आश्रम में थे और न ही संन्यास आश्रम में। अर्जुन गृहस्थ आश्रम में थे। इसीलिए भगवद्गीता हम सभी के लिए है।

जिज्ञासु : कई व्यक्ति ऐसा भी कहते हैं कि भगवद्गीता तो उनके लिए है जिनके पास बहुत समय है, जिनको कोई काम नहीं है। "हमारे पास भगवद्गीता पढ़ने के लिए समय नहीं हैं।"

उपदेशक : आप ही बताइए उद्देश्य जानने के लिए समय निकालना चाहिए या नहीं?

जिज्ञासु : आपने उद्देश्य के ऊपर तो बहुत विस्तार से चर्चा की है। आपने इस बात को सिद्ध कर दिया था कि उद्देश्य जाने बिना अहित ही अहित होता है।

उपदेशक : आपने बिल्कुल ठीक समझा। उन लोगों की जानकारी हेतु अर्जुन के पास भी समय नहीं था। वे युद्ध के मैदान में खड़े थे। शंख, नगाड़े, बिगुल, तुरही तथा सींग सब के सब एक साथ बज चुके थे, जो कि यह संकेत करते थे कि कुछ ही समय में युद्ध प्रारंभ होने जा रहा है। ऐसी भयंकर परिस्थिति में भी, जो हममें से किसी के भी जीवन में नहीं है,

अर्जुन ने भगवान् श्री कृष्ण से भगवद्गीता का उपदेश लिया तथा उनके आदेशों का पालन किया और अंततः युद्ध में विजयी हुए।

यदि हम भी अपने जीवनरूपी युद्ध के मैदान में सफलता चाहते हैं, तो हमें भी भगवद्गीता को उपदेश के रूप में सुनकर आदेश के रूप में उसे अपने जीवन में लगाना होगा। इससे इस बात की पुष्टि होती है कि भगवद्गीता का ज्ञान प्रत्येक मानव के लिए है, और जो भी जीवन में पूर्ण सफलता चाहता है, उसे यह ज्ञान लेना अनिवार्य है, नहीं तो उसका व्यक्तित्व अधूरा रह जाएगा। इसका अर्थ है कि वह अज्ञानी रहेगा और आप जानते हैं कि अज्ञानी को क्या प्राप्त होता है?

जिज्ञासु : अज्ञानी को जीवन में असफलता और दुःख प्राप्त होते हैं।

5.8 जीवन के विज्ञान को लेने की सही उम्र

जिज्ञासु : मेरा एक और प्रश्न है– लोग कहते हैं कि आध्यात्मिक विज्ञान लेना, भगवद्गीता पढ़ना, ये सब तो बुढ़ापे के कार्य हैं। क्या यह सत्य है?

उपदेशक : यह सत्य है कि लोग ऐसा कहते हैं, किंतु यह कथन एक बहुत बड़ी भ्रांति है। भारतवर्ष में यदि दस वर्ष का बालक आध्यात्मिक विज्ञान लेना आरंभ कर देता है, भगवद्गीता पढ़ने लगता है तो उसे कहा जाता है, ''यह कोई उम्र है तेरी ये सब करने की, बुढ़ापे में करना।'' ऐसी ही एक घटना के बारे में आपको बताता हूँ –

एक बार एक अठारह साल का विद्यार्थी हमारे पास आया। वह गीता पढ़ता था। उसने हमसे कहा, ''मेरे दादा जी जिनकी उम्र 85 वर्ष है, कहते हैं कि यह कोई उम्र है तेरी यह सब करने की, बुढ़ापे में करना।'' हमने उससे कहा कि अपने दादा जी से दो प्रश्न पूछना।
पहला प्रश्न- क्या वे अब भगवद्गीता या आध्यात्मिक विज्ञान ले रहे हैं। दूसरा प्रश्न यह करना- अब मैं आपको एक ऐसा रहस्य बताता हूँ, जिससे आप अपने वैवाहिक जीवन में कैसे अधिक सुखपूर्वक रह सकते हैं और बहुत अधिक पैसे कमा सकते हैं। वह विद्यार्थी अपने दादा जी के पास गया और उसने पहला प्रश्न पूछा–दादा जी, क्या आप अब आध्यात्मिक विज्ञान ले रहे हैं? उसके दादा जी ने उत्तर दिया, ''अब क्या करें, अब तो उम्र हो गई है, कानों से अच्छी तरह सुनाई नहीं देता, आँखों की देखने की शक्ति भी मंद पड़ चुकी है, पढ़ने की शक्ति (बुद्धि) भी मंद पड़ चुकी है, पैर भी दर्द करते है, बीमारियों से ग्रस्त हूँ, शरीर भी साथ नहीं देता। ऐसी स्थिति में आध्यात्मिक विज्ञान कैसे लूँगा।''

फिर उसने दादा जी से दूसरा प्रश्न पूछा–दादा जी मैं आज आपको एक ऐसा रहस्य बताता हूँ, जिससे आप अपने वैवाहिक जीवन में कैसे अधिक सुखपूर्वक रह सकते हैं और जीवन में बहुत अधिक पैसे कैसे कमा सकते हैं। दादा जी हँसते हुए बोले–मेरा तो वैवाहिक जीवन समाप्त होने को जा रहा है और पैसों का भी क्या करूँगा। मेरी तो उम्र ही निकल गई है, मैं इस ज्ञान को अपने जीवन में कब लगाऊँगा। यह ज्ञान तो तुम जैसे युवकों के लिए हैं, जिसको सीखकर आप लोग जीवन भर उपयोग में ला सकते हो। यह पूरा संवाद उस लड़के ने हमें आकर बताया। यह बात सुनकर आप क्या समझे?

जिज्ञासु : बुढ़ापे में ज्ञान लेना बहुत कठिन है। एक तरह से नामुमकिन- सा है।

उपदेशक : आपने ठीक कहा। दादा जी ने दोनों उत्तर सटीक दिए। बुढ़ापा ज्ञान लेने की उम्र नहीं होती। यदि बुढ़ापे में ज्ञान ले भी लिया, तो उस ज्ञान का अनुभव व उपयोग कब करोगे? क्या आपने किसी प्रौढ़ व्यक्ति को यूनिवर्सिटी में टॉप करते हुए सुना है?

जिज्ञासु : जी नहीं, पास ही हो जाएँ तो बहुत बड़ी बात है।

उपदेशक : इसीलिए हमें भौतिक और आध्यात्मिक विज्ञान बचपन से क्रमबद्ध तरीके से लेना चाहिए। अब आप बताइए किसी व्यक्ति का व्यक्तित्व पूर्ण नहीं होता, तो उसका फल क्या होता है?

जिज्ञासु : जैसे आप पहले सिद्ध कर चुके हैं, अपूर्ण व्यक्तित्व वाला व्यक्ति जीवन में दुखी व टेंशन में रहेगा, सब नकारात्मक गुण उसमें आ जाएँगे, जीवन में असफल होगा और उसे आनंद प्राप्त ही नहीं होगा।

उपदेशक : सही कहा आपने। अब आप बताइए, पूर्ण व्यक्तित्व कैसे प्राप्त होगा और पूर्ण व्यक्तित्व किस उम्र में होना चाहिए?

जिज्ञासु : पूर्ण व्यक्तित्व तब होगा, जब उस व्यक्ति में भौतिक और आध्यात्मिक दोनों ज्ञान हों। पूर्ण व्यक्तित्व के लिए उसे बचपन से ही ये दोनों ज्ञान प्राप्त करने के लिए प्रयत्न करना चाहिए।

उपदेशक : बिल्कुल ठीक कहा आपने। इसीलिए वेद कहते हैं कि आध्यात्मिक और भौतिक दोनों ज्ञान पाँच साल की उम्र से क्रमबद्ध तरीके से लेना प्रारंभ हो जाना चाहिए, जिससे कि वह एक पूर्ण व्यक्तित्व का स्वामी बनकर जीवन भर सफलता प्राप्त कर सके। इसे एक और उदाहरण से समझते हैं। मैं आपसे पूछूँ कि एक व्यक्ति की 100 करोड़ की लॉटरी कब निकलनी चाहिए? बुढ़ापे में, 40 साल की उम्र में, 20 साल की उम्र में, 10 साल की उम्र में, 5 साल की उम्र में या माँ के गर्भ में।

जिज्ञासु : मां के गर्भ में ही निकल जानी चाहिए।

उपदेशक : बिल्कुल सही कहा आपने। जिससे जन्म लेते समय भी अच्छा अस्पताल मिल जाए और वह व्यक्ति इस पैसे को जीवन भर उपयोग कर सके। इसी प्रकार आध्यात्मिक विज्ञान भी बचपन से ही लिया जाना चाहिए जो कि आपके जीवन के लिए अत्यंत महत्त्वपूर्ण है। क्योंकि जितनी अधिक

देर से आप इस आध्यात्मिक विज्ञान को लेते हैं, आपको उतनी ही कठिनाई होती है। एक बार जो आदत पड़ जाती है, उसको बदलना अत्यंत कठिन हो जाता है। कहावत भी आती है कि "पुरानी आदतें बहुत मुश्किल से मरती हैं (Old Habits die Hard)।" आदतें बनाई जाती हैं, इसलिए बचपन से अच्छी आदतें डालनी चाहिए। बचपन से मन को नियंत्रण करने की आदत डालनी चाहिए, तब आपको इस ज्ञान को लेने में कोई कठिनाई नहीं होगी। इसलिए यह विज्ञान भी बचपन से ही लिया जाना चाहिए। क्या यह आपको समझ आया?

जिज्ञासु : जी हाँ, बहुत अच्छी तरह से समझ आया।

उपदेशक : आगे सुनिए। भौतिक विज्ञान शरीर–निर्वाह के लिए सहायक होगा तथा आध्यात्मिक विज्ञान जीवन के लक्ष्य "आनंद" को प्राप्त करने में सहायक होगा। आज के समाज की तो सोच यह है कि जीवन भर दुखी रहना और जब बुढ़ापा आ जाए, तब आनंद प्राप्त करने का ज्ञान लेना। कितनी मूर्खतापूर्ण सोच है यह?

जिज्ञासु : जी हाँ, आप ठीक कह रहे हैं। मेरा एक और प्रश्न है। लोग कहते हैं कि महाभारत और भगवद्गीता केवल सांकेतिक हैं और वह वास्तव में घटित नहीं हुई।

उपदेशक : यह एक और बहुत बड़ी भ्रांति है कि भगवद्गीता सांकेतिक है। भगवद्गीता के पहले अध्याय के पहले श्लोक में धर्मक्षेत्र शब्द प्रयुक्त हुआ है, साथ में कुरुक्षेत्र शब्द भी प्रयुक्त हुआ है। अगर भगवद्गीता सांकेतिक या काल्पनिक होती तो यहाँ कुरुक्षेत्र शब्द बोलने की क्या आवश्यकता थी? सोचिए, विचार कीजिए। धर्मक्षेत्र तो समझ गए। ठीक है, धर्मक्षेत्र तो जीवन को मान लिया, परंतु कुरुक्षेत्र किसको मानें? प्रभुपाद जी मज़ाक करते हुए कहते थे कि 5 रुपये का टिकट कटाओ और कुरुक्षेत्र पहुँच जाओ। उनके समय में 5 रुपये का टिकट हुआ करता था। कुरूक्षेत्र एक स्थान है। स्थान सांकेतिक नहीं हुआ करते। ऐसे लोग कहते हैं कि महाभारत नहीं हुई। जो रथ है वह शरीर है, अर्जुन आत्मा है, घोड़े इंद्रियाँ हैं, लगाम मन है इत्यादि। उनकी जानकारी के लिए अर्जुन के रथ पर चार घोड़े थे और हमारी इंद्रियाँ पाँच होती हैं। इससे यह सिद्ध होता है कि उनका यह कथन कि भगवद्गीता सांकेतिक है, निराधार और असत्य है। अतः आपको बहुत–से लोग ऐसे मिलेंगे, जो इस तरह की भ्रांतियाँ फैलाते हैं। कृपया ऐसे लोगों से सावधान रहें।

5.9 प्रामाणिक शिष्य की योग्यताएँ

जिज्ञासु : मेरे मन के अंदर एक बात रह–रह कर उठ रही है कि क्या शिष्य को भी प्रामाणिक होना चाहिए? अगर हाँ, तो ऐसे प्रामाणिक शिष्य की क्या योग्यताएँ हैं?

उपदेशक : आपने मेरे मन की बात बता दी। मैं इसी विषय पर चर्चा करने वाला था। जी हाँ, शिष्य को भी प्रामाणिक होना पड़ेगा।

अब हम भगवद्गीता को समझने के लिए एक प्रामाणिक शिष्य की योग्यताओं पर चर्चा करते हैं–

पहली योग्यता :

एक शिष्य की पहली योग्यता यह होनी चाहिए कि उसे जिज्ञासु होना चाहिए। ज्ञान का आदान–प्रदान जिज्ञासा से होता है। यह शिष्य की शुरूआत है कि वह जिज्ञासा करता है।

जिज्ञासु : परंतु बहुत से ऐसे प्रश्न भी होते है, जिनको गुरु से करने में शर्म आती है। मेरे कहने का अर्थ है कि वे प्रश्न जो मूर्खतापूर्ण होते हैं। क्या उन्हें भी गुरु से पूछना चाहिए?

उपदेशक : दुनिया में कोई भी प्रश्न मूर्खतापूर्ण नहीं होता। अगर कोई भी प्रश्न करता है, तो उसके पीछे कोई कारण तो अवश्य होता है। हो सकता है कि किसी प्रश्न का उत्तर आपको पता हो, तो इसका यह अर्थ नहीं है कि जिसे इस प्रश्न का उत्तर नहीं आता, वह व्यक्ति मूर्ख है। ऐसा भी हो सकता है कि वह अन्य कई विषय जानता हो, जो आपको ज्ञात न हों। आप यह विचार दिमाग से निकाल दीजिए कि प्रश्न कभी गलत या मूर्खतापूर्ण होते हैं और प्रश्न करने में कभी हिचकिचाना भी नहीं चाहिए। उसके लिए हम प्रश्न पूछने के संदर्भ में यह कहते हैं– "प्रश्न पूछने में जिसने करी शर्म, उसके फूटे कर्म। जिसने करी बेहयाई (बेशर्मी), उसको मिली रबड़ी मलाई।" आध्यात्मिक विज्ञान लेने में कोई शर्म नहीं करनी चाहिए, नहीं तो आप अज्ञानता में रह जाएँगे और असफलताएँ हाथ लगेंगी। आप एक बात बताइए कि आप किसी भी विषय पर कितने प्रश्न कर सकते हैं?

जिज्ञासु : हमें जिस विषय का जितना ज्ञान होगा, हम उस विषय पर उतने ही प्रश्न कर सकते हैं।

उपदेशक : बिल्कुल सही कहा आपने। और जब आपका ज्ञान बढ़ेगा, तो प्रश्न भी बढ़ेंगे। जैसे–जैसे आप आध्यात्मिक विज्ञान के बारे में सुनते जाएँगे तो आपके मन में उतनी ही जिज्ञासाएँ बढ़ती जाएगी। आप अपने प्रश्नों को मन में मत रखिएगा। हमसे अवश्य पूछिएगा। इसमें हम एक और बात जोड़ना चाहेंगे। आप तब तक अज्ञानता में रहते हैं, जब तक कि आप प्रश्न नहीं करते। प्रश्न का उत्तर प्राप्त होते ही अज्ञानता समाप्त हो जाती है और आप ज्ञानी हो जाते हो अर्थात् आप सफल हो जाते हो अर्थात् आनंद में आ जाते हो। इस बात को हमेशा ध्यान रखिएगा।

जिज्ञासु : बिल्कुल, मैं इस बात का हमेशा ध्यान रखूँगा और प्रश्न करने में कभी संकोच नहीं करूँगा।

उपदेशक : धन्यवाद। भगवद्गीता स्वयं कहती है, "परिप्रश्नेन सेवया"। (4.34) शिष्य को गुरु से प्रश्न करने चाहिए। भगवद्गीता का पहला श्लोक भी प्रश्न से ही शुरू होता है।

हमारे गुरूदेव श्रील प्रभुपाद समझाते हैं कि अर्जुन ने भगवद्गीता के दूसरे अध्याय के सातवें श्लोक में भगवद्गीता के ज्ञान को समझने के लिए शिष्य बनने की अनिवार्य पात्रता स्वीकार की। यह श्लोक सबसे महत्त्वपूर्ण श्लोक है। यदि आप इस श्लोक को नहीं समझ पाए तो आप जीवन भर भगवद्गीता नहीं समझ सकते–

कार्पण्यदोषोपहतस्वभावः
पृच्छामि त्वां धर्मसम्मूढचेताः।
यच्छ्रेयः स्यान्निश्चितं ब्रूहि तन्मे
शिष्यस्तेऽहं शाधि मां त्वां प्रपन्नम्।। 2.7 ।।

इस श्लोक में अर्जुन भगवान् श्री कृष्ण से विनती करते हैं– "अब मैं अपनी कृपण दुर्बलता के कारण अपनी जिम्मेदारी भूल चुका हूँ और सारा धैर्य खो चुका हूँ। ऐसी स्थिति में मैं आपसे पूछ रहा हूँ कि जो मेरे लिए श्रेयस्कर हो, उसे निश्चित रूप से बताएँ। अब मैं आपका शिष्य हूँ और आपका शरणागत हूँ। कृपया मुझे उपदेश दें।"

इस श्लोक में अर्जुन अपने आपको कृपण कहकर संबोधित कर रहे हैं।

जिज्ञासु : कृपण का क्या अर्थ है?

उपदेशक : कृपण का अर्थ है– कंजूस। कंजूस का आशय है– यदि किसी व्यक्ति के पास कोई योग्यता है, परंतु सही समय पर वह उसका उपयोग नहीं करता, तो उसे कंजूस कहते हैं। उदाहरण के लिए एक असहाय व्यक्ति को कोई मार रहा है और आपमें उसको बचाने की शक्ति है, परंतु आप उसको नहीं बचा रहे हैं तो आप कृपण हैं। इसका अर्थ हुआ, आपमें करने का सामर्थ्य है, परंतु आप फिर भी उसका उपयोग नहीं करते। किसी व्यक्ति के पास धन है, परंतु वह उसका आध्यात्मिक विज्ञान को जन–जन तक फैलाने के लिए उपयोग नहीं करता, जो कि आज की प्राथमिक आवश्यकता है तो वह महा कंजूस है। यहाँ हम देखते कि अर्जुन ने अपनी इस गलती को मान लिया और अपने आप को कृपण कहा।

जिज्ञासु : अर्जुन की कृपणता क्या थी?

उपदेशक : अर्जुन धर्म के इस युद्ध से भागना चाहते थे, उनमें युद्ध लड़ने और धर्म को स्थापित करने का पूरा सामर्थ्य था, परंतु फिर भी वे उससे पीछे हट रहे थे। यह उनकी कृपणता थी। इसी कृपणता के कारण वे अपना कर्त्तव्य नहीं निभा रहे थे। हम सब भी मनुष्य हैं और जैसा कि हमने आपको पहले बताया था कि मनुष्य का कर्त्तव्य है, आध्यात्मिक विज्ञान को समझना। यदि हम इस कर्त्तव्य को नहीं समझते और इस रास्ते पर नहीं चलते हैं, तो हम भी कृपण ही कहलाएँगे, क्योंकि हमने अपनी इस कार्यक्षमता का उपयोग नहीं किया। इस स्थिति से उबरने के लिए अर्जुन ने भगवान् श्री कृष्ण से यह कहा "अब मैं आपका शिष्य हूँ व आपका शरणागत हूँ। कृपया मुझे उपदेश दें।" अर्थात् अर्जुन ने जिज्ञासा की। अब हम शिष्य की दूसरी योग्यता पर चर्चा करते हैं।

दूसरी योग्यता :

आगे अर्जुन भगवान् से कहते हैं कि मुझे निश्चित रूप से बताएँ। मुझे अन्य वस्तुओं के विषय में मत बताइए, मुझे केवल श्रेयस्कर वस्तु के बारे में ही बताएँ। एक शिष्य को भी इतना ही गंभीर होना चाहिए, उसे भी गुरू से श्रेयस्कर वस्तु की ही जिज्ञासा करनी चाहिए। शिष्य को ज्ञान के प्रति गंभीर होना चाहिए। जो प्रश्न आपके अंदर बैठे हुए हैं, जिनका आपको भी पता नहीं है, उनको भी आपकी गंभीरता बाहर निकाल ले आती है। जैसे कि कई बार कहते हैं कि इस दवा को छिड़कने से तो छिपे हुए वाइरस, बैक्टीरिया भी मर जाएँगे। इसी तरह से अध्यात्म में सारा खेल गंभीरता

का है और आप कितने गंभीर हो यह किसी और को नहीं, सिर्फ आपको ही पता होता है, क्योंकि गंभीरता सूक्ष्म होती है।

जिज्ञासु : परंतु कई बार लोग कहते हैं कि गुरु को तो पता होना चाहिए कि शिष्य के मन में क्या चल रहा है, क्या प्रश्न उठ रहे हैं?

उपदेशक : आपकी जानकारी के लिए हमारे वैष्णव आचार्यों ने बताया है कि अगर शिष्य गुरु से कुछ छिपाना चाहता है तो भगवान् शिष्य की सहायता करते हैं। ऐसा इसलिए है, क्योंकि वह शिष्य आध्यात्मिक विज्ञान से दूर रहना चाहता है। इसीलिए भगवान् उस शिष्य की सहायता करते हैं। अध्यात्म सूक्ष्म है, अतः इसकी सारी योग्यताएँ भी सूक्ष्म होती हैं। अध्यात्म में दिखावा या दोगलापना नहीं चलता।

जिज्ञासु : दिखावा या दोगलापना से क्या अर्थ है आपका?

उपदेशक : बड़ा सरल अर्थ है। ध्यानपूर्वक सुनिए, ऊपर से बोलते कुछ हैं और मन में कुछ और होता है। जैसे कहावत है– "मुँह में राम, बगल में छुरी।" समझ में आया आपके?

जिज्ञासु : जी हाँ।

उपदेशक : आगे ध्यान से सुनिए, भौतक विज्ञान दूसरों के साक्षात्कार का विज्ञान है और अध्यात्मिक विज्ञान स्वयं के साक्षात्कार का विज्ञान है। भौतिक जगत् में आप दूसरों को जानने की कोशिश करते हैं और अध्यात्म में आप स्वयं को जानने की कोशिश करते हैं। जबकि आज अधिकतर व्यक्ति तो दिखावे के लिए ही गुरु धारण करते हैं, जो कि गलत है। इसमें आप स्वयं को धोखा देते हैं, न कि किसी और को। अब हम शिष्य की तीसरी योग्यता पर चर्चा करेंगे।

तीसरी योग्यता :

आगे अर्जुन कहते हैं कि मैं आपका शरणागत शिष्य हूँ। शरणागत शिष्य गुरु से बहस करने के लिए प्रश्न नहीं करता। हमें भी एक शरणागत शिष्य की तरह ही प्रश्न करने चाहिए। अर्जुन की तरह अपनी गलतियों को स्वीकार करना चाहिए। यदि आप यह सोचकर प्रश्न करते हैं कि मैं बहुत बड़ा ज्ञानी हूँ, मुझमें किसी भी प्रकार की कोई गलती नहीं है, तो आप अपने जीवन में कुछ भी नहीं सीख सकते। आप अज्ञानी थे, अज्ञानी

हो और अज्ञानी ही रह जाओगे।

इसी संदर्भ में एक प्रसंग आता है– दो छात्र एक संगीत गुरु के पास संगीत सीखने गए और उनसे फ़ीस के विषय में पूछा। संगीत गुरु ने दोनों से एक–एक करके पूछा कि आपको संगीत के विषय में क्या ज्ञान है? एक ने बोला,'' मैं कुछ भी नहीं जानता।'' दूसरा बोला, ''मुझे बहुत कुछ आता है। कई राग, लय एवं ताल आती है।'' दोनों से पूछने के बाद संगीत गुरु ने पहले वाले की फ़ीस 1000 रुपये बताई और दूसरे की 10000 रुपये। यह सुनकर दूसरा बोल उठा, ''अरे! मुझे तो बहुत कुछ आता है, फिर भी मेरी फ़ीस अधिक क्यों?'' संगीत गुरु ने उत्तर दिया, "आपको बहुत कुछ आता है, यही तो समस्या है, न जाने आपने क्या–क्या उलटा सीधा, आधा–अधूरा सीख रखा है। पहले सब कुछ मिटाना पड़ेगा, फिर सिखाना पड़ेगा। आपके साथ अधिक मेहनत करनी पड़ेगी, इनके साथ कम मेहनत करनी पड़ेगी।

अतः जो अपने आपको बहुत ज्ञानी समझते हैं, उनके लिए आध्यात्मिक विज्ञान लेना एक कष्टप्रद विषय है। आध्यात्मिक विज्ञान लेने के लिए शिष्य को विनम्र होना चाहिए और विनम्रता के गुण का तब पता लगता है, जब आप गुरु से चुनौतीपूर्ण प्रश्न नहीं करते और उनकी बात समझकर उन पर अमल करने की कोशिश करते हैं। क्या आपको प्रामाणिक शिष्य की योग्यताएँ समझ में आ रही हैं?

जिज्ञासु : जी हाँ? आप बहुत अच्छी तरह से समझा रहे हैं।

उपदेशक : अब मैं आपको अन्य मुख्य योग्यताओं के विषय में बताता हूँ।

चौथी योग्यता :

धृतराष्ट्र ने भगवद्गीता का ज्ञान संदेश के रूप में लिया। धृतराष्ट्र केवल यही जानना चाहते थे कि युद्ध में किसकी विजय हुई और किसकी पराजय अर्थात् सृष्टि के विषय में रूचि रखते थे। अतः संजय से भगवद्गीता सुनने के पश्चात् भी उनकी सोच में कोई बदलाव नहीं आया। इसके विपरीत अर्जुन ने भगवद्गीता का ज्ञान उपदेश के रूप में ग्रहण किया। अर्जुन यह जानना चाहते थे कि उन्हें उनके जीवन में क्या करना चाहिए, फलस्वरूप वे भगवद्गीता समझने में पूर्णतः सफल रहे। इसलिए शिष्य को भी अर्जुन की तरह गंभीर बनना चाहिए और जानने का प्रयास करना चाहिए कि उसे अपने जीवन में क्या करना है। अर्जुन ने भगवान् श्री कृष्ण से कई

प्रश्न किए और भगवान् श्री कृष्ण ने अर्जुन के प्रश्नों के उत्तर दिए। अपने प्रश्नों के उत्तर प्राप्त करने के पश्चात् अर्जुन ने भगवान् श्री कृष्ण से कहा, "करिष्ये वचनं तवः।" अर्थात् अब मैं आपके आदेशानुसार कार्य करने के लिए तैयार हूँ अर्थात् इसके बाद अर्जुन आदेश के रूप में ज्ञान लेने के लिए तैयार हो गए। हमें भी अर्जुन की तरह उपदेश के रूप में ज्ञान लेना चाहिए। हमें अर्जुन बनना है, धृतराष्ट्र नहीं।

इसी के संदर्भ में अंग्रेज़ी में एक कहावत है "इनफार्मेशन इज फॉर ट्रांसफॉर्मेशन" (Information is for transformation) अर्थात् सूचना (ज्ञान) परिवर्तन के लिए होती है। यदि ज्ञान लेने के बाद आपके जीवन में कोई परिवर्तन नहीं होता है, तो वास्तव में आपने ज्ञान लिया ही नहीं।

पाँचवीं योग्यता :

एक शिष्य को गंभीर बनकर जीवन के बारे में प्रश्न करने चाहिए और अपनी राय, विश्वास, विचार तथा श्रद्धा को एक ओर रख देना चाहिए। आप भी मुझसे सुनते हुए और आगे चल कर भगवद्गीता को पढ़ते समय इस बात का ध्यान रखिएगा, जहाँ आपने अपनी राय या विश्वास लगाया, वही आपने पूरे ज्ञान पर अपना रंग चढ़ा दिया। जैसे कि किसी व्यक्ति को शुद्ध सफ़ेद कपड़ा खरीदना है और उसने लाल रंग का चश्मा पहन रखा है, तो उसे क्या दिखाई देगा?

जिज्ञासु : लाल ही दिखाई देगा।

उपदेशक : लेकिन वह व्यक्ति दुकानदार को बोलता है कि आप क्या यह लाल रंग दिखा रहे हो, मुझे सफ़ेद रंग का कपड़ा चाहिए। दुकानदार उससे यह कहता है कि साहब, अपना चश्मा उतारिए। लेकिन वह व्यक्ति उससे कहता है कि यह मेरा चश्मा है, मैं क्यों उतारूँ? वह दुकानदार कहता है कि जब तक आप यह चश्मा नहीं उतारते और आप अपना असली चश्मा, जो पारदर्शी है, जिससे आप देखते हो, उसको नहीं लगाते हो, तब तक आपको इस कपड़े का असली सफ़ेद रंग दिखाई नहीं देगा। और जैसे ही वह व्यक्ति लाल रंग के शीशे वाला चश्मा उतारता है और अपना देखने वाला चश्मा लगाता है तो उसे वह शुद्ध सफ़ेद कपड़ा दिखाई देने लगता है। उसी तरह से हम लोग भी कहते हैं कि यह मेरी राय है, मेरा विश्वास है, मैं क्यों हटाऊँ? वास्तव में आपके विश्वास और राय गलत हैं, क्योंकि

वे सत्य से मेल नहीं खा रहे हैं।

जिज्ञासु : तो फिर हमें क्या करना चाहिए?

उपदेशक : इसके लिए हमें शास्त्र चक्षु लगाने चाहिए। इसे हम एक उदाहरण से समझते हैं। जैसे कि कोई व्यक्ति जब 10 साल का होता है, तब क्या वह बीमारी के बारे में पता लगा सकता है? क्या वह खून की जाँच कर सकता है?

जिज्ञासु : वह यह सब नहीं कर सकता है?

उपदेशक : किंतु जब वह एमबीबीएस (MBBS) कर चिकित्सक की पढ़ाई कर लेता है, तो वह यह सब कैसे कर पाता है?

जिज्ञासु : क्योंकि उसे अब मेडिकल का ज्ञान मिल गया है।

उपदेशक : बहुत अच्छा कहा आपने। इसी को कहते हैं मेडिकल चक्षु या ज्ञान के चक्षु। अब आगे सुनिए। वह व्यक्ति अभी भी वही है, किंतु एमबीबीएस (MBBS) करने के बाद उसकी दृष्टि बदल गई है। इसी प्रकार शास्त्र कहते हैं कि जो आपके राय तथा विश्वास के चश्मे लगे हुए हैं, उन्हें हटाओ और शास्त्र चक्षु लगाओ। सब कुछ स्पष्ट दिखाई देगा।

जिज्ञासु : परंतु राय तथा विश्वास को तोड़ना बहुत कठिन होता है।

उपदेशक : आपने सही कहा। इसलिए व्यक्ति जब बुजुर्ग हो जाते हैं, तो बड़ी समस्या आ जाती है। मानने को तैयार ही नहीं होते, सिर फोड़ना पड़ता है। उनकी गलत धारणा व विचार की दीवार टूटती ही नहीं। इसीलिए शास्त्र कहते हैं कि 5 साल की अवस्था से भौतिक और आध्यात्मिक विज्ञान लेना शुरू कर देना चाहिए, क्योंकि राय तथा विश्वास जो बन जाते हैं, उनको तोड़ना बच्चे का खेल नहीं है। ये सत्य का सत्यानाश मार देते हैं। अधिकतर व्यक्ति यही कहते हैं कि अब मैं इस उम्र में आकर तो बदलूँगा नहीं। हमारा उनसे यह कहना है कि अगर किसी गरीब व्यक्ति की 10 करोड़ की लॉटरी खुल जाए, तब भी क्या वह ऐसा ही बोलेगा कि मैं तो 50 साल से गरीब हूँ, गरीब ही रहने दो, मुझे 10 करोड़ की लॉटरी नहीं चाहिए।

जिज्ञासु : नहीं। तब तो वह यही बोलेगा, अरे! जल्दी ला भाई।

उपदेशक : बिल्कुल सही कहा आपने, परंतु आध्यात्मिक क्षेत्र में लोगों के विश्वास तथा राय जब सत्य के साथ मेल नहीं खाते हैं, तो उन्हें बहुत जबरदस्त समस्या आ जाती है। हम आपसे भी यही प्रार्थना करेंगे कि आप यह ज्ञान लेते समय अपनी राय और विश्वास को एक ओर रख दें।

जिज्ञासु : बिल्कुल, मैं अपनी राय और विश्वास को आपसे ज्ञान लेते समय बीच में नहीं लाऊँगा।

उपदेशक : बहुत अच्छा। अब हम और अन्य योग्यताओं पर चर्चा करते हैं।

छठी योग्यता :

एक शिष्य को भगवद्गीता वैसे ही समझनी चाहिए, जैसी वह है। न कि अपनी पसंद या समझ के अनुसार। उसे भगवद्गीता का आध्यात्मिक विज्ञान प्रामाणिक गुरु से यथारूप लेना चाहिए।

सातवीं योग्यता :

एक शिष्य को यह विश्वास होना चाहिए कि यद्यपि भगवद्गीता एक प्राचीन शास्त्र है, परंतु आज भी यह उतना ही उपयोगी है, जितना पहले था। क्योंकि भगवद्गीता वह ज्ञान प्रदान करती है, जो काल, स्थान और परिस्थिति से परे है।

आठवीं योग्यता :

भगवद्गीता पढ़ते समय यदि एक शिष्य को कुछ समझ न आए, तो उसे उस संदेश पर संशय नहीं करना चाहिए। यदि उसके मन में कुछ शंका है तो उसे अपनी शंकाओ को प्रामाणिक गुरु के समक्ष रखकर उनका निवारण करना चाहिए। उसे यह नहीं सोचना चाहिए कि ऐसा कैसे हो सकता है, बल्कि उसे यह कहना चाहिए कि मुझे समझ में नहीं आया। जब हम विद्यालय और महाविद्यालय जाते हैं, तब भी इसी विधि का पालन करते हैं। जब शिक्षक हमें पढ़ाते हैं और हमें कुछ समझ नहीं आता, तो हम यह नहीं कहते कि ऐसा कैसे हो सकता है, बल्कि हम शिक्षक से उसे समझने का प्रयास करते हैं।

नौवीं योग्यता :

एक शिष्य के लिए भगवद्गीता समझने हेतु सबसे महत्त्वपूर्ण श्लोक

भगवद्गीता के दूसरे अध्याय का सातवाँ श्लोक है। उसे अर्जुन की तरह स्वीकार करना चाहिए कि वह जीवन में असमंजस में है। एक शिष्य को अपने ऊपर इस श्लोक को लागू करने का प्रयास करना चाहिए।

दसवीं योग्यता :

शिष्य को चाहिए कि वह भगवद्गीता के वक्ता भगवान् श्री कृष्ण से द्वेष न करे और किसी प्रकार की कोई ईर्ष्या न रखे।

ग्यारवीं योग्यता :

जिस समय शिष्य भगवद्गीता पढ़ या सुन रहा हो, उस समय के लिए स्वयं को भगवान् श्री कृष्ण का भक्त स्वीकार करे।

बारहवीं योग्यता :

शिष्य को चाहिए कि भगवद्गीता शौक (Hobby) या उपन्यास (Novel) की तरह न पढ़े। वह इस प्रकार पढ़े कि भगवद्गीता के सिद्धांतों को अपने जीवन में अपना सके।

तेरहवीं योग्यता :

शिष्य को चाहिए कि वह वक्ता भगवान् श्री कृष्ण को अपना परम हितैषी मित्र माने।

चौदहवीं योग्यता :

उसे यह समझकर भगवद्गीता पढ़नी चाहिए कि उसे इस विषय में कोई ज्ञान नहीं है।

पंद्रहवीं योग्यता :

शिष्य को भगवद्गीता दुनिया को बदलने के लिए नहीं, अपितु अपने आप को बदलने के लिए पढ़नी चाहिए।

क्या आपको यह विषय समझ में आया?

जिज्ञासु : जी हाँ। आगे बताइए।

उपदेशक : अब मैं आपको भगवद्गीता को समझने की दो अनिवार्य

पात्रताएँ बताऊँगा।

1. सबसे पहले आपको यह मानना होगा कि यह संसार दुखों का घर है। "दुःखालयम् अशाश्वतम्" अर्थात् यह संसार अस्थायी है, इसलिए यह दुखों का घर है। यहाँ हर व्यक्ति दुखी है तथा आप भी दुखी हैं। केवल वही व्यक्ति भगवद्गीता को समझ सकता है, जो इस बात को मानता है और वास्तव में जीवन में आनंद की प्राप्ति चाहता है और जो अभी तक आनंद प्राप्त नहीं कर पाया है, और जिसे वह आनंद समझता है, वह मज़ा है।

2. दूसरी अनिवार्य योग्यता यह है कि पाठक को गीता के वक्ता भगवान् श्री कृष्ण पर पूर्णरूप से श्रद्धा होनी चाहिए। आरंभ में उसे इस बात को सैद्धांतिक रूप में मानना पड़ेगा कि श्री कृष्ण पूर्ण पुरुषोत्तम भगवान् हैं। ''कृष्णस्तु भगवान् स्वयम् (भागवतम् 1.3.28) अर्थात् श्री कृष्ण ही मूल भगवान् हैं। उनमें कोई त्रुटि नहीं है, इसलिए उनकी अमृतमय वाणी में भी कोई त्रुटि नहीं है। ऐसा मानने से वक्ता में विश्वास उत्पन्न होगा। क्या आपको भगवद्गीता समझने की पात्रता का विषय समझ में आया?

जिज्ञासु : जी हाँ।

उपदेशक : अब अगले विषय पर चर्चा करते हैं। क्या आप जानते हैं कि आनंद प्राप्ति के भी तीन शाही रास्ते हैं?

जिज्ञासु : नहीं, मैंने इनके बारे में नहीं सुना।

उपदेशक : कोई बात नहीं, हम आपको बताते हैं। आनंद प्राप्ति के तीन शाही रास्तों को "प्रस्थान त्राय" भी कहा जाता है। ये तीन इस प्रकार हैं–

1. **श्रुति प्रस्थान**– वेद एवं उपनिषद् श्रुति प्रस्थान के भाग हैं, परंतु इन्हें समझने के लिए सही योग्यता का होना आवश्यक है। उपनिषद् का अर्थ है– गुरु के पास बैठकर ज्ञान लेना और इन्हें समझने के लिए गुरुकुल में रहना, तपस्या करना, त्याग इत्यादि करना होता है। परंतु इस युग में यह अत्यंत कठिन है। इसे वैदिक प्रस्थान भी कहा जाता है।

2. **न्याय प्रस्थान**– वेदांत सूत्र, न्याय प्रस्थान का भाग है। श्रीमद्भागवतम्

वेदांत सूत्र की टिप्पणी है। सूत्र का तात्पर्य है– बहुत कम शब्दों में हज़ारों शब्दों का अर्थ। परंतु उस सूत्र को समझने के लिए आपको बहुत अधिक ज्ञानी होना पड़ेगा। हम आपको वेदांत सूत्र के बारे में थोड़ा–सा बताते हैं। वेदांत सूत्र नामक शास्त्र, जिसका अर्थ है– सारे वेदों (ज्ञान) का अंत। इसके रचयिता भी श्री व्यासदेव जी हैं। श्री व्यासदेव जी वेदांत सूत्र के पहले सूत्र में वर्णन करते हैं, "अथातो ब्रह्म जिज्ञासा" अर्थात् हे जीवात्मा! अब तुझे यह मनुष्य शरीर प्राप्त हो गया है, अब तू ब्रह्म की अर्थात् अध्यात्म या सत्य की जिज्ञासा कर। लोग जीवन भर सुख–प्राप्ति की जिज्ञासा में लगे रहते हैं, किंतु कौन–सी जिज्ञासा करने से सुख प्राप्त होगा, उसके बारे में उन्हें पता नहीं होता। सत्य या अध्यात्म की जिज्ञासा से ही जीवन में सुख प्राप्त हो सकता है।

न्याय प्रस्थान को दार्शनिक प्रस्थान, ब्रह्म सूत्र या तर्क प्रस्थान भी कहा जाता है।

3. **स्मृति प्रस्थान**– पुराण, महाभारत, रामायण इत्यादि स्मृति प्रस्थान के भाग हैं। इनको समझने के लिए न अधिक ज्ञान की आवश्यकता है, न तपस्या की। इन्हें केवल बहुत कम प्रयास से ही समझा जा सकता है। इनको समझने के लिए प्रारंभ में किसी गुण या योग्यता की कोई आवश्यकता नहीं होती है। श्रीमद्भगवद्गीता एवं श्रीमद्भागवतम् स्मृति प्रस्थान के ही भाग हैं।

ये तीनों प्रस्थान भगवद्गीता में निहित हैं।

जिज्ञासु : वह कैसे?

उपदेशक : उपनिषदों के श्लोकों को मंत्र कहते हैं, ब्रह्म सूत्र में सूत्र होते हैं और भगवद्गीता में श्लोक होते हैं। चूँकि भगवद्गीता के श्लोक स्वयं पूर्ण पुरुषोत्तम भगवान् श्री कृष्ण के मुख से आए हैं, और जो भी शब्द भगवान् के मुख से निकलते हैं, वे मन को तार देते हैं। इसलिए गीता के श्लोक मंत्र के समान हो जाते हैं और गीता के श्लोक गूढ़ अर्थों से भरे हुए हैं, अतः गीता के श्लोक सूत्र भी कहलाते हैं। इससे यह सिद्ध होता है कि तीनों प्रस्थान भगवद्गीता में निहित हैं।

इसे एक और तरीके से समझते हैं। अगर आप भगवद्गीता के श्लोक

पढ़ेंगे तो आपको समझ नहीं आएँगे क्योंकि वे सूत्र भी हैं। भगवद्गीता में हर प्रश्न और समस्या का हल है और इसे पढ़ने पर मन शांत हो जाता है, इसीलिए वे मंत्र की तरह काम कर रहे हैं। परंतु जब समझने की दृष्टि से पढ़ेंगे, तो उपनिषद् बन जाएँगे क्योंकि गुरु के नीचे बैठकर समझना होगा। इसीलिए तीनों प्रस्थान भगवद्गीता में निहित हैं। इससे आपको पूर्ण लाभ प्राप्त होगा। क्या आपको यह समझ में आया?

जिज्ञासु : जी हाँ, काफ़ी कुछ समझ आ रहा है। धन्यवाद।

5.10 भगवद्गीता में वर्णित पाँच सत्य

उपदेशक : अब आगे बढ़ते हैं। आज का यह अंतिम विषय होगा, मैं आपको भगवद्गीता के मुख्य पाँच विषयों के बारे में बताऊँगा।

जिज्ञासु : मुझे बड़ा रोमांच हो रहा है, आपने भगवद्गीता के बारे में इतना बताकर मुझे भगवद्गीता समझने के लिए उत्सुक कर दिया है।

उपदेशक : आपकी उत्सुकता देखकर अच्छा लगा और मुझे भी आपको समझाने की उत्सुकता पैदा हो रही है। भगवद्गीता के मुख्य पाँच विषय हैं–

1. मैं कौन हूँ?
2. प्रकृति क्या है?
3. परम रचयिता– भगवान् कौन हैं?
4. कर्म किसे कहते हैं और कर्म का प्रभाव क्या है?
5. काल क्या है और कैसे प्रभावित करता है?

वास्तविकता में आध्यात्मिक विज्ञान के अनुसार केवल तीन विषयों को जानने को ही ज्ञान बताया गया है–

i. मैं कौन हूँ?
ii. प्रकृति क्या है?
iii. इन दोनों का स्वामी, परम भगवान् कौन है?

भगवद्गीता के ज्ञान के तीन भाग

आध्यात्मिक विज्ञान तीन भागों में विभाजित है–

1. **संबंध ज्ञान**– संबंध ज्ञान से तात्पर्य है कि आत्मा, प्रकृति और परम भगवान् क्या हैं और इनका आपस में क्या संबंध है।
2. **अभिधेय ज्ञान**– अभिधेय ज्ञान से तात्पर्य है, आत्मा का परम भगवान् से संबंध पुनः स्थापित करने की प्रक्रिया।

3. **प्रयोजन ज्ञान**– प्रयोजन ज्ञान से तात्पर्य है, आत्मा का लक्ष्य जो कि है, परमसत्य परम भगवान् श्री कृष्ण से प्रेम संबंध स्थापित करना।

आज की चर्चा को यहीं विश्राम देते हैं, आगे का विषय कल से प्रारंभ करेंगे, परंतु मेरा आपसे एक अनुरोध है कि आप इस महामंत्र

"हरे कृष्ण हरे कृष्ण कृष्ण कृष्ण हरे हरे।
हरे राम हरे राम राम राम हरे हरे।।"

को कम से कम 108 बार उच्चारण करते हुए ध्यानपूर्वक अवश्य सुनें। इसे आध्यात्मिक विज्ञान में एक माला का जप कहा जाता है। इससे आपको आध्यात्मिक विज्ञान को समझने में आसानी होगी और आपके जीवन में अवश्य ही सकारात्मक बदलाव आएगा।

जिज्ञासु : जी बिल्कुल, मैं आज से ही जप करना आरंभ कर देता हूँ, परंतु आज की चर्चा का विश्राम लेने से पहले मेरा आपसे एक प्रश्न है, आप इस क्षेत्र में कैसे आए?

उपदेशक : मैं जब 16–17 साल का था, उस समय क्रिकेट बहुत खेलता था और उस समय जो क्रिकेटर भारत के लिए खेलते थे, वे भी कोई बड़े पदों पर नहीं होते थे, अपितु वे बैंक में क्लर्क जैसे पदों पर कार्यरत होते थे। मेरे पिता जी फ़ौज में अफ़सर थे और वे मुझसे अक्सर कहा करते थे "एक फ़ौजी अफ़सर का बेटा क्लर्क बनेगा?" इसके कारण मेरे पिता जी, मेरा क्रिकेट खेलना पसंद नहीं करते थे। एक दिन मैंने उनसे पूछा कि क्या एक क्लर्क सफल नहीं हो सकता? खुश नहीं हो सकता? क्या जब तक व्यक्ति बहुत ऊँचे पदों को प्राप्त न कर ले, असफल ही कहलाएगा? उन्होंने इसका कोई जवाब नहीं दिया। मैंने उनसे एक और प्रश्न किया कि व्यक्ति चाहे क्लर्क हो या हैड क्लर्क, जनरल मैनेजर बने या किसी भी ऊँचे पद पर पहुँचे या बहुत पैसे वाला बने। आप यह बताइए, हर स्थिति में वह सफल कैसे हो सकता है? खुश कैसे रह सकता है? मेरे पिता जी ने उत्तर दिया कि यह ज्ञान भगवद्गीता में है और उन्होंने कहा कि जो व्यक्ति भगवद्गीता का ज्ञान लेकर जीवन में पालन करता है, वह किसी भी परिस्थिति में सुखी और सफल हो सकता है। यह बात मेरे मन में घर कर गई और मैंने भगवद्गीता के एक के बाद एक अनुवाद पढ़ने शुरू कर दिए, परंतु ये अनुवाद मेरे कई प्रश्नों के पूर्ण उत्तर नहीं दे पा रहे थे।

भगवान् श्री कृष्ण की असीम कृपा से सन् 1982 में मुझे कृष्णकृपामूर्ति ए.सी. भक्तिवेदांत स्वामी ठाकुर श्रील प्रभुपाद जी के द्वारा अनुवादित श्रीमद्भगवद्गीता यथारूप को पढ़ने का सौभाग्य प्राप्त हुआ। इसे पढ़ने पर मुझे मेरे समस्त प्रश्नों के उत्तर मिल गए। जब मैं इस अनुवाद को पढ़ रहा था, तब मुझे मेरे पिता जी के वो शब्द याद आए, जिसमें उन्होंने कहा था कि यह ज्ञान लेने पर व्यक्ति हर परिस्थिति में सफल एवं सुखी हो सकता है।

मैं समाज के कल्याण की भावना से युक्त था और बचपन से मानव जाति का भला करने की तीव्र इच्छा थी, परंतु मैं अपने इस लक्ष्य को कैसे प्राप्त कर पाऊँगा? यह समझ में नहीं आता था। लेकिन श्रील प्रभुपाद जी की भगवद्गीता पढ़ने पर यह स्पष्ट हो गया कि मेरा आगे का जीवन क्या होगा? श्रील प्रभुपाद से प्रेरित होकर मैंने निश्चय किया कि मैं अपना संपूर्ण जीवन श्रीमद्भगवद्गीता एवं अन्य वैदिक ग्रंथों के प्रचार–प्रसार में लगाऊँगा। 5 अगस्त 1983 में दीक्षा लेकर मैं श्रील प्रभुपाद जी का औपचारिक शिष्य बन गया और तभी से प्रचार कार्य में जुड़ गया। प्रचार के दौरान मैंने यह अनुभव किया कि जिन्होंने भी भगवद्गीता के ज्ञान को लिया और जीवन में लगाया, उनका जीवन शांतिमय, टेंशनमुक्त, सुखी और सफल रहा है।

श्रीमद्भगवद्गीता आध्यात्मिक विज्ञान की एक बहुत महत्त्वपूर्ण पुस्तक है। यह समस्त वेदों का सार है। यह शास्त्र मनुष्य जीवन की विवरणिका है। आज हर व्यक्ति जल्दी में है और वह भगवद्गीता के ज्ञान को भी अतिशीघ्र समझना चाहता है। लोगों की यह मनोदशा देखकर हमने सन् 1995 में भगवद्गीता पर 13 घंटे का एक कोर्स तैयार किया है, जिसमें हम भगवद्गीता का सार देते हैं। यह कोर्स निःशुल्क है और यह ऑडियो वीडियो के रूप में भी उपलब्ध है। आप हमारी वेबसाइट www.givegita.com पर जाकर इस कोर्स को निःशुल्क सुन व देख सकते हैं।

जिज्ञासु : हरे कृष्ण, आपका बहुत–बहुत धन्यवाद।

उपदेशक : हरे कृष्ण।

इस पुस्तक का अगला भाग भी शीघ्र प्रकाशित किया जाएगा।

लेखक परिचय

डॉ. वृंदावन चंद्र दास का जन्म 28 सितंबर 1956 को विवेक कौशिक के रूप में एक सेना के अधिकारी के घर में हुआ था। उनका विवाह श्रीमती विष्णुप्रिया दासी से हुआ है, जिन्होंने एल.एल.एम. की शिक्षा प्राप्त की है। डॉ. वृंदावन चंद्र दास जी को NDTV के द्वारा बेस्ट मोटिवेशन स्पीकर अवॉर्ड 2023 से सम्मानित किया गया। ये पाँच सितारा होटल के जनरल मैनेजर के रूप में भी कार्यरत रहे, किंतु भगवद्गीता के संदेशों के प्रचार हेतु, इन्होंने शिक्षक का जीवन स्वीकार किया। ब्रह्म मध्व गौड़ीय वैष्णव संप्रदाय से दीक्षा लेने के पश्चात् वे कृष्णकृपामूर्ति श्री श्रीमद ए.सी. भक्तिवेदांत स्वामी ठाकुर श्रील प्रभुपाद के औपचारिक शिष्य बन गए। इन्होंने भगवद्गीता के सनातन ज्ञान को पूरे भारत में पहुँचाकर विश्वस्तरीय पहचान दिलाने के लिए सन् 2007 में GIVE संस्थान की स्थापना की।

डॉ. वृंदावन चंद्र दास आध्यात्मिक विज्ञान के क्षेत्र में विश्व प्रसिद्ध, क्रांतिकारी वक्ता तथा लेखक हैं। ये सन् 1983 से विश्वस्तर पर व्याख्यान दे रहे हैं, जिससे लाखों लोगों के जीवन में पूर्ण सकारात्मक परिवर्तन हुआ है और आज भी हो रहा है। इन्होंने अभी तक लगभग 40,000 घंटे (2023 तक) से भी अधिक व्याख्यान दिए हैं।

इनके द्वारा प्रतिष्ठित संस्थाओं में भी व्याख्यान दिए गए हैं, जैसे : IIT, IIM, AIIMS, Intel Corp. U.S.A., SAARC, Maruti Suzuki, Telecom Ministry, Mayur Uniquoters, Surya Roshni, Orient Electric, NTPC, Royal Bank of Scotland, Hindustan Times of India, CII, Reliance Industries, Rotary International इत्यादि, जिन्हें श्रोतागणों द्वारा अत्यधिक सराहा गया है। इनके व्याख्यानों को सोशल मीडिया पर 17 करोड़ (2023 तक) से भी अधिक लोग देख चुके हैं। और सोशल मीडिया पर इनके 9 लाख (2023 तक) से भी अधिक फ़ॉलोअर्स तथा सब्सक्राइबर्स हैं।

-: संस्थान का परिचय :-

गौरांग इंस्टिट्यूट फॉर वैदिक एजुकेशन–(GIVE) की स्थापना सन् 2007 में डॉ. वृंदावन चंद्र दास द्वारा की गई। यह सरकार द्वारा पंजीकृत एक ट्रस्ट है, जिसमें आयकर की धारा 80G के अंतर्गत दानदाताओं को टैक्स में छूट की सुविधा भी उपलब्ध है।

GIVE की स्थापना का एकमात्र उद्देश्य श्रीमद्भगवद्गीता में भगवान् श्री कृष्ण द्वारा दिए गए अद्भुत ज्ञान के माध्यम से पूर्ण व्यक्तित्व का विकास करके मानव समाज में सुख, शांति और सफलता लाना तथा प्रामाणिक वैदिक ज्ञान को विश्व स्तर पर फैलाना है। भगवद्गीता का ज्ञान मनुष्य के जीवन में आने वाली समस्त समस्याओं के समाधान एवं सुख, शांति व पूर्ण सफलता का अचूक उपाय है। GIVE, कृष्णकृपामूर्ति श्री श्रीमद ए.सी. भक्तिवेदांत स्वामी ठाकुर श्रील प्रभुपाद द्वारा स्थापित गौड़ीय वैष्णव सिद्धांतों पर आधारित है। GIVE का एकमात्र नारा है :

"जीव जागो, भगवद्गीता समझो और समझाओ"

गौरांग इंस्टिट्यूट फॉर वैदिक एजुकेशन - GIVE

GIVE एस.के. पोद्दार अंतर्राष्ट्रीय भगवद्गीता अध्ययन केंद्र

मुख्य केंद्र– श्री गोवर्धन (वृंदावन, मथुरा)

अन्य केंद्र- San Jose USA, कनाडा, दुबई, ब्रिसबेन, मोरिशस, नई दिल्ली, मुंबई, पुणे, गुरुग्राम, बैंगलोर, अहमदाबाद, चंडीगढ़, ग्वालियर, हैदराबाद, इंदौर, लखनऊ, वृन्दावन, जयपुर इत्यादि

निर्माणाधीन : गीतालय

श्री गोवर्धन (वृन्दावन, मथुरा)

यह GIVE गीतालय, भगवद्गीता का प्रचार एवं अध्ययन हेतु बनने वाला विश्व का अद्भुत केन्द्र होगा। यह विशाल गीतालय 16 एकड़ भूमि पर सन् 2023 से बनना शुरू हो गया है। यह केन्द्र वृन्दावन-गोवर्धन-बरसाना रोड, नीमगाँव, श्री गोवर्धन, मथुरा (उत्तर प्रदेश) में स्थित है।

इस केन्द्र में संपन्न की जाने वाली आध्यात्मिक गतिविधियाँः–

1. श्री श्री राधा गोपश्रेष्ठ एवम् श्री श्री गौर निताई का भव्य मंदिर
2. अतिथि हॉस्टल
3. ब्रह्मचारी हॉस्टल
4. गृहस्थ हॉस्टल
5. आध्यात्मिक वैदिक प्रदर्शनी
6. पुनर्जन्म अनुसंधान केंद
7. गौशाला
8. अन्न क्षेत्र
9. तुलसी उपवन
10. पुष्प उद्यान
11. सनाथालय
12. पुस्तकालय इत्यादि।

ब्रज में इस भव्य परियोजना से जुड़कर लाभ प्राप्त करने हेतु संपर्क करें:
92-1053-1053/72100-82100

वेबसाइट : https://gitalaya.in/ | www.givegita.com

ई.मेल : contact@givegita.com

Follow us on : /givegita